Dieter K. Müller · Esther Raff (Hrsg.)

Praxiswissen Radio

Dieter K. Müller · Esther Raff (Hrsg.)

Praxiswissen Radio

Wie Radio gemacht wird –
und wie Radiowerbung anmacht

2., aktualisierte und erweiterte Auflage

VS VERLAG

Bibliografische Information Der Deutschen Nationalbibliothek
Die Deutsche Nationalbibliothek verzeichnet diese Publikation in der
Deutschen Nationalbibliografie; detaillierte bibliografische Daten sind im Internet über
<http://dnb.d-nb.de> abrufbar.

Die Herausgeber danken dem Deutschen Rundfunkarchiv für die Zurverfügungstellung
der beiden Icons (Radio- und Mikrofonsymbol).

1. Auflage 2007
2., aktualisierte und erweiterte Auflage 2011

Lektorat: Barbara Emig-Roller / Eva Brechtel-Wahl
Redaktion: Marlene Wöste, Media Perspektiven, Frankfurt

VS Verlag für Sozialwissenschaften ist eine Marke von Springer Fachmedien.
Springer Fachmedien ist Teil der Fachverlagsgruppe Springer Science+Business Media.
www.vs-verlag.de

Umschlaggestaltung: KünkelLopka Medienentwicklung, Heidelberg
Satz: Elke Halefeldt, Karben

Gedruckt auf säurefreiem und chlorfrei gebleichtem Papier

ISBN 978-3-531-18009-0

Vorwort
Radio verstehen

Radio verstehen heißt: Wissen, wie es funktioniert. Und: Wissen, was es seinen Hörern bedeutet. Radio ist einfach da, man macht sich gemeinhin wenig Gedanken darum. Man schaltet es ein, wenn man Gesellschaft haben möchte, wenn man Lust auf Musik hat, die neuesten Nachrichten hören oder die Verkehrshinweise nutzen will.

Radio ist überall, heute mehr denn je. Man kann es über Handys hören, mittels Computer oder ganz konventionell mit stationären und mobilen Radiogeräten. Und natürlich im Auto. Radio ist seit langem der Tagesbegleiter Nr. 1. Es begleitet uns über kürzere oder längere Zeit vom Morgen bis in den Abend hinein mit unserer Lieblingsmusik, den wichtigsten Informationen, Service und Spaß, mit Moderatoren, die uns wie gute Bekannte vorkommen, und mit lebendigen Werbebotschaften. Zeitweise hören wir konzentriert zu, meistens nutzen wir den Hörfunk „nebenbei" als Begleiter im Alltag.

Radio funktioniert, weil kluge Köpfe aus vielen Bereichen ihr Wissen hier einbringen – Macher, Techniker, Kreative, Werbungtreibende, Wissenschaftler, Agenturen. Einige von ihnen erklären in diesem Handbuch, wie ein Programm seine Hörer an sich binden kann, wie man mit mehr Kreativität bessere Funkspots macht, wie man die Wirksamkeit von Radiowerbung misst und das Nutzungsverhalten der Hörer. Die Autorinnen und Autoren geben Auskunft über verschiedene Aspekte der Radiowerbung, über den heutigen Stellenwert des Radios im Medienvergleich und seinen Stellenwert als Werbeträger im Media-Mix. Und sie befassen sich mit der Zukunft des Mediums in der digitalen Welt.

Die Beiträge in dieser überarbeiteten und erweiterten Neuauflage des Buches „Praxiswissen Radio" aus dem Jahr 2007 beschreiben

- die Radiolandschaft Deutschlands mit ihren vielfältigen privaten und öffentlich-rechtlichen Hörfunkangeboten,
- die Rolle der Radiowerbung im Media-Mix und insbesondere auch die Bedeutung der Werbung im Hörfunk für Werbewirtschaft und Mediaplanung,

- Forschung und Praxis der Radioplanung: Konsumstarke Zielgruppen zu erreichen, ist kein Hexenwerk, sondern Handwerk, für das wirksame Planungstools zur Verfügung stehen. Da die Weichen für die Zukunft des Mediums Radio in Form von Konzepten, Projekten und Strategien heute gestellt werden müssen, wird diese Thematik unter mehreren Aspekten angesprochen:

- Welche Funktionen wird das Radio künftig haben?
- Welche Erkenntnisse liefern erste Projekte mit digitalem Radio? Welche Erkenntnisse liefern sie für die Hörfunkwerbung?
- Wie steht es um die digitale terrestrische Verbreitung, die die analoge UKW-Ausstrahlung irgendwann ablösen kann?
- Und wie werden die bereits bestehenden Möglichkeiten digitaler Radionutzung, zum Beispiel via Internet, von den Hörern angenommen? Wer nutzt das, wann und wie lange?

Für erfolgreiche Radioprogramme und wirkungsvolle Radiowerbung gibt es selbstverständlich kein Patentrezept – aber es gibt erfolgversprechende Zutaten: Kreativität und Leidenschaft, verbunden mit dem Wissen um harte Fakten. Hier zeigt die Hörerforschung: Radio kann über seine Alltagsnähe, seine Inhalte und seine Ansprache eine persönliche und emotionale Bindung zum Hörer aufbauen. Dieses Potenzial, das weist die Wirkungsforschung nach, macht Radio als Partner im Media-Mix zur Umsatzsteigerung unschlagbar.

Wir hoffen, dieses Buch überzeugt Sie einmal mehr von den genuinen Stärken des Hörfunks. Radio ist – um eine unserer Autorinnen zu zitieren – „modern und flexibel" und „hat bedeutende Alleinstellungsmerkmale, die es auch in einer sich verändernden Medienwelt unverzichtbar machen."

Dieter K. Müller
Geschäftsleitung Forschung & Service
ARD-Werbung SALES & SERVICES GmbH

Esther Raff
Geschäftsführung
AS&S Radio GmbH

Inhalt

7

Die Radiolandschaft Deutschlands

Rolf Karepin

Die Zukunft des Radios ist – um es mit einem Bonmot frei nach Karl Valentin zu sagen – auch nicht mehr das, was sie einmal war. Ende der 1990er Jahre galt es in der Medienpolitik noch als ausgemachte Sache, dass der analoge UKW-Hörfunk bis 2015 zugunsten des digitalen Nachfolgestandards DAB abgeschaltet wird. Doch sowohl bei den Übertragungsstandards als auch bei den Zeitplänen und Szenarien für einen Umstieg haben sich die Dinge in der Zwischenzeit erheblich verkompliziert. Von der Vorstellung, die digitale Zukunft mit einem „Big Bang" einzuläuten, rücken Medienpolitiker und Regulierer immer mehr ab. Es ist unwahrscheinlich, dass den Hörern das bewährte und vielfältige Senderangebot auf Ultrakurzwelle nach dem Jahr 2015 nicht mehr zur Verfügung steht. Im Jahrbuch 2009/2010 wiesen die Landesmedienanstalten 244 private Radiosender aus.[1] Die öffentlich-rechtlichen Angebote umfassten 52 UKW-Landesprogramme zwischen Flensburg und Füssen, hinzu kamen die beiden bundesweiten Sender Deutschlandfunk und Deutschlandradio.[2]

Da die Regelung des Rundfunks in Deutschland Ländersache ist, finden sich durchaus unterschiedliche Radiolandschaften: Ein Großteil der privaten Programme sendet landesweit, in Bayern und Nordrhein-Westfalen findet der Hörer darüber hinaus auch ein reichhaltiges lokales Hörfunkangebot. Die – im Vergleich zum überwiegend national strukturierten Fernsehmarkt – eher geringe Bedeutung nationaler Hörfunkangebote führt zum einen dazu, dass dem Radio hierzulande im Medienkonzert vielleicht nicht ganz so eine gewichtige Stimme zukommt wie beispielsweise auf dem englischen Markt mit seinen starken nationalen Radiomarken. Auf der anderen Seite hat der rundfunkpolitische Föderalismus für eine sehr vielgestaltige Senderlandschaft gesorgt, die Anklang beim Hörer findet: Das Radio erreicht täglich rund 77 Prozent der deutschsprachigen Bevölkerung ab zehn Jahren, die durchschnittliche Hördauer liegt bei 186 Minuten (ma 2010 Radio II).[3] Insofern darf man das duale Rundfunksystem, das sich seit Mitte der 80er Jahre in Deutschland etabliert hat, durchaus als Erfolg werten. Aber auch dessen bewegte Vorgeschichte soll hier erwähnt werden.

Von der Nachkriegszeit bis zum „medienpolitischen Urknall"

Die Hörfunklandschaft der Nachkriegszeit wurde in ihren Grundzügen maßgeblich von den westlichen Alliierten neu gestaltet: Föderal, staatsfern und dem Gemeinwohl verpflichtet sollte das Radio sein Publikum bilden, informieren und unterhalten. Nach dem Vorbild der britischen BBC entstanden in fast allen Bundesländern öffentlich-rechtliche Rundfunkanstalten, die sich 1950 zur Arbeitsgemeinschaft der öffentlich-rechtlichen Rundfunkanstalten der Bundesrepublik Deutschland (ARD) zusammenschlossen.[4] Formatierung oder die Ausrichtung der Programme auf bestimmte Zielgruppen war in den ersten Jahren nicht üblich. Radio war per definitionem „Radio für alle", entsprechend regierte in den Programmen zumeist das Prinzip „von allem etwas dabei"; Hörspiele, dann leichte Musik, Informationsangebote wechselten sich mit Unterhaltungselementen ab. Und zwar nicht willkürlich oder ungeordnet, sondern nach starren Ablaufplänen, in denen jeder Programmpunkt als Kästchen in den Ablaufplan eingepasst wurde.

Mit zunehmender Konkurrenz durch das Fernsehen wandelte sich der Charakter des Radios vom Einschaltmedium zum Tagesbegleiter, der auch nebenbei genutzt werden kann. Dem trugen auch die Programmstrukturen Rechnung, das starre Kästchenprinzip wich abwechslungsreicheren Sendestrecken, mehr Magazinsendungen – und nicht zuletzt mehr Musik und häufigeren Nachrichten. Frischen Wind in das Medium Radio brachten dann ab den 1970er Jahren die neuen und sehr pop-orientierten Servicewellen (SWF 3, Bayern 3 und hr 3). Diese Programme lieferten in vielerlei Hinsicht die Blaupause für das Radio, wie wir es heute kennen. Gleichzeitig sortierten und segmentierten die Anstalten ihr Gesamtangebot neu, um unterschiedliche Hörerinteressen und -gruppen besser bedienen zu können. Entgegen mancher Widerstände etablierten die Rundfunkanstalten auch Angebote für Teilbereiche des Sendegebietes, wie zum Beispiel das "Kurpfalzradio" vom SDR im Rhein-Neckar-Gebiet oder die "Welle Nord" des NDR in Schleswig-Holstein. Im äußersten Westen der Bundesrepublik bekamen WDR, SWF und SR bereits einen Vorgeschmack auf die kommende kommerzielle Konkurrenz:

Von Luxemburg aus strahlten die werbefinanzierten „fröhlichen Wellen" von Radio Luxemburg nach Deutschland ein.

In der Ära von Bundeskanzler Helmut Kohl wurden schon bald nach dem Regierungswechsel 1982 die politischen Weichen gestellt, um auch privatwirtschaftlich organisierten Anbietern den Zugang zum Radio- und Fernsehmarkt zu eröffnen.[5] Formal sollte die neue Medienwelt zunächst im Rahmen mehrerer Kabelpilotprojekte erprobt werden. Aber über die vielbeschworene „Rückholbarkeit" dieser Projekte machten sich wohl nur die wenigsten Beobachter falsche Vorstellungen.

Das duale Rundfunksystem etabliert sich

Beim vielzitierten „medienpolitischen Urknall" am 1. Januar 1984 waren im Kabelpilotprojekt von Ludwigshafen erstmals auch private Radios am Start. In München sendeten ab Mai 1985 die ersten privatrechtlich organisierten Stationen auch terrestrisch, sie waren also ohne Kabelanschluss ganz normal über UKW empfangbar.[6] Nach und nach gingen in verschiedenen Bundesländern wie Rheinland-Pfalz, Schleswig-Holstein und Niedersachsen landesweite Privatradios auf Sendung. Mit der vierten Rundfunkentscheidung bestätigte das Bundesverfassungsgericht 1986 die duale Rundfunkordnung und formulierte den Grundversorgungsauftrag für die öffentlich-rechtlichen Anstalten. Der Rundfunkstaatsvertrag von 1987 bildete dann einen konkreten Rechtsrahmen für das neue Rundfunkzeitalter.

Gleichwohl sichert die föderale Rundfunkhoheit den Bundesländern viel Spielraum, ihre jeweilige Senderlandschaft sehr unterschiedlich auszugestalten.[7] In Rheinland-Pfalz lizenzierte die Medienaufsicht zunächst vier verschiedene Programmanbieter, die sich die landesweiten und regionalen Frequenzen nach einem festgesetzten prozentualen Schlüssel teilen mussten. In Bayern verblieb der Privatfunk formal unter öffentlich-rechtlicher Trägerschaft, außerdem wurden die Haushalte zwecks Mitfinanzierung der lokalen Programmangebote zur Kasse gebeten. Baden-Württemberg lizenzierte eine Vielzahl von lokalen und regionalen Stationen, aber zunächst keine landesweite Privatwelle.

In Nordrhein-Westfalen, wo mit über 40 Lokalsendern ebenfalls eine vielfältige Radiolandschaft entstanden ist, organisierte die Medienpolitik den Lokalfunk binnenplural nach dem so genannten Zwei-Säulen-Modell mit getrennter Verantwortung von Programmhoheit und Kapital. Erstere liegt in der Hand plural organisierter Veranstaltergemeinschaften (VGs). Die kaufmännische Verantwortung tragen die Betriebsgesellschaften (BGs), in denen Zeitungsverleger bis zu drei Viertel des Stammkapitals halten dürfen. Außerdem müssen dem so genannten „Bürgerfunk" (veranstaltet von kulturellen Gruppen, Kirchen, Vereinen etc.) bestimmte Kontingente an Sendezeit eingeräumt werden. Zulieferungen durch das landesweite Mantelprogramm radio NRW waren von Anfang an Teil des Lokalfunkkonzepts. In Bayern hingegen hat man sich erst später dazu durchgerungen, diese Praxis zu sanktionieren, nachdem viele Lokalsender mit der Auflage, ihr komplettes Programm selbst zu gestalten, wirtschaftlich dauerhaft überfordert waren. Als weitere Maßnahme zur Kostensenkung wurde 1991 erstmals ein so genanntes Funkhausmodell genehmigt. In Regensburg, später auch in Würzburg und Nürnberg, arbeiten mehrere Veranstalter unter einem gemeinsamen Dach bei Studiotechnik und Infrastruktur zusammen, konkurrieren aber weiterhin auf dem Hörer- und Werbemarkt.

Neue Länder – neue Sender

Bald nach der Gründung der DDR wurde der dortige Rundfunk umstrukturiert und zentralisiert. Die bisherigen Landessender wurden zu Bezirkssendern und Zulieferern für die in Berlin produzierten Radioprogramme DDR I und DDR II umgewidmet. Regionale Fensterprogramme und Sonderprogramme – wie etwa zur Leipziger Messe oder das Ferienradio an der Ostsee – hatten durchaus ihren Platz in der Radiolandschaft. An deutschsprachige Hörer jenseits der DDR-Grenzen richtete sich die „Stimme der DDR", und die fremdsprachigen Auslandsprogramme steuerte „Radio Berlin International" bei. Ausschließlich in der Hauptstadt sendete der „Berliner Rundfunk". 1986 bekam das Jugendradio DT 64 eine eigene UKW-Senderkette zugewiesen.[8] Nach dem Zusammenbruch der DDR wurden Funk und Fernsehen gemäß dem Einigungsvertrag in föderale öffentlich-rechtliche Strukturen überführt – mit dem MDR als Dreiländeranstalt für Sachsen, Sachsen-Anhalt und Thüringen, dem ORB für Brandenburg und dem Beitritt Mecklenburg-Vorpommerns zum NDR-Staatsvertrag. Bis zur Fusion mit dem ORB war der SFB für ganz Berlin zuständig. Als erster Privatsender in den neuen Ländern ging zum Jahresanfang 1992 der Berliner Rundfunk on air – gefolgt von landesweiten Sendern wie Radio PSR, Radio Brocken, Radio SAW und Antenne Thüringen.

Vielfaltsgedanke vs. Wirtschaftlichkeit

Die Lizenzierungspraxis der Landesmedienanstalten war stets ausgerichtet auf die Gewährleistung von Meinungsvielfalt. Aber der Ansatz, mit einer Vielzahl von Programmanbietern und beteiligten Gesellschaftern Meinungsvielfalt sicherzustellen, stieß oftmals an seine Grenzen. Das Frequenzsplitting in Rheinland-Pfalz und die zu klein zugeschnittenen Sendegebiete der Regional- und Lokalsender in Baden-Württemberg beispielsweise erwiesen sich als ernstzunehmende Hypothek für die bestehenden Sender, so dass sich die Medienpolitik zu Nachbesserungen gezwungen sah: In Rheinland-Pfalz wurde in der zweiten Lizenzperiode das Frequenzsplitting beendet, außerdem bekam der Alleinanbieter RPR dann auch die Lizenz für die zweite landesweite Kette zugesprochen. Im Nachbarland Baden-Württemberg wurden die kleinteiligen Sendegebiete nach Auslaufen der Erstlizenzen vielerorts zu größeren Einheiten bereinigt.

Anbieterstrukturen

Die lange Zeit auf größtmögliche Pluralität ausgerichtete Medienpolitik in den Ländern hat zu sehr kleinteiligen Besitzverhältnissen im deutschen Radiomarkt geführt. Das Jahrbuch 2009/2010 der Landesmedienanstalten zählt rund 2.000 Einzelgesellschafter – wobei das Spektrum vom Großverlag über Mittelständler bis hin zu Verbänden und engagierten Privatpersonen reicht.[9] Als Hürde für größere Transaktionen und Eigentümerwechsel erweisen sich vielerorts die Lizenzauflagen und komplizierte gesellschaftsvertragliche Bestimmungen innerhalb von Betreiberkonsortien.[10] Dessen ungeachtet haben sich auf dem Radiomarkt mit der Zeit einige große Player formiert: Neben der RTL-Gruppe und Burda spielen auch der Axel Springer Verlag, die aus Radio Schleswig-Holstein (RSH) und dem Privaten Sächsischen Rundfunk (PSR-Gruppe) hervorgegangene Holding Regiocast, die Verlage Madsack, WAZ, Nordwestzeitung (NWZ), Die Rheinpfalz (Medien Union über das Tochterunternehmen MOIRA Rundfunk GmbH) und Ippen sowie der Telefonbuchverleger Oschmann eine bedeutende Rolle. Als einziger ausländischer Mitspieler hat es die Pariser NRJ-Gruppe geschafft, mit ihrer Sendermarke Energy eine Kette von Metropolensendern aufzubauen. Wie Regiocast und NWZ sucht auch NRJ aktiv nach Expansionsmöglichkeiten. Allerdings engen die festgefügten Eigentümerstrukturen die Expansionsmöglichkeiten stark ein. Für neue Sender ist kaum Platz im Frequenzband, und ohne verkaufswillige Anteilseigner bei bestehenden Stationen kommt auch keine Bewegung in die Radiolandschaft. Das Dilemma vieler Miteigentümer liegt darin, dass die Kleinteiligkeit des Marktes kaum strategische Weiterentwicklungen ihrer Engagements zulässt. Aber ihre Anteile lassen sich aufgrund regulatorischer Vorgaben und gesellschaftsvertraglicher Bedingungen nicht zum Marktpreis veräußern. Entsprechend haben größere Eigentümerwechsel in der Radioszene eher Seltenheitswert. Seit der Übernahme der Studio-Gong-Gruppe durch ein Konsortium von Burda und bayerischen Zeitungsverlagen im Jahre 2000 und dem Verkauf der Holtzbrinck-Radiobeteiligungen an die RTL-Gruppe zwei Jahre später sind keine größeren Transaktionen mehr zu verzeichnen gewesen.

Programmangebote – eine Frage des Formats

Wurde in der Pionier- und Experimentierphase des Privatradios die Musikauswahl und strategische Positionierung der Programme vielfach noch nach Bauchgefühl vorgenommen, machte sich in den frühen 90er Jahren ein enormer Professionalisierungsschub bemerkbar. Unterstützt von Beratern mit internationalem Know-how erkundeten die Sender die Hörergeschmäcker systematisch und justierten ihre Programmfarben (sowohl die Musikauswahl als auch Moderation und andere akustische Kennungen) anhand von gängigen Formaten wie „Adult Contemporary" (AC) oder „Contemporary Hit Radio" (CHR). AC-Formate spielen vornehmlich Mainstream-Pop im aktuellen Zeitgeschmack (contemporary = zeitgenössisch, zeitgemäß) und sprechen hauptsächlich die 20- bis 50-Jährigen an, der Moderationsstil ist freundlich und verbindlich. CHR-Formate richten sich an ein deutlich jüngeres Publikum zwischen 15 und 25 Jahren, entsprechend spielen die Sender mehr aktuelle Hits aus den Charts und pflegen einen juvenileren Moderationsstil. Die beiden erfolgsträchtigen Formate AC und CHR mit ihren jeweiligen Untervarianten teilen sich gut drei Viertel des gesamten Radiomarktes, was die rein zahlenmäßige Vielfalt der Senderlandschaft vom akustischen Eindruck her etwas relativiert.

Aber wo die Frequenzversorgung und die Lizenzlage es zulässt, differenziert sich das Angebot auch weiter aus in Richtung Rock, Jazz, Oldies und Volksmusik oder Wortprogramme. Auf Anbieterseite gibt es seit längerem Bestrebungen, mit einem breiter sortierten Angebot – oder anders gesagt: mit einer ganzen Senderfamilie – den Hörermarkt umfassender abzudecken. Beispielhaft zu nennen sind in Rheinland-Pfalz RPR 1 mit BigFM Hot Music Radio sowie in Hessen FFH mit den Zielgruppensendern Planet Radio und harmony FM.

Ausblick

Wie eingangs schon angesprochen, wirft die Digitalisierung des Hörfunks derzeit noch viele Detailfragen auf (vgl. dazu auch den Beitrag von Rüdiger Malfeld und Michael Schlicksupp in diesem Band). Absehbar ist, dass die zur Verfügung stehenden Frequenzpakete mehr nationale Abdeckungen erlauben werden als das derzeitige UKW-Sendernetz. Ob sich aber auch die bestehende Vielfalt an lokalen und regionalen Stationen in der digitalen Welt wiederfinden wird, ist ebenso ungewiss wie das Verbraucherverhalten beim Erwerb der benötigten neuen Empfangsgeräte. Dies bedeutet freilich nicht, dass die analoge UKW-Welt bei einem Fortbestand über das projektierte Umschaltdatum 2015 hinaus keine strategischen Herausforderungen mehr parat hätte. Der relativ abgeschottete Markt mit seiner kleinteiligen Eigentümerstruktur weckt wenig Wachstumsfantasie, zumal es vielen Gesellschaftern ohne großen Gestaltungsspielraum vornehmlich um Bewahrung des Status quo und Gewinnmitnahme zu gehen scheint. Nicht zu unterschätzen im „Kampf um die Ohrmuscheln" ist auch das Internet. Allein in Deutschland gibt es rund 2.700 Internetradios unterschiedlichster Couleur. Ihr Anteil am Hörer- und Werbemarkt liegt derzeit zwar noch im unteren einstelligen Bereich (vgl. den Beitrag von Annette Mende in diesem Band), aber der Trend weist eindeutig aufwärts. Die UKW-Sender, die fast durch die Bank mit Streaming-Angeboten und zum Teil auch mit Hörer-Communitys im Netz präsent sind, müssen ebenso auf Social-Media-Plattformen wie Facebook und „Wer kennt wen?" den Dialog mit den Hörern suchen, um von den Entwicklungen nicht abgehängt zu werden. Es müsste sich also einiges ändern in der Radiolandschaft, damit alles bleibt, wie es ist. 📻

Anmerkungen

1 Vgl. Arbeitsgemeinschaft der Landesmedienanstalten in der Bundesrepublik Deutschland (ALM) (Hrsg.): ALM Jahrbuch 2009/2010. Landesmedienanstalten und privater Rundfunk in Deutschland. Berlin 2010, S.171.

2 ARD-Jahrbuch 09. Hrsg. von der Arbeitsgemeinschaft der öffentlich-rechtlichen Rundfunkanstalten der Bundesrepublik Deutschland. Hamburg 2009, S. 384 f.

3 Vgl. Gattringer, Karin/Walter Klingler: Radionutzung in Deutschland mit leichten Zuwächsen. Ergebnisse, Trends und Methodik der ma 2010 Radio II. In: Media Perspektiven 10/2010, S.442–456.

4 Vgl. Bausch, Hans (Hrsg.): Rundfunk in Deutschland. Band 3: Bausch, Hans: Rundfunkpolitik nach 1945. Erster Teil: 1945–1962. München 1980.

5 Vgl. Eifert, Martin/Wolfgang Hoffmann-Riem: Die Entstehung und Ausgestaltung des dualen Rundfunksystems. In: Schwarzkopf, Dietrich (Hrsg.): Rundfunkpolitik in Deutschland. Wettbewerb und Öffentlichkeit, Band 1. München 1999, S.50–116, hier S.59.

6 Vgl. Engel, Markus u.a.: Die Kabelpilotprojekte in der Bundesrepublik Deutschland – eine Synopse. München: Arbeitskreis Kommunikation und Information, 2. Aufl. 1986; Infratest Kommunikationsforschung: Kabelpilotprojekt München. Nutzung und Akzeptanz der in München und umliegenden Landkreisen empfangbaren Hörfunkprogramme. München 1986.

7 Zu den Privatfunkkonzepten der Bundesländer vgl. Wöste, Marlene: Privatrechtlicher Hörfunk. In: Schwarzkopf, Dietrich (Hrsg.) (Anm. 5), S.503–549, hier S.507ff.

8 Vgl. Dussel, Konrad: Deutsche Rundfunkgeschichte. Konstanz, 2. Aufl. 2004, S.132ff.; Leonhard, Joachim-Felix: Der Rundfunk der DDR wird Geschichte und Kulturerbe. In: Schwarzkopf, Dietrich (Hrsg.) (Anm. 5), S.927–977.

9 ALM Jahrbuch 2009/2010 (Anm. 1), S.207 ff.

10 Vgl. von zur Mühlen, Bernt: Die Radiolandschaft Deutschlands. In: Müller, Dieter K./ Esther Raff (Hrsg.): Praxiswissen Radio. Wie Radio gemacht wird – und wie Radiowerbung anmacht. Wiesbaden 2007, S.9–24, hier S.16f.

Die Bedeutung der Werbung im ARD-Hörfunk für Werbewirtschaft und Mediaplanung
Ergebnisse einer empirischen Studie

Bernt von zur Mühlen

Ende April 2010 wurden in Berlin die Ergebnisse einer vom Markenverband e.v. und der Organisation Werbungtreibende im Markenverband (OWM) in Auftrag gegebenen Studie in einer Pressemitteilung bekannt gemacht.

In der vom Autor sowie von Uli Bellieno (Bellieno Consulting) und Thomas Koch (tk-one) durchgeführten Studie mit dem Titel „Die Bedeutung der Werbung im ARD-Hörfunk für Werbewirtschaft und Mediaplanung" wurden zum einen – und zwar erstmals in der Bundesrepublik – Vertreter der größten deutschen Mediaagenturen und ausgewählte Media-Entscheider von Unternehmen befragt, welche Konsequenzen sie aus einem Verbot bzw. weiteren Einschränkungen der Werbemöglichkeiten im ARD-Hörfunk ziehen würden. Zum anderen wurden beispielhaft verschiedene branchenübliche Mediaplanungsszenarien auf der Basis der ma 2009 Radio II erstellt und wurde geprüft, welcher Werbedruck mit und ohne Belegungsmöglichkeiten in den Hörfunkwellen der ARD erzielbar wäre. Der Projektzeitraum umfasste die Monate Januar bis April 2010.

Im Folgenden werden ausgewählte Ergebnisse der Studie beschrieben, eine Broschüre mit einer ausführlichen Darstellung haben Markenverband und OWM im Mai 2010 veröffentlicht. (Die Studie steht zum Download unter http://www.markenverband.de/publikationen/studien/Hoerfunk zur Verfügung.)

Bedeutung des ARD-Hörfunks aus Sicht von Media-Entscheidern

Für die Expertenbefragung wurden im Februar und März 2010 auf Basis standardisierter Fragebögen von Thomas Koch und Uli Bellieno telefonische Interviews mit zwölf Vertretern der werbungtreibenden Wirtschaft und neun Mediaplanern geführt. Die Befragten sollten angeben, wie sie den Hörfunk als Werbemedium derzeit einschätzen und welche Konsequenzen sie aus einer Einschränkung oder dem vollständigen Verbot von Werbung im ARD-Hörfunk ziehen würden.

Von den befragten zwölf Unternehmen gehören drei zu den zehn umsatzstärksten Radiokunden und vier zu den zehn umsatzstärksten Branchen im Hörfunk 2009. Der durchschnittliche ARD-Anteil der befragten Unternehmen liegt bei 30 Prozent und entspricht damit etwa dem Durchschnitt im gesamten Hörfunkwerbemarkt. Der durchschnittliche Hörfunketat der befragten Unternehmen lag bei 8,4 Mio Euro im Jahr 2009, wobei ein Unternehmen keine Werbung im Hörfunk geschaltet hat. Die befragten Agenturvertreter verantworten/planen Werbekampagnen für große nationale Werbungtreibende ebenso wie für mittelständische Unternehmen.

70 Prozent der Befragten bewerteten Radio ohne Werbemöglichkeiten im ARD-Hörfunk nicht mehr als flächendeckendes nationales Angebot. Damit würde Radio als Gattung aus der Planung vieler nationaler Kampagnen komplett verschwinden. 86 Prozent wollten bei einem Werbeverbot im ARD-Hörfunk lieber auf andere Mediengattungen ausweichen, gut die Hälfte schon im Falle einer möglichen weiteren Werbeeinschränkung. 19 Prozent beabsichtigten, Radio dann komplett in Frage zu stellen und den Etat vollständig einzusparen. Ähnliche Folgen wie bei einem vollständigen Werbeverbot wären den Experten zufolge auch schon bei einem Werbeverbot für den ARD-Hörfunk in der Primetime am Morgen (6.00 bis 10.00 Uhr) zu erwarten.

Einhellig erklärten die Befragten, sie würden Rückgänge in der erzielbaren Reichweite bundesweit oder in mehr als drei wichtigen Bundesländern nicht akzeptieren. Reichweitenrückgänge wären aber die Folge einer Werbereduzierung im ARD-Hörfunk. Ferner würde durch ein solches Werbeverbot oder durch weitere Werbeeinschränkungen das wettbewerbliche Preisgefüge im Hörfunk außer Kraft gesetzt und damit das Medium Radio für Werbekunden und Mediaplaner unattraktiv.

Fazit der Befragung: Es ist nicht zu erwarten, dass die privaten Hörfunkanbieter von einem werbefreien ARD-Hörfunk profitieren würden. Im Gegenteil – Werbebudgets würden aus dem Hörfunk abwandern, und die Gattung als Ganzes würde beschädigt werden.

Welchen Einfluss hätte ein ARD-Werbeverbot auf Werbekampagnen im Radio?

Grundlagen der Mediaplanung und Annahmen für die Plansimulation

Die Mediaplanung ist bemüht, Mediapläne zu entwickeln, die größtmögliche Aussicht haben, ihre Zielgruppen erfolgreich anzusprechen. Hierbei wird die Eignung aller Medien überprüft. Hauptvorteil und -funktion des Hörfunks, der bei der Planung für nationale Werbekunden in der Regel als Ergänzungsmedium zum Einsatz kommt, ist der schnelle Reichweitenaufbau innerhalb eines kurzen Zeitraums und die wirtschaftliche Ansprache breiter Zielgruppen.

Das wesentliche Entscheidungskriterium für den Hörfunk generell (und bei der Selektion von Hörfunksendern) ist die Reichweite, also die Zahl der kurzfristig erreichbaren Personen (vor allem in der Primetime), seine Effizienz – und für zahlreiche Werbekunden seine Fähigkeit zur regionalen Aussteuerung des Werbedrucks.

Für die Planung von Radio sind nicht nur soziodemografische Gesichtspunkte wie Alter, Ausbildung etc. entscheidend, sondern auch eine Segmentation der Bevölkerung nach Sinus-Milieus, die Wertorientierungen und Lebensstile berücksichtigen. Die ARD-Radioprogramme verfügen hinsichtlich dieser Milieustrukturen über eine außerordentliche Vielfalt, die für die werbungtreibende Wirtschaft von großer Bedeutung ist.

Zur Definition des optimalen Werbedrucks verwendet man in der Mediaplanung auf Aufgabenstellung und eingesetzte Medien abgestimmte Benchmarks. Die zeitliche Bezugsgröße ist dabei meist auf eine Woche begrenzt. Basis für die Ermittlung des Optimums bilden aus Werbewirkungsstudien ermittelte Korrelationswerte zwischen Werbeeinsatz und Werbeerfolgskriterien wie zum Beispiel Werbe- und Markenerinnerung.

Am besten erforscht und damit als Basis definiert sind hierbei die Werte von TV. Bei einem Mono-TV-Einsatz geht man davon aus, dass mindestens 60 Prozent der Zielpersonen pro Woche ca. ein- bis zweimal erreicht werden müssen, um von einem wirksamen Werbedruck sprechen zu können. Damit ergibt sich dann ein Wert von durchschnittlich 90 Gross Rating Points (GRP) pro Woche für dieses Medium. Die Benchmarkgrößen für andere Medien orientieren sich dann an diesem Wert. Dabei verwendet man wie beim Vergleich von Währungen Umrechnungsfaktoren, die der unterschiedlichen Wirksamkeit der Medien gerecht werden sollen. Bei der Umrechnung von TV auf Radio geht man vom Faktor 2,5 bis 3 aus. Dies berücksichtigt die eindimensionale, auf akustische Reize limitierte Wirkungsweise des Hörfunks, der anders als TV überwiegend nebenbei genutzt wird. Damit erfordert eine effektive Hörfunkwerbung im Gegensatz zu TV 3 bis 4,5 Kontakte pro Woche. Das kurzfristige Reichweitenziel liegt mit 65 Prozent in der Regel auch etwas höher als die TV-Benchmark, da Hörfunk aufgrund der höheren Tagesnutzung schneller größere Reichweiten erzeugt. Bei diesem Wert ergeben sich damit GRP-Benchmarks von 195 bis 293 pro Woche. Der hier angesetzte Wert von 225 GRP bewegt sich damit im unteren bis mittleren Bereich.

Den untersuchten Planbeispielen liegen folgende Annahmen zugrunde: Die Zählungen erfolgten auf Wochenbasis; der Werbedruck sollte bei 225 GRP pro Woche liegen. Als Mindestziel wurden 60 Prozent Nettoreichweite festgelegt, damit wurde die unterste Leistungsgrenze bewusst noch unterhalb der eigentlich üblichen und oben abgeleiteten 65 Prozent angesetzt.

Verglichen wurden die mit einem Mix-Plan aus privaten und öffentlich-rechtlichen Hörfunkangeboten und einem Mono-Plan ausschließlich mit Belegung privater Hörfunkangebote erreichbaren GRP. Zusätzlich wurde nach den Kosten gefragt, um die Nettoreichweite auf Mix-Plan aufzufüllen. Die Zielgruppenansprache erfolgte national und nach den Gebieten der einzelnen ARD-Landesrundfunkanstalten.

Die Zählungen wurden auf Basis der zum Zeitpunkt der Studienerstellung vorliegenden ma 2009 Radio II durchgeführt. Zudem waren diese Daten die Grundlage für die Festlegung der Werbepreise im Hörfunk für das Jahr 2010, weshalb Wirtschaftlichkeitsvergleiche fairerweise nur auf dieser Basis erfolgen können. Eine Überprüfung ergab, dass die Erweiterung der Grundgesamtheit in der ma 2010 um deutschsprachige Ausländer nichts an den Grundaussagen dieser Studie ändert. Als untersuchte Gebiete wurden die jeweiligen Sendegebiete der einzelnen Landesrundfunkanstalten betrachtet.

Die Plansimulation für die Zielgruppe 14+ Jahre

Die Plansimulation ergab: Um in der Zielgruppe 14+ die Mindestzielsetzung von 60 Prozent Nettoreichweite zu erreichen, ist es zwingend notwendig, die ARD-Werbeprogramme einzubeziehen. Die Privatsender erreichen weder national noch in den verschiedenen regionalen Plangebieten das Mindestziel von 60 Prozent. Wie Abbildung 1 deutlich macht, ermöglicht der Mix-Plan eine Nettoreichweite von 67 Prozent, während man mit dem Mono-Plan nur auf 50 Prozent kommt. Die höchste mit dem Mono-Plan in einem einzelnen Gebiet (= Bayern) erzielbare Reichweite liegt bei 54 Prozent, mit dem Mix-Plan sind dort 73 Prozent möglich.

Die Reichweitenverluste des ausschließlich privaten Plans liegen somit landesweit bei 17 Prozentpunkten, dies entspricht fast 11,5 Millionen Personen, die von den Werbebotschaften nicht mehr erreicht werden. Selbst unter Einsatz unverhältnismäßig hoher Kosten (34,5 Mio statt 392 Tsd Euro) wäre eine vergleichbare Nettoreichweite allein mit Privatradio kaum zu erreichen und damit für nationale Werbungtreibende wie für „Mittelständler" nicht interessant.

Abbildung 1
Nettoreichweiten und Kosten des Mix- und Mono-Plans
Zielgruppe 14+ Jahre

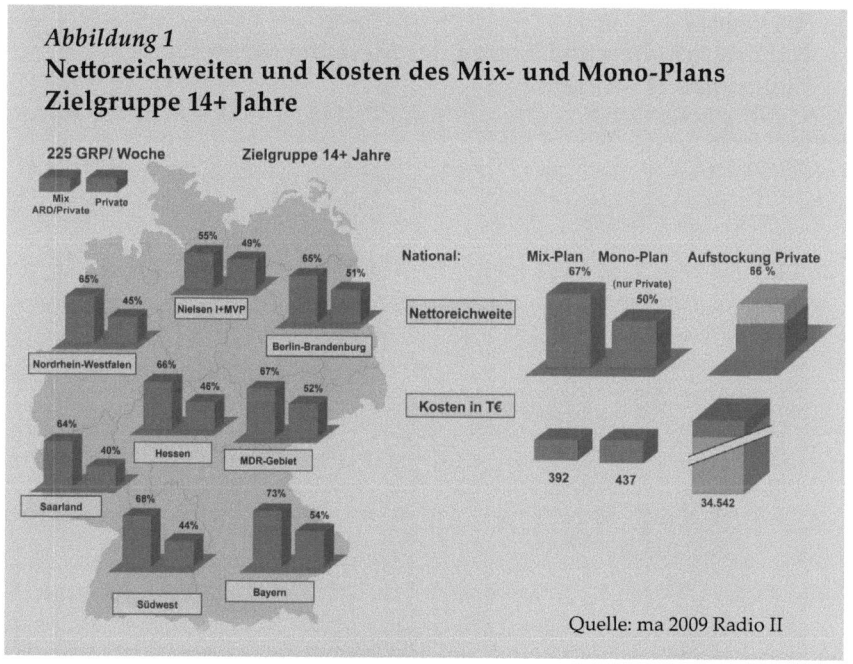

Quelle: ma 2009 Radio II

Die Plansimulation für die Zielgruppe 14 bis 49 Jahre

Auch bei der Zielgruppe 14 bis 49 Jahre kann ohne die ARD-Werbepro-gramme national flächendeckend nicht das Mindestziel von 60 Prozent Nettoreichweite erreicht werden. Werden nur einzelne Gebiete betrach-tet, so könnte in Nielsen I und Mecklenburg-Vorpommern, in Bayern und im MDR-Gebiet bei gleichem Werbedruck (GRP-Level) mit ausschließlich privaten Radioprogrammen eine Nettoreichweite von 60 Prozent erreicht werden. Legt man aber die Messlatte bei 65 Prozent an, wird diese in kei-nem der Gebiete mit einer ausschließlichen Belegung von privaten Hör-funkprogrammen erreicht.

Der Reichweitenverlust bei einer flächendeckenden nationalen Bele-gung nur von privaten Radioprogrammen gegenüber dem Mix-Plan, der die ARD-Wellen mit einbezieht, betrüge 11 Prozentpunkte. Das entspricht 4 Millionen 14- bis 49-jährigen Menschen, die dann nicht mehr erreicht würden. Um diesen Verlust durch zusätzliche Schaltungen bei den Pri-

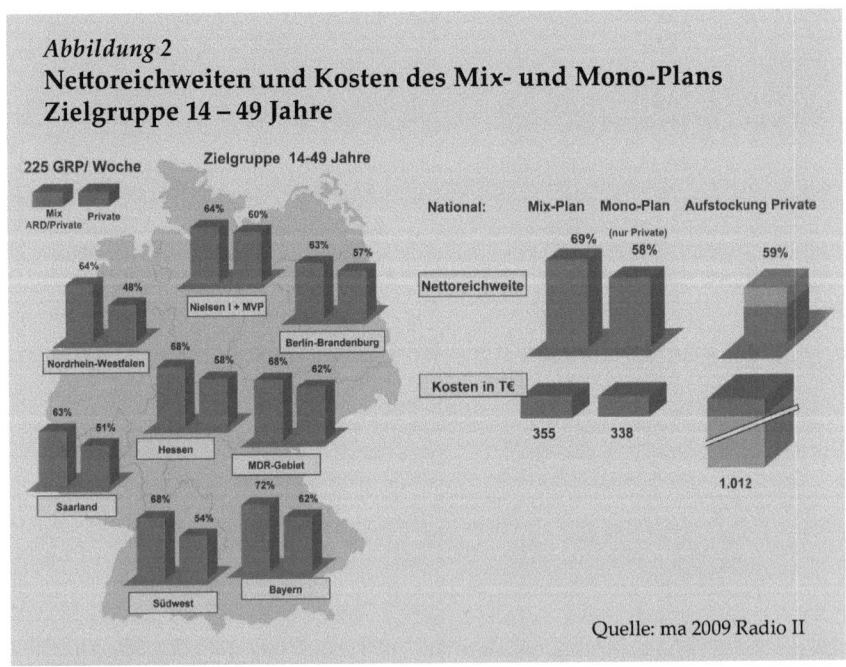

Abbildung 2
Nettoreichweiten und Kosten des Mix- und Mono-Plans
Zielgruppe 14 – 49 Jahre

Quelle: ma 2009 Radio II

vatsendern auszugleichen, müssten die Werbungtreibenden viel Geld in die Hand nehmen. Die Kosten zur Erzielung der annähernd gleichen Nettoreichweite würden sich nahezu verdreifachen (vgl. Abb. 2).

Weitere Planbeispiele

Plansimulationen wurden in der Studie noch für weitere Zielgruppen durchgeführt, nämlich „Haushaltsführende 14 + Jahre" oder „mindestens Abitur und Haushaltsnettoeinkommen von 3.000 Euro und mehr". Auch für diese beiden Varianten zeigte sich, dass die Mindestreichweite von 60 Prozent mit einer Belegung von ausschließlich privaten Radioprogrammen weder national noch in einzelnen Planungsgebieten erreichbar wäre. Auch in diesen Fällen ist es notwendig, ARD-Wellen mit einzubeziehen. Eine reine Aufstockung der Monopläne, um entsprechende Reichweiten zu erzielen, wäre nur zu exorbitant hohen Kosten möglich und läge damit außerhalb jeder wirtschaftlichen Betrachtung.

Zusammenfassung der Ergebnisse der Mediaplanungsszenarien

Die Mediaplanungsszenarien machen deutlich, dass ohne den ARD-Hörfunk viele Hörer gar nicht mit Werbebotschaften erreicht werden können. Dies hängt mit der intensiven Hörerbindung in Deutschland zusammen: Über 60 Prozent der Radionutzer haben nur einen einzigen „Lieblingssender", dem sie „treu" sind. An diesem Nutzungsverhalten hat sich trotz einer Zunahme auf mehr als 350 Radioprogramme seit über 23 Jahren praktisch nichts geändert. Diese Hörerbindung bedeutet für die Mediaplanung, dass eine flächendeckende Erreichbarkeit für Werbung eine uneingeschränkte Buchbarkeit aller Radioprogramme erfordert, um möglichst viele Personen in kurzen Zeiträumen mit Radiowerbung ansprechen zu können.

Die eigentlich übliche planungsrelevante Benchmark von 65 Prozent Nettoreichweite kann in keinem Planbeispiel ohne die Belegung von ARD-Hörfunkwellen erzielt werden. Auch die bewusst noch darunter angesetzte Mindestanforderung von 60 Prozent als Zielgröße kann ohne den

Einsatz der ARD-Sender nur in wenigen Ausnahmefällen erreicht werden. Lediglich für die Zielgruppe 14 bis 49 Jahre ist dies in Bayern, dem MDR-Gebiet, Nielsen I und Mecklenburg-Vorpommern möglich.

Das hat zur Folge, dass auch die Werbeinvestitionen in private Radiosender – sowohl landesweite als auch lokale Programmangebote – bei einem Wegfall der Werbemöglichkeiten im öffentlich-rechtlichen Hörfunk gefährdet wären. Insbesondere bei Lokalsendern könnte dies existenzbedrohend werden. Der Grund dafür ist, dass nahezu alle bisherigen Kundensegmente der Hörfunksender – von nationalen Markenartiklern über Kunden, die überregional mit regionaler Schwerpunktsetzung werben, bis hin zu regionalen Kunden – von einer Verminderung der Reichweite und der daraus folgenden Verfehlung ihrer Kampagnenziele betroffen sind. Beim ausschließlichen Einsatz von Privatsendern müsste drei- bis fünfmal so viel Werbegeld investiert werden, um die gleiche Anzahl von Zielpersonen wie bei den Mixplänen erreichen zu können. Bei einigen Zielgruppen lässt sich die Nettoreichweite der Mixpläne selbst im Weitesten Hörerkreis nicht erreichen, so dass noch höhere Kosten entstehen. Das führt zu einer erheblichen Steigerung der Mediakosten und macht Mono/Privat-Pläne völlig unwirtschaftlich. Das Medium verlöre dadurch deutlich an Attraktivität für die Werbewirtschaft. Aus planerischer Sicht sind Werbemöglichkeiten bei den ARD-Wellen für eine effiziente und wirtschaftliche Mediaplanung von nationaler wie regionaler Werbung unverzichtbar.

Fazit der Studie

Alles in allem zeigt die Studie eindrucksvoll die Folgen einer Reduktion bzw. eines Verbotes von Werbung in den ARD-Radioprogrammen auf: Die Medialeistung von Radio würde massiv geschwächt, ja, Hörfunk als Werbeträger könnte dadurch komplett in Frage gestellt werden. Jede weitere Einschränkung der ARD-Werbemöglichkeiten im ARD-Hörfunk reduziert die Medialeistung des Werbeträgers Radio bei gleichzeitig steigenden Kosten für die Werbung.

Ohne ausreichende Werbemöglichkeiten in den ARD-Radioprogrammen würde ein bedeutender Teil der durch Radio ansprechbaren Konsumenten für Werbekontakte nicht mehr erreicht. Der werbungtreibenden Wirtschaft ginge ein Zielgruppenpotenzial von bis zu 11,5 Millionen Personen verloren. Dieses Potenzial könnte aber auch dann nicht wieder zurückgewonnen werden, wenn ohne Rücksicht auf Kosten die Schaltungen bei den Privaten vervielfacht würden, denn die ARD-Programmangebote erreichen auch Zielgruppensegmente, die gar nicht durch den Privatfunk angesprochen werden können. Unter dem Gesichtspunkt effizienter und wirtschaftlicher Mediaplanung würden die durch ein Werbeverbot oder weitere Werbebeschränkungen bei der ARD „frei werdenden Werbebudgets" in andere Mediengattungen investiert und nicht bei den Privatradios gebucht werden.

Auch dann, wenn das Werbevolumen bei den ARD-Programmen nur reduziert würde, ist eine Verlagerung der Buchungsmenge auf Privatradios in vielen Fällen gar nicht möglich, insbesondere in der von der werbungtreibenden Wirtschaft bevorzugten Radio-Primetime. Die Erfahrung der privaten Programm-Macher in der Vergangenheit hat gezeigt, dass nicht einmal das bis zum 12. Rundfunkänderungsstaatsvertrag (RStV) theoretisch mögliche zulässige Volumen von zwölf Minuten in der Stunde voll ausgeschöpft wurde. Seit dem 13. RStV gibt es gar keine zeitliche Begrenzung mehr für Werbung im privaten Hörfunk, die Programmverträglichkeit wird aber auch in Zukunft der Werbeauslastung Grenzen setzen.

Im Rahmen dieser Studie wurden erstmals Mediaplaner und werbungtreibende Unternehmer als die entscheidenden Nachfrager im Hörfunkmarkt zu diesem Themenkomplex befragt. Keiner der befragten Mediaplaner und Werbekunden akzeptiert die mit einer Werbereduzierung verbundenen erheblichen Reichweitenverluste. In diesem Falle würden die Media-Entscheider den Hörfunk kaum noch als nationales Werbeangebot wahrnehmen und verstärkt auf andere Medien ausweichen. Damit hätte die Gattung Hörfunk nur noch eine regionale Restbedeutung, da insbesondere die bisherigen nationalen Werbeumsätze der Privatradios gefährdet wären.

Zur wirtschaftlichen Lage des Rundfunks in Deutschland Ergebnisse einer Studie im Auftrag der Landesmedienanstalten

Guido Schneider

Der Rundfunk ist nicht nur ein Kulturgut, er spielt auch als Wirtschaftsfaktor eine bedeutende Rolle. Daran haben öffentlich-rechtliche wie private Rundfunkveranstalter ihren Anteil, denn sie tragen einen wesentlichen Teil zur Wirtschaftsleistung Deutschlands bei. Das duale System aus öffentlich-rechtlichen und privaten Anbietern fußt auf unterschiedlichen Finanzierungsmodellen und ordnungspolitischen Grundlagen. Während die Öffentlich-rechtlichen ihren Programm- und Sendebetrieb überwiegend über Rundfunkgebühren bestreiten und Werbung für sie aufgrund staatsvertraglicher Restriktionen nur eine untergeordnete Rolle spielt, finanzieren sich die privaten Anbieter hauptsächlich über Werbeerlöse.

Der öffentlich-rechtliche Rundfunk muss im Rahmen seiner Grundversorgung Programmangebote für die Bereiche Bildung, Information und Unterhaltung abdecken. Die privaten Anbieter ergänzen die Angebotsvielfalt im Rundfunkmarkt. Für ihren Programmbetrieb benötigen sie eine Lizenz, die sie von der aufsichtführenden Landesmedienanstalt erhalten. Die meisten Privatsender konzentrieren sich auf unterhaltende Inhalte für unterschiedliche Nutzergruppen.

Studie der Landesmedienanstalten zur Rundfunkwirtschaft

Die ökonomische Bedeutung von Radio und Fernsehen hat die Studie „Wirtschaftliche Lage des Rundfunks in Deutschland 2008/2009" eingehend untersucht. Sie stellt das aktuellste umfassende Zahlenwerk zur wirtschaftlichen Lage des Rundfunks in Deutschland dar. Der folgende Beitrag beruht deshalb auf dieser Studie, deren Anlage hier zunächst kurz skizziert wird.

27

Die Studie liefert ein umfangreiches Bild über die Strukturen der deutschen Rundfunkwirtschaft. Sie wurde im Auftrag von acht Landesmedienanstalten unter Federführung der Bayerischen Landesanstalt für neue Medien (BLM) von TNS Infratest MediaResearch und Goldmedia durchgeführt und im November 2009 veröffentlicht. Die Untersuchung gibt Aufschluss über die Beschäftigungssituation und die wirtschaftliche Bedeutung privater und öffentlich-rechtlicher Fernseh- und Hörfunkprogramme. Dabei stützt sie sich auf zwei Säulen: eine Primärdatenerhebung bei sämtlichen privaten Rundfunkveranstaltern in Deutschland sowie eine Sekundäranalyse des öffentlich-rechtlichen Rundfunks anhand der Daten der ARD- und ZDF-Jahrbücher. Zudem flossen auch Angaben der Kommission zur Ermittlung des Finanzbedarfs (KEF), der für die ARD-Finanzstatistik zuständigen Stelle beim Bayerischen Rundfunk sowie aus dem Haushaltsplan des ZDF in die Studie ein.

Die Grundgesamtheit des privaten Rundfunks umfasste alle Anbieter oder Veranstalter eines oder mehrerer Radio- und TV-Programme, die im ersten Quartal 2008 eine Lizenz von einer der 14 Landesmedienanstalten besaßen und zum Zeitpunkt der Befragung (Mai bis September 2009) wirtschaftlich aktiv waren. Es handelte sich um 191 Fernseh- und 174 Hörfunkveranstalter, die 265 TV- und 210 Radioprogramme betrieben. Die öffentlich-rechtlichen Rundfunkanstalten verbreiteten 20 TV-Programme, davon sechs rein digitale Angebote.[1] Hinzu kommt das Auslandsfernsehen der Deutschen Welle. Das Angebot des öffentlich-rechtlichen Hörfunks umfasste 52 UKW-Landesprogramme, ferner die beiden bundesweiten Angebote Deutschlandfunk und Deutschlandradio Kultur sowie die Auslandsprogramme von DW Radio. Private Programme in lokalen Kabelanlagen oder Gemeinschaftsantennenanlagen mit einer technischen Reichweite unter 10.000 angeschlossenen Haushalten sowie nichtkommerzielle Anbieter wurden nicht berücksichtigt. Die Antwortquote bei der freiwilligen Befragung betrug im privaten Fernsehen 87 Prozent; im privaten Hörfunk erreichte sie 93 Prozent.

Gesamtwirtschaftliche Bedeutung des Rundfunks leicht gesunken

Dieser Studie zufolge erzielte der Rundfunk 2008 einen Produktionswert von insgesamt 16,3 Mrd Euro, das waren 0,2 Mrd Euro weniger als zum Zeitpunkt der vorherigen Untersuchung im Jahr 2006. Davon entfielen 8,3

Mrd Euro auf den öffentlich-rechtlichen und rund 8 Mrd Euro auf den privaten Rundfunk. Der Produktionswert des Hörfunks betrug 2008 rund 3,8 Mrd Euro und blieb gegenüber 2006 annähernd konstant, während der des Fernsehens von 12,7 auf 12,6 Mrd Euro zurückging. Zum Produktionswert zählen neben Werbeerträgen auch Einnahmen aus Rundfunkgebühren und Abonnements sowie Umsätze aus Auftragsproduktionen für Dritte, Merchandising oder Teleshopping. Staatliche Subventionen wie die Bundesmittel für die Deutsche Welle sowie der Einkaufswert der Handelsware bei Teleshopping-Anbietern sind im Produktionswert nicht enthalten.

Deutlicher als der Produktionswert ist die Bruttowertschöpfung des Rundfunks zurückgegangen. Sie entspricht der Differenz aus dem Produktionswert einer Branche und den von ihr bezogenen Vorleistungen. Aus der Summe der Bruttowertschöpfung aller Wirtschaftszweige errechnet sich das Bruttoinlandsprodukt (BIP). Im Jahr 2008 betrug die Bruttowertschöpfung im deutschen Rundfunkmarkt 5,2 Mrd Euro; das entsprach einem Anteil von 0,21 Prozent des BIP. Zum Vergleich: Im Jahr 2006 trug die Rundfunkwirtschaft noch 5,4 Mrd Euro zum BIP bei (0,24 %). Die im Vergleich zu 2006 leicht rückläufige Bruttowertschöpfung resultierte laut Studie hauptsächlich aus Kostensteigerungen im Privatfernsehen. Der Hörfunk blieb von dieser Entwicklung ausgenommen: Er hielt seine Bruttowertschöpfung 2008 mit 1,9 Mrd Euro oder 0,08 Prozent des BIP im Vergleich zu 2006 konstant (vgl. Abb. 1).

Öffentlich-rechtliche und Private mit unterschiedlichem Auftrag und unterschiedlichen Finanzierungsgrundlagen

Öffentlich-rechtlicher und privater Rundfunk haben aufgrund ihres unterschiedlichen Programmauftrags und der daraus resultierenden unterschiedlichen Finanzierungsgrundlagen auch sehr unterschiedliche Einnahmen- und Aufwandsstrukturen, die sich nicht wirklich sinnvoll miteinander vergleichen lassen. Sie werden hier deshalb separat betrachtet und tabellarisch ausgewiesen.

Im öffentlich-rechtlichen Rundfunk entfielen 2008 rund 82 Prozent der Erträge in Höhe von insgesamt 8,7 Mrd Euro auf Gebühreneinnahmen. Jeder zehnte Euro wurde mit sonstigen Erträgen erwirtschaftet. Auf Sponsoring und Werbung entfielen in dieser Systematik, bei der die Kosten der ARD-Werbegesellschaften von den Werbeerlösen schon abgezo-

Abbildung 1
Bruttowertschöpfung in der Rundfunkwirtschaft 2006 bis 2008 in Mio Euro

	Rundfunk gesamt		Öffentlich-rechtlicher Rundfunk		Privater Rundfunk		Hörfunk gesamt (geschätzt)		Fernsehen gesamt (geschätzt)	
	2008	2006	2008	2006	2008	2006	2008	2006	2008	2006
Produktionswert	16.321	16.484	8.325	8.217	7.996	8.267	3.753	3.759	12.567	12.725
Vorleistungen	11.142	11.048	5.699	5.534	5.443	5.514	1.864	1.873	9.278	9.175
Bruttowertschöpfung	5.179	5.436	2.626	2.683	2.553	2.753	1.890	1.886	3.289	3.550
Anteil Bruttowertschöpfung am BIP in %	0,21	0,24	0,11	0,12	0,10	0,12	0,08	0,08	0,13	0,15

Produktionswert: abzüglich Subventionen.
Vorleistungen: von Dritten bezogene Waren u. Dienstleistungen.
Bruttowertschöpfung: Produktionswert minus Vorleistungen.

Quelle: Wirtschaftliche Lage des Rundfunks in Deutschland 2008/2009. Studie im Auftrag der Landesmedienanstalten. Berlin 2010.

gen wurden[2], nur 3,6 Prozent. Programmverkäufe machten 0,8 Prozent aus. Die Zuwendungen des Bundes für die Deutsche Welle summierten sich auf 3,4 Prozent der gesamten Einnahmen des öffentlich-rechtlichen Rundfunks.

Die Einnahmenstruktur im öffentlich-rechtlichen Hörfunk sieht erwartungsgemäß ähnlich aus: Die Programme von ARD und Deutschlandradio finanzierten sich zu 82,3 Prozent über Rundfunkgebühren und zu 11,3 Prozent über sonstige Erträge. Werbung und Sponsoring (ohne die

Kosten der ARD-Werbegesellschaften) standen für 2,6 Prozent der Einnahmen, die Bundesmittel für die Deutsche Welle machten 4 Prozent aus (vgl. Abb. 2).

Auf der Kostenseite machten Sachaufwendungen für öffentlich-rechtliche Programmveranstalter rund 52 Prozent aller Ausgaben aus. Gemeint sind damit die Aufwendungen für die Rechtegesellschaften, Auftragsproduktionen, PR, Material für Eigenproduktionen, Provisionen oder Mieten. Für ihre fest angestellten und freien Mitarbeiter gaben die öffentlich-rechtlichen Anbieter gut 37 Prozent ihrer Mittel aus. Der Rest entfiel auf die Kosten der technischen Programmverbreitung und Abschreibungen/Steuern.

Im Hörfunk wandten die Öffentlich-rechtlichen 49,3 Prozent für fest angestellte und freie Mitarbeiter auf. Sachkosten machten 39,5 Prozent, Kosten der technischen Programmverbreitung 6,8 und Abschreibungen/Steuern 4,4 Prozent aus (vgl. Abb. 3).

Im privaten Rundfunk bilden die Werbeerlöse die bei weitem stärkste Ertragssäule. Im Jahr 2008 resultierten 56,1 Prozent der Einnahmen im privaten TV und Radio von insgesamt gut 8 Mrd Euro aus dem Verkauf von Werbespots und aus Sponsoring; Online-Werbeeinnahmen machten weitere 0,7 Prozent aus. Die Erlöse aus dem Teleshopping bildeten mit 18,1 Prozent die zweite Umsatzsäule im privaten Rundfunk, gefolgt von den Abonnementgebühren für Pay-TV-Sender wie Premiere (jetzt Sky) (11 %). Die sonstigen Erträge steuerten 7,3 Prozent zu den Gesamteinnahmen bei, auf Programmverkäufe und Auftragsproduktionen entfielen 4,6 Prozent, telefonische Mehrwertdienste (Call Media) erwirtschafteten 2 Prozent.

Im privaten Hörfunk fällt der Anteil der Werbeeinnahmen erheblich höher aus als in der Gesamtbetrachtung, weil Teleshopping und Pay-TV ja nur im Fernsehen stattfinden. Deshalb ist die Abhängigkeit von der Werbung im privaten Hörfunk deutlich größer als im privaten TV. Im Jahr 2008 machten die Erlöse aus der Vermarktung von Werbespots und Sponsoring 86,7 Prozent aller Einnahmen des Privatradios aus (Privat-TV: 52 %); hinzu kam die Internetwerbung mit 0,8 Prozent. Die sonstigen Erträge beliefen sich auf 5,6 Prozent der Einnahmen. Veranstaltungen machten 3,1 Prozent aus, Call Media 1,8 Prozent (vgl. Abb. 4).

Sachkosten machten 63 Prozent der gesamten Ausgaben im privaten Rundfunk aus, Personalkosten 16,5 Prozent. Auf Kosten der Programmverbreitung bzw. Abschreibungen/Steuern entfielen 9,5 bzw. 11,1 Prozent der Ausgaben (vgl. Abb. 5).

Abbildung 2
Ertragsstruktur im öffentlich-rechtlichen Rundfunk 2008
Anteil in %

	Öffentlich-rechtl. Rundfunk gesamt	Öffentlich-rechtl. Hörfunk
Werbespots gesamt*	3,0	2,3
Sponsoring	0,6	0,3
Rundfunkgebühren	81,9	82,3
Programm- u. Rechteverkauf	0,8	0,1
Bundeshaushalt (Deutsche Welle)	3,4	4,0
Sonstige Erträge	10,3	11,3
Gesamtertrag in Mio Euro	8.617	3.254

* Basis: Nettowerbeumsätze nach Abzug von Rabatten und Agenturhonoraren und nach Abzug der Kosten der ARD-Werbegesellschaften. / Quelle: Wirtschaftliche Lage des Rundfunks in Deutschland 2008/2009. Studie im Auftrag der Landesmedienanstalten. Berlin 2010.

Abbildung 3
Aufwandsstruktur im öffentlich-rechtlichen Rundfunk 2008
Anteil in %

	Öffentlich-rechtl. Rundfunk gesamt	Öffentlich-rechtl. Hörfunk
Personalkosten	26,6	36,3
Vergütungen für freie Mitarbeiter	10,7	13,0
Sonstige Sachkosten	52,3	39,5
Kosten der Programmverbreitung	5,3	6,8
Abschreibungen/Steuern	5,1	4,4
Gesamtaufwand in Mio Euro	8.774	2.763

Quelle: Wirtschaftliche Lage des Rundfunks in Deutschland 2008/2009. Studie im Auftrag der Landesmedienanstalten. Berlin 2010.

Abbildung 4
Ertragsstruktur im privaten Rundfunk 2008
Anteil in %

	Priv. Rundfunk gesamt	Privater Hörfunk
Werbespots gesamt*	54,3	81,3
Sponsoring	1,8	5,4
Online-Werbung	0,7	0,8
Abonnementgebühren	11,0	–
Veranstaltungen	–	3,1
Programm- u. Rechteverkauf	4,6	1,4
Call Media	2,0	1,8
Teleshopping	18,1	–
Fördermaßnahmen	0,2	0,6
Sonstige Erträge	7,3	5,6
Gesamtertrag in Mio Euro	8.016	624

* Basis: Nettowerbeumsätze nach Abzug von Rabatten und Agenturhonoraren. / Quelle: Wirtschaftliche Lage des Rundfunks in Deutschland 2008/2009. Studie im Auftrag der Landesmedienanstalten. Berlin 2010.

Abbildung 5
Aufwandsstruktur im privaten Rundfunk 2008
Anteil in %

	Priv. Rundfunk gesamt	Privater Hörfunk
Personalkosten	14,1	29,4
Vergütungen für freie Mitarbeiter	2,4	6,7
Sonstige Sachkosten	62,9	49,1
Kosten der Programmverbreitung	9,5	9,5
Abschreibungen/Steuern	11,1	5,3
Gesamtaufwand in Mio Euro	7.303	540

Quelle: Wirtschaftliche Lage des Rundfunks in Deutschland 2008/2009. Studie im Auftrag der Landesmedienanstalten. Berlin 2010.

Im privaten Hörfunk machen die Sachkosten nur etwa die Hälfte aller Aufwendungen aus (49,1%), die Personalaufwendungen dagegen 36,1 Prozent. Der Rest sind Kosten der Programmverbreitung (9,5%) und Abschreibungen/Steuern (5,3%). Die im Vergleich zur Rundfunk-Gesamtstruktur höheren Beschäftigungskosten im Hörfunk haben ihren Grund in der Struktur des Radiomarktes. Dessen Programme sind nur landesweit, regional oder lokal ausgerichtet und erfordern für eine entsprechende Berichterstattung mehr Personal. Auffällig: Je kleiner die Verbreitungsgebiete der Radiostationen ausfallen, desto höher sind die Mitarbeiterkosten. Während bei den landesweiten Privatprogrammen 2008 nur rund 31 Prozent der Ausgaben auf die Beschäftigten entfielen, waren es im privaten Lokalradio über 45 Prozent.

Rundfunkerträge insgesamt leicht gesunken

Betrachtet man die Erträge im Einzelnen, so musste der Rundfunk 2008 insgesamt leichte Rückgänge hinnehmen. Der Studie zufolge erwirtschaftete er 2008 einen Gesamtertrag von 16,6 Mrd Euro, das entsprach einem Minus von 160 Mio Euro oder knapp 1 Prozent gegenüber 2006.

Der Rückgang ist beim privaten Rundfunk zu verorten, wo der Gesamtertrag 2008 um 3,2 Prozent auf gut 8,0 Mrd Euro sank. Bei den Privaten wirkten sich insbesondere die wegen der 2008 einsetzenden Werbekrise rückläufigen Werbeerlöse aus, es sanken aber auch die Einnahmen aus Pay-TV-Abonnements und Teleshopping gegenüber 2006 (vgl. Abb. 6). Dagegen stieg der Gesamtertrag im öffentlich-rechtlichen Sektor um 1,3 Prozent auf 8,6 Mrd Euro (vgl. Abb. 7).

Werbekrise erfasste auch das Radio

Die Folgen der einsetzenden Werbekrise, die nicht nur zu einer geringeren Nachfrage am Werbemarkt führte, sondern auch einen verschärften Rabattdruck auslöste, trafen auch den Hörfunk. Dort bröckelten vor allem die Einnahmen aus dem Spotverkauf und dem Sponsoring.

Insgesamt gingen dem Hörfunk 2008 im Vergleich zu 2006 rund 8,8 Prozent seiner Werbeerlöse verloren, die 2008 nur noch 583 Mio Euro

Abbildung 6

Ertragsentwicklung im privaten Rundfunk in Mio Euro

	Priv. Rundfunk gesamt		Privater Hörfunk	
	2008	2006	2008	2006
Ertrag gesamt	8.016	8.288	624	678
Werbespots gesamt*	4.351	4.674	508	530
Sponsoring	148	68	34	37
Online-Werbung	55	–	5	–
Abonnementgebühren	881	1.035	–	–
Veranstaltungen	–	–	19	21
Programm- u. Rechteverkauf	371	202	9	6
Teleshopping	1.447	1.548	–	–
Call Media	157	198	11	20
Fördermaßnahmen	20	21	4	8
Sonstige Erträge	586	542	35	56

* Nettowerbeumsätze nach Abzug von Rabatten und Agenturhonoraren. / Quelle: Wirtschaftliche Lage des Rundfunks in Deutschland 2008/2009. Studie im Auftrag der Landesmedienanstalten. Berlin 2010.

Abbildung 7

Ertragsentwicklung im öffentlich-rechtlichen Rundfunk in Mio Euro

	Öffentlich-rechtl. Rundfunk gesamt		Öffentlich-rechtl. Hörfunk	
	2008	2006	2008	2006
Ertrag gesamt	8.617	8.505	3.254	3.207
Werbespots gesamt*	263	294	75	109
Sponsoring	51	k.A.	10	–
Rundfunkgebühren	7.060	7.151	2.678	2.687
Programm- u. Rechteverkauf	66	55	4	2
Bundeshaushalt (Deutsche Welle)	263	788	130	118
Sonstige Erträge**	886	161	368	292

* Nettowerbeumsätze nach Abzug von Rabatten und Agenturhonoraren und nach Abzug der Kosten der ARD-Werbegesellschaften. ** Einschließlich Sponsoring. / Quelle: Wirtschaftliche Lage des Rundfunks in Deutschland 2008/2009. Studie im Auftrag der Landesmedienanstalten. Berlin 2010.

ausmachten. Aufgrund der eingangs beschriebenen unterschiedlichen Finanzierungsstrukturen waren davon die Privaten natürlich besonders betroffen, auch wenn sie „nur" 4 Prozent verloren, gegenüber 31 Prozent bei den werbeführenden Wellen der öffentlich-rechtlichen Rundfunkanstalten, die aufgrund gesetzlicher Restriktionen nur ein begrenztes Werbekontingent haben.

Insgesamt konnte die Gattung Hörfunk mit 3,9 Mrd Euro 2008 aber einen nahezu konstanten Gesamtertrag erwirtschaften. Die ARD-Hörfunkwellen verbuchten mehr „Sonstige Erträge", zudem erhöhte der Bund seinen Zuschuss für die Deutsche Welle leicht. Beide Faktoren glichen die Verluste am Werbemarkt ungefähr aus.

Rundfunk mit höheren Kosten und schlechteren Ergebnissen

Sowohl öffentlich-rechtliche als auch private Rundfunkanbieter mussten 2008 für den Programm- und Sendebetrieb mehr Geld aufbringen als zwei Jahre zuvor. Bei den Öffentlich-rechtlichen stiegen die Kosten gegenüber 2006 um 373 Mio Euro auf rund 8,8 Mrd Euro, bei den Privaten um 159 Mio Euro auf 7,3 Mrd Euro. Bei den öffentlich-rechtlichen TV- und Radiostationen waren vor allem die um rund eine halbe Mrd Euro gestiegenen Sachkosten für die erhöhten Aufwendungen verantwortlich. Dieser Anstieg konnte auch durch Kostensenkungen beim fest angestellten Personal und den freien Mitarbeitern nicht komplett aufgefangen werden.

Weil die Kosten zwischen 2006 und 2008 stärker gestiegen sind als die Einnahmen, musste der öffentlich-rechtliche Rundfunk insgesamt einen Fehlbetrag von 157 Mio Euro hinnehmen. Sein Kostendeckungsgrad, der die Einnahmen prozentual in Bezug zu den Ausgaben setzt, rutschte auf 98 Prozent ab; im Jahr 2006 hatten die gebührenfinanzierten Sender mit 101 Prozent noch eine leichte Überdeckung erzielt. Ein solches Defizit ist jedoch normal, denn 2008 endete eine vierjährige Gebührenperiode, innerhalb der die Öffentlich-rechtlichen ausgeglichen wirtschaften müssen. Überschüssen zu Beginn folgen dann in der Regel Fehlbeträge zum Ende des Gebührenzeitraums. Bleiben Überschüsse, werden sie von der KEF bei der Gebührenermittlung der folgenden Jahre berücksichtigt.

Im Hörfunk wurde jedoch zwischen 2006 und 2008 mit rund 3,3 Mrd Euro ein Plus erwirtschaftet. Gegenüber 2006 stiegen die Einnahmen um

47 Mio Euro, was auf die oben erwähnte Steigerung bei den sonstigen Erträgen sowie den höheren Bundeszuschuss für die Deutsche Welle zurückzuführen ist. Die Einnahmen aus Werbung nach Abzug der Kosten der Werbegesellschaften sanken hingegen deutlich von 109 auf 75 Mio Euro. Die Gebührengelder als Hauptertragsquelle blieben mit rund 2,7 Mrd Euro nahezu konstant. Gesamtergebnis und Kostendeckungsgrad blieben positiv, fielen gegenüber 2006 jedoch niedriger aus (vgl. Abb. 8).

Abbildung 8
Ertrag und Aufwand im öffentlich-rechtlichen Rundfunk in Mio Euro

	Öffentlich-rechtl. Rundfunk gesamt		Öffentlich-rechtl. Hörfunk	
	2008	2006	2008	2006
Ertrag	8.617	8.505	3.254	3.207
Aufwand	8.774	8.401	2.763	2.649
Betriebsergebnis	– 157	104	491	558
Kostendeckungsgrad	98	101	118	121

Kostendeckungsgrad: Ertrag durch Aufwand mal 100.
Betriebsergebnis: Ertrag abzgl. Aufwand (ohne Finanztransaktionen).

Quelle: Wirtschaftliche Lage des Rundfunks in Deutschland 2008/2009. Studie im Auftrag der Landesmedienanstalten. Berlin 2010.

Privatradio senkt Ausgaben und bleibt profitabel

Die privaten Rundfunkanbieter wirtschafteten demgegenüber in der Summe profitabel. Im Jahr 2008 übertrafen ihre Einnahmen die Aufwendungen um 713 Mio Euro, was einem Kostendeckungsgrad von 110 Prozent entsprach. Allerdings verschlechterte sich die Profitabilität des Privatrundfunks gegenüber 2006 deutlich, weil einerseits die Einnahmen infolge der Wirtschaftskrise sanken und andererseits die Kosten stiegen. Zwischen 2006 und 2008 erhöhten sich die Aufwendungen der Privaten um 159 Mio Euro auf 7,3 Mio Euro, die Erträge sanken hingegen um 272 Mio Euro auf rund 8 Mrd Euro.

Der gestiegene Aufwand im privaten Rundfunk resultierte vor allem aus höheren Kosten für Personal, freie Mitarbeiter und Sachausgaben bei den privaten TV-Anbietern. Demgegenüber konnte der private Hörfunk seine Kosten zwischen 2006 und 2008 spürbar um 41 Mio Euro auf 540 Mio Euro reduzieren. Die Einsparungen realisierten die Sender vor allem bei den Sachkosten. Sie reagierten damit auf den Ertragsrückgang in Höhe von 54 Mio Euro, den die Branche zwischen 2006 und 2008 verkraften musste. Das Betriebsergebnis der privaten Radios verschlechterte sich in diesem Zeitraum um 12 Mio Euro auf 85 Mio Euro. Damit blieben ihre Hörfunkprogramme mit einem Kostendeckungsgrad von 116 Prozent (2006: 117 %) jedoch deutlich in der Gewinnzone (vgl. Abb. 9).

Abbildung 9
Ertrag und Aufwand im privaten Rundfunk in Mio Euro

	Privater Rundfunk gesamt		Privater Hörfunk	
	2008	2006	2008	2006
Ertrag	8.016	8.288	624	678
Aufwand	7.303	7.144	540	581
Betriebsergebnis	713	1.144	85	97
Kostendeckungsgrad	110	116	116	117

Kostendeckungsgrad: Ertrag durch Aufwand mal 100.
Betriebsergebnis: Ertrag abzgl. Aufwand (ohne Finanztransaktionen).

Quelle: Wirtschaftliche Lage des Rundfunks in Deutschland 2008/2009. Studie im Auftrag der Landesmedienanstalten. Berlin 2010.

Rundfunk beschäftigt weniger Menschen

Jahrelang galt der deutsche Rundfunkmarkt als ein Jobmotor. Doch seine Leistungskraft hat nachgelassen. So sinkt die Zahl der Mitarbeiter in beiden Systemen seit Jahren langsam, aber kontinuierlich. Ende 2008 standen nur noch 74.914 Mitarbeiter in Diensten eines öffentlich-rechtlichen oder privaten Programmanbieters, zwei Jahre zuvor waren es noch 75.247 gewesen. Das entspricht einem Rückgang von 0,4 Prozent.

Dabei haben sich private wie öffentlich-rechtliche Rundfunkanbieter unterschiedlich entwickelt. Zwischen 2006 und 2008 sind die Beschäftigtenzahlen im öffentlich-rechtlichen Rundfunk um insgesamt 2,3 Prozent auf 51.087 gefallen. Auch im öffentlich-rechtlichen Hörfunk gab es im gleichen Zeitraum einen Stellenabbau in ähnlicher Größenordnung: Von 2006 bis 2008 sank die Zahl der Beschäftigten um 2,4 Prozent auf 19.735. Betrachtet man den Personalabbau im Hörfunk genauer, dann haben die Öffentlich-rechtlichen die Zahl ihrer erwerbstätigen (Voll- und Teilzeitkräfte, Azubis) und sonstigen Mitarbeiter (feste und sonstige Freie, Praktikanten) zwischen 2006 und 2008 relativ gleichmäßig reduziert (vgl. Abb. 10).

Anders im privaten Rundfunk: Hier stieg die Zahl der Mitarbeiter insgesamt seit 2004 bis auf 23.827 Personen im Jahr 2008, weil Pay-TV- und

Abbildung 10
Beschäftigte im öffentlich-rechtlichen Rundfunk

	Öffentlich-rechtl. Rundfunk gesamt		Öffentlich-rechtl. Hörfunk	
	2008	2006	2008	2006
Gesamt	51.087	51.911	19.735	20.059
Erwerbstätige	28.633	29.143	12.549	12.773
davon:				
Vollzeitkräfte	23.310	23.726	10.216	10.398
Teilzeitkräfte	3.887	3.956	1.704	1.734
Auszubildende	1.436	1.461	630	641
Sonstige Mitarbeiter	22.454	22.768	7.186	7.286
davon:				
Praktikanten	5.891	5.973	1.885	1.912
feste freie Mitarbeiter	11.181	11.337	3.578	3.628
sonstige freie Mitarbeiter	5.382	5.457	1.722	1.746

Quelle: Wirtschaftliche Lage des Rundfunks in Deutschland 2008/2009. Studie im Auftrag der Landesmedienanstalten. Berlin 2010.

Teleshopping-Anbieter sowie Lokal- und Ballungsraumsender Personal aufgebaut haben. Im Privatradio ging die Beschäftigung zwischen 2004 und 2008 hingegen leicht um 0,5 Prozent auf 6.124 zurück, gegenüber 2006 betrug das Minus sogar 9,4 Prozent. Der Vergleich zwischen 2008 und 2004 ist auch deshalb aufschlussreich, weil er das Ende der ersten Werbekrise und den Beginn der nächsten markiert. In der Phase dazwischen haben die Privatradios zwar wieder Personal aufgebaut, mussten ihren Mitarbeiterstamm 2008 infolge des Umsatzeinbruchs aber erneut reduzieren. Dabei traf es besonders die festen freien Mitarbeiter (minus 17,7 %) und die sonstigen Freien (minus 15,7 %) sowie die festangestellten Teilzeitkräfte (minus 11,6 %). Die einzige Beschäftigtengruppe, die im Privatradio zwischen 2006 und 2008 noch einen Zuwachs vermelden konnte, waren die Praktikanten und Hospitanten; ihre Zahl stieg um 3,6 Prozent (vgl. Abb. 11).

Abbildung 11
Beschäftigte im privaten Rundfunk

	Privater Rundfunk gesamt		Privater Hörfunk	
	2008	2006	2008	2006
Gesamt	23.827	23.336	6.124	6.759
Erwerbstätige	18.305	17.262	3.731	4.035
davon:				
Vollzeitkräfte	11.216	13.310	2.431	2.624
Teilzeitkräfte	5.740	2.758	840	950
Auszubildende	1.349	1.194	460	461
Sonstige Mitarbeiter	5.522	6.074	2.393	2.724
davon:				
Praktikanten	1.624	1.629	664	641
feste freie Mitarbeiter	2.744	3.377	1.119	1.359
sonstige freie Mitarbeiter	1.154	1.068	610	724

Quelle: Wirtschaftliche Lage des Rundfunks in Deutschland 2008/2009. Studie im Auftrag der Landesmedienanstalten. Berlin 2010.

Fazit und Ausblick

Die gesamtwirtschaftliche Bedeutung des Rundfunks (Radio und TV) ist zwischen 2006 und 2008 leicht gesunken. Sein Anteil am Bruttoinlandsprodukt ging von 0,24 auf 0,21 Prozent zurück. Der Anteil des Hörfunks am BIP blieb mit 0,08 Prozent konstant. Im gesamten Rundfunkmarkt waren Ende 2008 noch 74.914 Menschen beschäftigt, 0,4 Prozent weniger als Ende 2006.

Die 2008 beginnende Werbekrise setzte naturgemäß vor allem dem werbefinanzierten privaten Rundfunk zu, dessen Erträge sanken. Für den Rundfunk als Werbeträger blieb die Lage auch 2009 angespannt. Die Nettowerbeumsatzstatistik des Zentralverbands der deutschen Werbewirtschaft (ZAW) wies für Radio und Fernsehen im Jahr 2009 einen Werbeerlös von nur noch 4,3 Mrd Euro aus, das waren 9,2 Prozent weniger als im Vorjahr. Damit musste der Rundfunk im zweiten Jahr hintereinander einen Werbeumsatzrückgang hinnehmen. Viele Kunden kürzten ihre Etats und/oder setzten neue Medien wie das Internet ein. Das Fernsehen (minus 9,8 % auf 3,7 Mrd Euro) traf es dabei deutlich härter als den Hörfunk, dessen Nettowerbeerlöse um 5,7 Prozent auf 678,5 Mio Euro fielen.

Grund: Das Radio profitierte in der Krise von seiner Stärke als Abverkaufsmedium, das Handel und Markenartikelindustrie einsetzen, um ihre Absatzprobleme zu lindern. „Die Gattung Hörfunk insgesamt hat die massiven Einbrüche an den Finanzmärkten bislang erstaunlich robust überstanden", so Esther Raff, Geschäftsführerin des Frankfurter Hörfunkvermarkters AS&S Radio. Allerdings seien die internationalen Märkte und das gesamtwirtschaftliche Spektrum noch äußerst fragil. Raff erwartete deshalb für das Jahr 2010 keinen durchgreifenden Aufschwung der Werbemärkte. Das Radio würde nach ihrer Prognose den Werbeumsatz des Vorjahres erreichen.

Ähnlich sah das auch Andreas Fuhlisch, bis Oktober 2010 Sprecher der Geschäftsführung von Radio Marketing Service (RMS): „Die Gattung war im Vorjahresvergleich relativ stabil. Radio hat sehr erfolgreich dazu beigetragen, die drängendsten Probleme der Partner zu lösen, nämlich den Abverkauf zu steigern", sagte er der Fachzeitung Horizont.[3] Fuhlisch rechnete für 2010 mit stabilen Budgets: „Wir glauben an ein stabiles Jahr für Radio, auch wenn 2010 ein sehr schwieriges Jahr für alle Gattungen werden wird."

Der Werbemarkt dürfte auf absehbare Zeit volatil bleiben, was vor allem die privaten Rundfunkanbieter vor Herausforderungen stellt.

Viele von ihnen versuchen seit einiger Zeit, die Abhängigkeit von diesem Markt zu verringern, indem sie alternative Erlösquellen erschließen. Den privaten TV-Anbietern ist dies mit Teleshopping, Pay-TV, Onlinespielen oder dem Lizenzhandel bereits ansatzweise gelungen. Dagegen sind die Privatradios immer noch auf der Suche nach ähnlich attraktiven Diversifikationserlösen.

Um im schwieriger werdenden Marktumfeld zu bestehen, muss sich das Radio allerdings auch auf seine traditionellen Stärken besinnen. Dazu zählt vor allem die enge Bindung zu seinem Publikum: „Das Radio ist immer sehr nah am Hörer beziehungsweise am Nutzer. Und Radio ist für viele Menschen ein natürlicher Tagesbegleiter, der das gesamte Spektrum an Hörerwartungen abzudecken vermag", betont Esther Raff. „Um diese Positionierung auch künftig wahrnehmen zu können, sind inhaltliche Profilierung über Relevanz, technische Innovationsfreude und Hörernähe wesentliche Faktoren", ist Raff überzeugt. Diese Facetten wolle sie gegenüber den Nachfragern aus dem Werbemarkt mit aktuellen Fallstudien und Begleitforschung belegen. Ihr Konterpart Fuhlisch zeigte sich entschlossen, die Werbekunden auch weiterhin von den Qualitäten des Radios zu überzeugen: „Dazu gehören die hohe Flexibilität und auch die zeitliche und räumliche Aussteuerbarkeit." [4]

Mediaexperten wie Wolfgang Schuldlos sehen das Radio trotz der angespannten Situation am Werbemarkt nicht in akuter Gefahr. „Es bleibt als Werbeträger relevant", betont der Geschäftsführer der Mediaagentur Zenithmedia München. Das liege in erster Linie daran, dass Radio regional fest verankert ist und dank seiner hohen Reichweite schnell Werbedruck aufbauen kann. Doch der Wettbewerb mit den anderen elektronischen Medien Internet und TV werde härter. Und das könne in den nächsten Jahren weitere Werbeumsatzeinbußen für den Hörfunk nach sich ziehen, fürchtet Schuldlos. Deshalb fordert er die Verantwortlichen im Radio auf, ihr Selbstverständnis zu ändern. Die UKW-Stationen müssten sich zu multimedialen Medienmarken entwickeln, die neben Audio- auch Bewegtbild bieten und ihr journalistisches Profil schärfen, so Schuldlos. Und weil das Internet keine Grenzen kennt, haben diese Marken durchaus das Zeug, über die Region hinaus zu strahlen und neue Nutzergruppen zu erreichen.

Anmerkungen

1   Die Studie der Landesmedienanstalten spricht von insgesamt 22 öffentlich-rechtlichen TV-Programmen einschließlich der Digitalprogramme. Hierbei wurden vermutlich die Programmstrecken des ARD-Vorabendprogramms sowie des gemeinsamen ARD/ZDF-Vormittagsprogramms als separate Programme mit eingerechnet.

2   Dabei ist jedoch zu berücksichtigen, dass die ARD-Werbegesellschaften zum Beispiel auch das ARD-Vorabendprogramm finanzieren.

3   Horizont 6/2010, S. 27.

4   Vgl. promedia 4/2010, S. 46.

Radio ist Gefühlsmanagement
Wort und Personality-Moderation als Positionierungsfaktoren im modernen Hörfunk

Christoph Flach und Patrick Lynen

Radio ist so einfach. Ein Lied, das berührt. Ein direktes Wort von Mensch zu Mensch. Ganz wie im Leben. Und doch anders, denn beim Radio steht nur der Klang im Mittelpunkt. Alles läuft über das Hören. Die anderen Sinne gehen zunächst leer aus. Aber sie werden schnell aktiviert. Über das Wort, das Hören, das Assoziieren, die Suggestion. So entfaltet sich die eigentliche Wucht von Radio: Man sieht, fühlt, schmeckt, riecht. Man spürt den Menschen, der da spricht. Die Emotionen sind dicht. Obwohl man eigentlich nur hört. Wie bei der Hypnose; es bedarf keiner Bilder. Einzig das Wort schafft den Zugang in unsere Sinneswelten.

Intuitives Gefühlsmanagement. Die Ergebnisse der Hirnforschung zeigen: Wir können nicht nicht fühlen. Hier setzt Gefühlsmanagement beim Hörfunkmachen an.

Die Macher nehmen also gezielt Einfluss auf die Gefühlswelt ihrer Hörer. Im Idealfall macht Radiohören informierter (liefert Denkanstöße, gibt Sicherheit), ordnet ein (nimmt Ängste, macht souveräner), bietet Ankerpunkte im Alltag (Gewohnheit), sorgt für gute Laune (Stabilität), macht ausgeglichener (Entspannung), lässt einen als Hörer leichter und zufriedener leben (Eskapismus), sorgt für heitere oder anregende Momente (Spaß).

Diese größte Stärke des Radios ist so alt wie das Medium selbst. Und trotzdem weist sie auch in die Zukunft. Denn in unserer zunehmend komplexen Medienlandschaft mit ihrer digital-globalen Konkurrenzsituation kommt man mit verkopften Strategien und der stetigen Schein-Optimierung des Programms nicht weiter. Den perfekten Musikmix haben andere auch. Tolle Jingles, Claims, Gewinnspiele – überall. Schicker Onlineauftritt nebst Anbindung von Twitter und Facebook – selbstverständlich.

Bitteres Fazit für die Verantwortlichen vieler durchoptimierter Programme: Das Handbuch der immer gleichen Beraterweisheiten hilft nicht mehr. Es reicht nicht, alles nach reinen Messbarkeitskriterien richtig zu machen. Es reicht nicht mehr, möglichst wenig zu stören, um nicht abgeschaltet zu werden. Es reicht nicht, den Morgenmoderator mit drei designten Eigenschaften auszustatten und ihn dann auf wehrlose Co-Moderatoren, so genannte Sidekicks, loszulassen. Unverwechselbares Profil muss her, sonst geht das Programm im Feld der Mitbewerber verloren. Nicht sofort, aber sicher in den nächsten Jahren.

Dass dieses besondere Profil vor allem über den Wortbereich ins Programm kommen muss, wird von der überwiegenden Anzahl der Programm-Macher längst gelebt und übersetzt. Damit wenden sie einer alten Radio-Doktrin („nur ja nicht stören") zunehmend den Rücken zu. Es darf aber nicht irgendein Wortinhalt sein.

Radio braucht authentische Persönlichkeiten und gefühltes Gesamterlebnis

Modernes Radio braucht längst wieder authentische Persönlichkeiten und das gefühlte Gesamterlebnis, klar erkennbare Kanten. Das schärft die Markensilhouette. Alle anderen Bestandteile eines Radioprogramms samt Multimediakontur stehen der Konkurrenz prinzipiell auch zur Verfügung. Ergebnisse der Medienforschung zeigen: Die Rezipientenbindung bleibt über formal-deskriptive Informationsinhalte, Positionierung, Musik oder Claims eher schwach. Dauerhafte Hörerbindung braucht also Gefühlsmanagement.

So kommen immer mehr Radioleute zu dieser alten Stärke des Radios zurück. Sie staunen über die Möglichkeiten und zögern, die jahrelang verinnerlichten mechanischen Regeln zu brechen.

Dabei ist das Prinzip ganz einfach. Hören, sehen, fühlen, schmecken, riechen. Über diese Sinneskanäle speichern Menschen Eindrücke und Erfahrungen ab, seit ihrer Geburt. Im Gehirn werden diese sinnlichen Eindrücke eng verknüpft als Erfahrungscluster abgelegt. Oft sind die hinterlegten Erfahrungen bei vielen Menschen ähnlich. Zum Beispiel: Sommerwetter, weißer Strand, Eisessen ... Solche Erfahrungen kommen wieder ins Bewusstsein, wenn sie durch einen verknüpften Sinneseindruck aufgerufen werden. Impulse über das Hören sind dafür ideal.

Beim Hörer Eindrücke (re)aktivieren

Diese sinnlichen Verankerungen kann also ein Sprecher im Radio wecken oder aufrufen. Oder ein radiophon gestalteter Inhalt. Oder das richtige Lied im richtigen Kontext. So betreibt Radio Gefühlsmanagement. Radio aktiviert die hinterlegten Eindrücke und sorgt für dichte Erlebnisse, die über das reine Hören weit hinausgehen. Wie in diesem einfachen Beispiel:

Moderation 1: *Heute wird es nicht besonders schön draußen.*

Moderation 2: *Absolut grau ist der Himmel bei uns in Berlin, die klamme Kälte kriecht uns noch bis Freitag die Hosenbeine hoch, morgens wachen wir oft noch im Nebel auf.*

In Moderation 1 findet sich eine klare Botschaft, aber nur ein sehr kleiner emotionaler Anteil. Moderation 2 ist aktives Gefühlsmanagement. Hoffentlich vorgetragen von einem Menschen, der dabei authentisch wirkt und als Persönlichkeit ein Alleinstellungsmerkmal für seinen Sender ist.

Denn Authentizität und Persönlichkeit sind die Basis für intuitives Gefühlsmanagement im Radio. Sie sind nur begrenzt planbar. Sie übertragen sich, wenn der Mensch am Mikrofon Haltung zeigt. Haltung wiederum kann keine Automation generieren und keine Strategie simulieren. Ehrlichkeit, Mut, Kanten, Humor, Ironie vermitteln sich nicht schematisch. Feinfühlige haltungsgeprägte Stimmläufe sind bis zum heutigen Tag nicht programmierbar. Formatregeln und Emotionsstrategien helfen hier nicht weiter.

Gefühlsmanagement durch passende Sprache

Wesentlich für das Gefühlsmanagement über authentische Wortinhalte ist zunächst die passende Sprache. Anspruchsvolle Formate (Kulturwellen, Wortprogramme, Nachrichtensender) nutzen vor allem den konservativen, wert- und ergebnisorientierten Sprachstil. Sie versuchen über vollständige Sätze, präzise Formulierungen und ästhetisch aufbereitete

Inhalte ihren Anspruch zu dokumentieren. In extremer Ausprägung – hörbar vorgelesen mit verschachtelten Sätzen, verschraubter Gedankenführung und im Stil einer Verkündigung – wirkt dieser Sprachstil oft grau, für (meist jüngere) Teile der Hörerschaft sogar abschreckend.

Popradios, Musiksender, Servicewellen und Boulevardmagazine wählen zumeist den gefühlsorientierten Sprachstil. Die meisten Botschaften werden über eine emotionale Aufbereitung transportiert. Die Sprache ist bildhaft, arbeitet über sinnliche Eindrücke. Die emotionale Komponente der Themen rückt in den Vordergrund. Beispiele, Analogien, Vergleiche, eigenes Erleben, die Lebenswelt der Hörer sind für die Bindung der Rezipienten zentrale Stilmittel. Doch oft hört man hier mechanisierte Ansätze, Vorschriften zum Umgang mit Emotionen statt echter Authentizität.

Vor allem Jugendwellen wählen einen eher trendorientierten Sprachstil. Es sollen reizorientierte Inhalte kreiert werden, die das limbische System ansprechen. Das limbische System ist eine Funktionseinheit unseres Gehirns, die der Verarbeitung von Emotionen und zum Beispiel auch der Entstehung von Triebverhalten dient.

Versatzstücke aus der aktuellen Jugendsprache gehören zum trendorientierten Sprachstil dazu. Diese Stilform kann aber – selbst in der jungen Zielgruppe – schnell pseudo-jugendlich wirken. Ältere Hörerschichten empfinden diesen Stil oft als übermäßig anstrengend und unnatürlich.

In der Praxis finden sich häufig Mischungen dieser Sprachstile. Die Zusammensetzung variiert je nach Thema und im Stundenverlauf. Überzeugend wirkt die Mischung erst, wenn der Mensch im Radio nicht schauspielert, sondern nah bei sich selbst und damit authentisch ist. Simulierte Natürlichkeit, zum Beispiel mit Dauerlächeln, mechanischer Sprechweise oder überdrehter Wirkung, kann Authentizität nicht ersetzen.

Denn bei einer authentischen Persönlichkeit kommt zur passenden Sprache noch die Dimension der Selbstoffenbarung hinzu. Hier stecken verborgene Werte, Emotionen und Triebe. Das sind kaum zu steuernde Anteile. Sie machen zwischenmenschliche Kontakte und Kommunikation im Radio – wie im Leben – spannend, aber auch sehr anfällig für Störungen.

Kunst der Selbstoffenbarung

Zahlreiche Kolleginnen und Kollegen schaffen es zeit ihres Radiolebens nicht, einen Draht zum Publikum aufzubauen. Vielleicht weil ihre Sprache nicht passt, vielleicht weil die Selbstoffenbarung zu kurz kommt oder zu ausgeprägt stattfindet, vielleicht weil der Sachinhalt zu schnell wegmoderiert wird, vielleicht weil sie nicht genug am alltäglichen Leben interessiert sind, vielleicht weil ihre Allgemeinbildung nicht ausreicht oder weil die Beziehungsebene zum Hörer nicht stimmt. Oder sie arbeiten in einem Sender, der Persönlichkeiten fordert, diese aber im gleichen Atemzug verhindert. Dann ersticken die Radioleute in Formatregeln und sind in ihrem Umgang mit den Hörern mechanisiert.

Wer keinen Draht zum Publikum aufbaut, wer nichts von sich preisgibt, nicht zwischen den Zeilen sendet, wer dafür keine Freiräume hat, der wird im Wettbewerb der Mediengattungen und insbesondere in jüngeren Zielgruppen nur als neutraler Funktionsträger und damit als langweilig wahrgenommen.

Parasozialität durch intuitives Gefühlsmanagement

Authentische Persönlichkeiten dagegen fallen auf. Sie betreiben Gefühlsmanagement meist intuitiv und schaffen damit einen engen Hörerkontakt, der auch als Parasozialität („weil ich mich dann nicht alleine fühle") bezeichnet wird. Der Mensch im Radio wird zum virtuellen Freund, zur Bezugsperson. Parasozialität wiederum ist einer der wichtigsten Gründe für Radionutzung durch Hörer. Parasozialität bedeutet auch: „Ich höre was, was der Mensch im Radio auch hört und fühlt." Es geht um das Gefühl, dabei zu sein, ohne sich selber einbringen zu müssen. Der Hörer „lässt den Mann oder die Frau im Radio machen".

Im Gesamtkonzert aller Medien ist das Radio deshalb gut beraten, in Zukunft auf Gefühlsmanagement zu setzen. Intuitiv eingesetzt von Persönlichkeiten, die wie kommunikative Leuchttürme wirken. Menschen, die als Orientierungshilfe in unübersichtlichen Zeiten dienen, denen man ob ihrer Persönlichkeit, Rolle und Rahmenfaktoren (öffentlich-rechtlich) schlicht vertrauen darf. Wortbotschaften werden immer wichtiger. Und es ist immer weniger egal, wer da spricht. Die richtige Musik stützt die Wortstrategie und führt gemeinsam mit dem Wortanteil zu einem dichten Gesamterlebnis.

Doppelmoderationen und Talk erzeugen Emotion

Doppelmoderation galt lange Zeit als wenig sinnvoll. Zu lang, zu teuer, zu unkonkret. Das hat sich geändert, sie wurde in vielen Stationen zum Standard. Denn die dialogische Form einer Doppelmoderation ist ideal für intuitives Gefühlsmanagement. Authentische Persönlichkeiten gehen in die Interaktion. Es gibt Reibung, Überraschungen, Emotionen. Die Reaktionen der Hörer sprechen für sich. Viele mögen es, wenn sie kleine Konflikte miterleben dürfen.

Beim Talk gibt es ähnliche Vorteile. Ein authentischer Moderator, den Hörern auf zwischenmenschlicher Ebene bestens bekannt, ist in dauernder Interaktion mit wechselnden Kommunikationspartnern. Da geht es oft emotional und selten sachlich zu. Hörer können alles live miterleben und sich je nach Konzept sogar beteiligen.

Das Format Talk hat sich in Deutschland nie richtig durchgesetzt. Bei den meisten Jugendwellen der ARD findet es bisher im Nachtprogramm statt („Domian", „Lateline"), wird kaum beachtet. Und doch spricht vieles für Talk als kommenden Trend im Radio: Talksendungen gehören zu den Sammler-Modellen, denen Wirtschaftsforscher eine erfolgreiche Zukunft voraussagen. Das Prinzip: Nutze den Content Dritter. Bündele fremde Inhalte, mache sie nutzbar. Ernte die Früchte des Kollektivs.

In vielen Ländern ist Talk längst ein Erfolgsmodell. Vor allem im Radio-Vorreiterland USA, doch auch in den Niederlanden, Frankreich, Großbritannien, Italien, Spanien und anderen europäischen Ländern sind Community-orientierte Talkradios oder Sender mit hohem Talkanteil (vor allem am Morgen und Nachmittag) in den Top 3 der populärsten Sender zu finden.

Fazit

Wenn ein Programm zum dichten Gesamterlebnis wird, wenn starke Persönlichkeiten authentisch und intuitiv agieren können, wenn sie Gefühlsmanagement betreiben und in die Interaktion gehen, dann entsteht eine dauerhafte parasoziale Bindung zum Hörer. Dann wird das Radio zum Lagerfeuer, um das man sich scharen kann und an dem man Gleichgesinnte trifft. Und dabei nutzt es auch eine seiner ältesten Stärken: Radio ist nur Audio. Für die Parallelnutzung beim Autofahren, Internetsurfen, bei der Arbeit ideal.

Radionutzung im Alltag

Karin Gattringer

Dreibeinige Marsianer landen mit einem zylindrischen Raumschiff in den USA. Sie greifen an, um die Boden- und Wasservorräte zu plündern und die Erde zu erobern. Die irdischen Kampftruppen sind den Angreifern hoffnungslos unterlegen und müssen zusehen, wie alles zerstört wird. Gut, dass das Immunsystem der Marsbewohner nicht an die Bakterien der Erde angepasst ist, so werden sie doch noch zur Strecke gebracht.

Eine fiktive Hörspielreportage über eine angebliche Marsinvasion („The war of the worlds" von Orson Welles), gesendet am Vorabend von Halloween, am 30. Oktober 1938, im amerikanischen Radioverbund CBS, wurde von vielen Zuhörern in New York und New Jersey für authentisch gehalten. Das Hörspiel führte laut Presseberichten sogar zu heftigen Irritationen in der Bevölkerung. Die als Halloween-Scherz gedachte Sendung war so packend und gut gemacht, dass die Hörer den Berichten zufolge einen tatsächlichen Angriff von Außerirdischen nicht ausschließen wollten. Zahlreiche besorgte Zuhörer riefen beim Radiosender an. Die Berichte über eine landesweite Massenpanik scheinen übertrieben, aber sie machten das Hörspiel und seinen Autor weltberühmt. Und sie zeigten erstmals die Schnelligkeit und die mögliche Wirkung von Radiosendungen auf ihre Zuhörer.

Bedeutung von Radio ungebrochen

Seither ist viel passiert, aber Radio hat auch in der stark veränderten Medienwelt seine Wirkung und Kernkompetenzen nicht eingebüßt. Radio wird weiterhin genutzt, um über Wichtiges sofort informiert zu werden. Nachrichten im Radio haben eine Aktualität und Schnelligkeit, die ihresgleichen suchen. Und Radio vermittelt Emotionen: Ein bekanntes Lied kann einen ganzen Film von Gefühlen, Erinnerungen und Träumen im Kopf auslösen. Radio kann Spannung erzeugen, wie die Schaltkonferenz während der Fußballbundesligaspiele zeigt. Radio wird genutzt, weil dabei die Arbeit leichter von der Hand geht oder um auf andere Gedanken zu kommen. Übers Radio bekommt man Denkanstöße, erfährt Neues und Nützliches für den Alltag, um mitreden zu können. Radio entspannt und ist zugleich anregend, weil es neue Ideen und Musik liefert. Radio ist ein idealer Begleiter und Helfer im Alltag, weil man sich nicht mehr so allein fühlt.

Radio ist allgegenwärtig

Kein Massenmedium wird in Deutschland so intensiv genutzt wie das Radio. Laut Media-Analyse Radio (ma) erreicht der Hörfunk täglich acht von zehn deutschsprachigen Bürgern mit Informationen, Servicemeldungen, Musik, Kultur und Unterhaltung. So gut wie jeder Haushalt in Deutschland verfügt über mindestens ein Radiogerät. In neun von zehn Haushalten stehen mehrere Geräte zur Verfügung, in der Hälfte der Haushalte sind es mittlerweile sogar vier oder mehr Gerätetypen (vgl. Abb. 1).

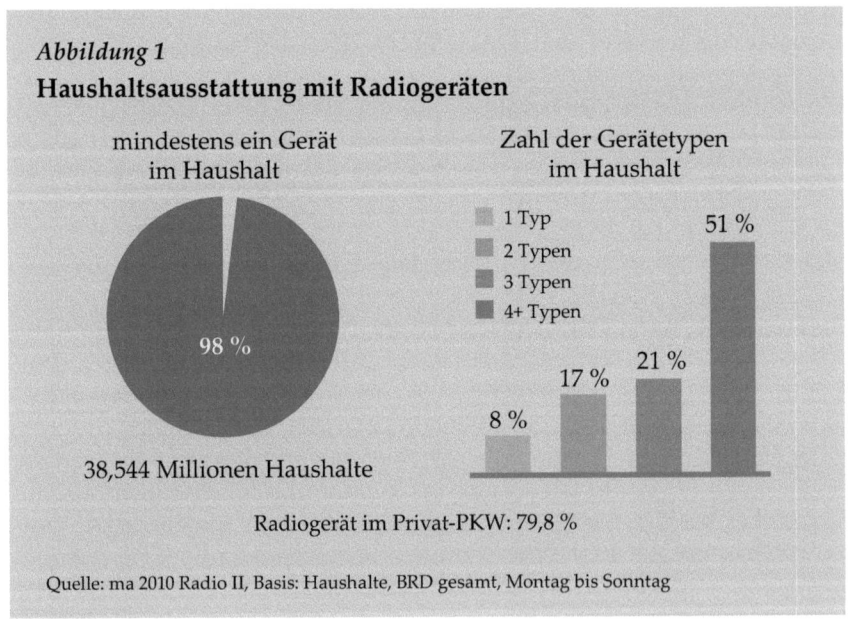

Abbildung 1
Haushaltsausstattung mit Radiogeräten

mindestens ein Gerät im Haushalt

98 %

38,544 Millionen Haushalte

Zahl der Gerätetypen im Haushalt

1 Typ
2 Typen
3 Typen
4+ Typen

8 %   17 %   21 %   51 %

Radiogerät im Privat-PKW: 79,8 %

Quelle: ma 2010 Radio II, Basis: Haushalte, BRD gesamt, Montag bis Sonntag

52

Dabei haben sich hier in den vergangenen Jahren die Möglichkeiten zunehmend erweitert. Neben den bekannten stationären Gerätetypen wie Radio als Teil einer Stereoanlage (69 %), Radiowecker (45 %) oder Küchenradio (30 %) durchdringen nun vor allem die mobilen Geräte den Markt. War früher das Autoradio der Inbegriff des mobilen Mediums, sind jetzt das Handy bzw. Smartphone mit Radio oder PDAs die Medien für unterwegs (vgl. Abb. 2).

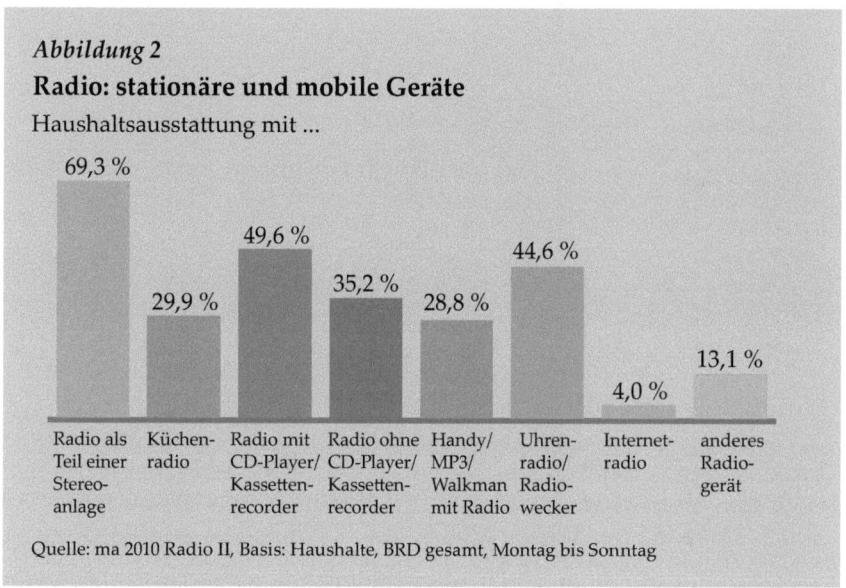

Abbildung 2
Radio: stationäre und mobile Geräte
Haushaltsausstattung mit ...

Quelle: ma 2010 Radio II, Basis: Haushalte, BRD gesamt, Montag bis Sonntag

Das Internetradio bietet mittlerweile die technische Voraussetzung, neben den klassischen UKW-Sendern auch die ausschließlich im Netz verbreiteten Radioprogramme zu empfangen. Über W-Lan-Radio kann man daher unzählige nationale und internationale Radiosender aus dem Netz hören.

Der potenzielle Radiohörer kann aus einer immer größeren Gerätevielfalt auswählen. Das Gerät kann dabei ganz klein sein, nur mit Geräteantenne, somit sehr mobil, das ist die unabhängigste Form der Mediennutzung. Oder der Empfang erfolgt via Kabel (34 %), Hausantenne (14 %), Satellit (19 %) bzw. zunehmend mit Hilfe von PC bzw. Laptop (15 %) (vgl. Abb. 3). Praktisch kann der Hörfunk überall und fast immer genutzt werden.

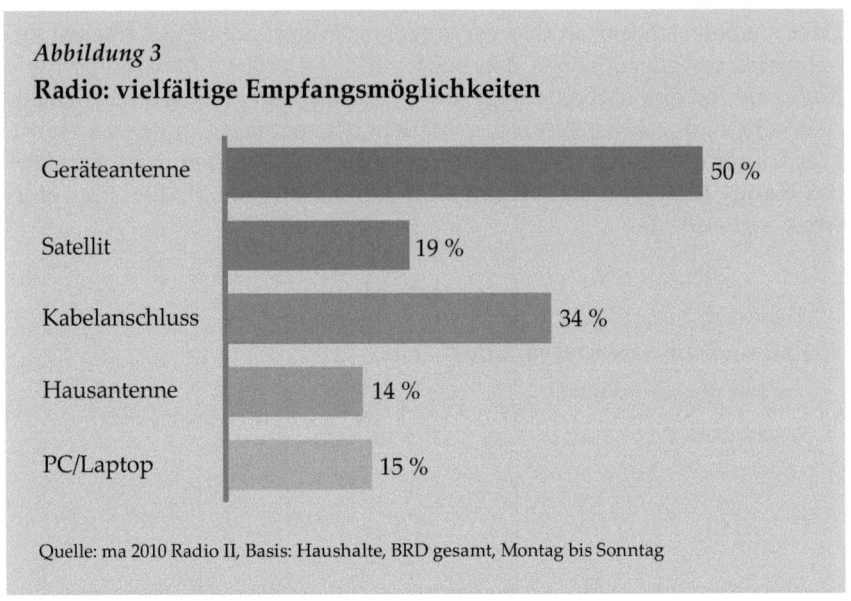

Abbildung 3
Radio: vielfältige Empfangsmöglichkeiten

Geräteantenne   50 %

Satellit   19 %

Kabelanschluss   34 %

Hausantenne   14 %

PC/Laptop   15 %

Quelle: ma 2010 Radio II, Basis: Haushalte, BRD gesamt, Montag bis Sonntag

Radio ist Basismedium mit hoher Nutzungsdauer

Bereits morgens um 6.00 Uhr haben 11 Millionen Menschen ihr Radio-programm eingeschaltet bzw. sich vom Radio wecken lassen. Insgesamt werden während der Woche täglich gut 58 Millionen deutschsprachige Personen vom Hörfunk erreicht. Durchschnittlich verbringen die Hörer ab zehn Jahren werktags rund vier Stunden mit dem Radio.[1] Die ARD/ZDF-Langzeitstudie Massenkommunikation 2010 zeigt, dass nach dem Fernsehen mit 256 Minuten täglicher Verweildauer Radio mit 238 Minuten am zweitlängsten genutzt wird (vgl. Abb. 4).

Die beiden elektronischen Medien dominieren die Mediennutzungsdauer. Für Zeitungs- und Zeitschriftenlektüre wird weniger Zeit verwendet. Im Durchschnitt verbringen die Leser pro Tag 52 Minuten mit der Tageszeitung und 58 Minuten mit Zeitschriften. Das Internet hält mit 191 Minuten Verweildauer Platz drei. Durch seine zunehmende Verbreitung hat sich der Wettbewerb um die Zeit der Nutzer allerdings verschärft. Die Auswahl ist heute größer denn je. Die begrenzte Zeit führt dazu, dass die Entscheidung für ein Medium und/oder eine Tätigkeit oft alle anderen konkurrierenden Medien und Tätigkeiten ausschließt. Radio hat den

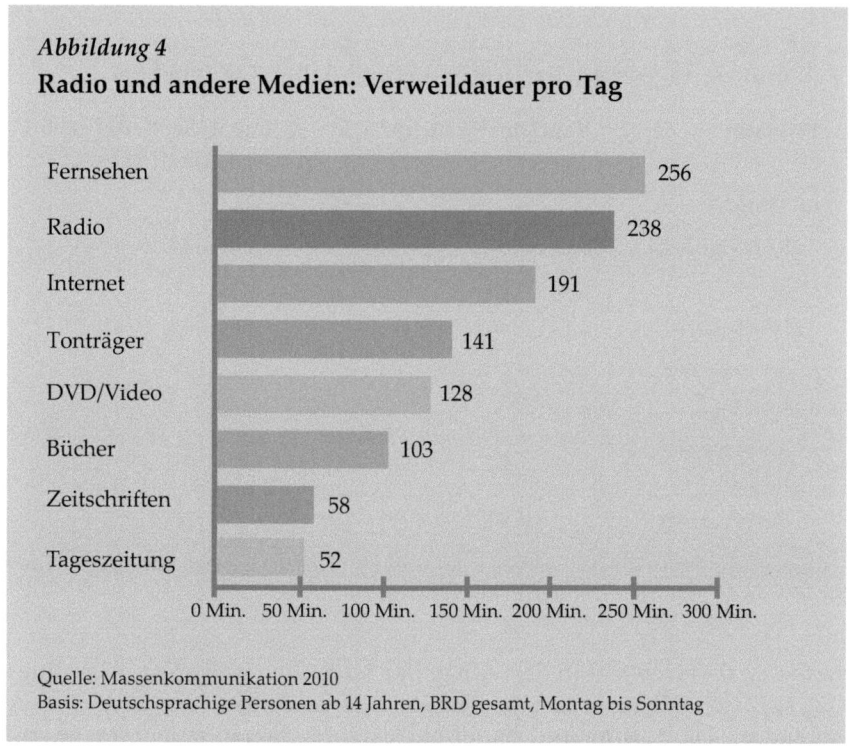

Abbildung 4
Radio und andere Medien: Verweildauer pro Tag

Fernsehen 256
Radio 238
Internet 191
Tonträger 141
DVD/Video 128
Bücher 103
Zeitschriften 58
Tageszeitung 52

0 Min. 50 Min. 100 Min. 150 Min. 200 Min. 250 Min. 300 Min.

Quelle: Massenkommunikation 2010
Basis: Deutschsprachige Personen ab 14 Jahren, BRD gesamt, Montag bis Sonntag

Vorteil, weit weniger als andere Medien auf exklusive Nutzung angewiesen zu sein. Radio lässt sich problemlos im Tagesverlauf mit anderen Tätigkeiten im Arbeits- und Freizeitbereich kombinieren – sogar mit der Nutzung von anderen Medien wie zum Beispiel Zeitung, Zeitschrift oder Internet.

Radio ist Alltagsmedium

Radio wird als Tagesbegleiter genutzt. Zu Hause hört etwa jeder Zweite beim Essen oder bei der Hausarbeit Radio, jeder Dritte bei der Körperpflege und gut jeder Fünfte während der Berufsarbeit. Außer Haus wird zu gut 30 Prozent bei der täglichen Berufsarbeit das Radiogerät eingeschaltet, und während drei Viertel der Zeit beim Autofahren wird Radio gehört (vgl. Abb. 5).

Abbildung 5
Radio als Tagesbegleiter: Tätigkeit und dabei Radio gehört ...

Tätigkeit	Tagesreichweite in %	... und dabei Radio gehört Anteil in %
im Haus		
Körperpflege	89	34
Essen	94	51
Hausarbeit	46	48
Berufsarbeit	8	21
außer Haus		
unterwegs im Auto	54	76
Berufsarbeit	41	33

Quelle: ma 2010 Radio II, Basis: Personen ab 10 Jahren, BRD gesamt, Montag bis Freitag

Radio ist dadurch fest in den Alltag der Menschen integriert. Allerdings hat sich der Alltag in unserer Kultur seit Erfindung des Radios stark verändert. Die Kultur und damit auch die Mediennutzung werden zunehmend von einem Megatrend bestimmt, der als die „Verflüssigung der Lebenswirklichkeit" bezeichnet wird.[2] Der Alltag ist immer weniger strukturiert, die Abhängigkeit von Raum und Zeit löst sich zunehmend auf. Trends kommen und gehen immer schneller. Menschen wechseln ihren Beruf und/oder ihren Wohnort mehrfach. Freizeit und Beruf fließen ineinander. Freundschaften finden zunehmend in virtuellen sozialen Netzwerken und Kontaktbörsen statt. Die moderne Lebenswirklichkeit wird globaler und damit undurchschaubarer und abstrakter für den Konsumenten. Medien sind Teil dieser „Liquid Modernity"[3] und bieten gleichzeitig neuen Sinn sowie Form und Struktur für den neuen Alltag. Vielfach organisieren und rhythmisieren die Menschen ihren Alltag mit Hilfe von Medien.

Radio spielt hier eine besonders bedeutende Rolle. Durch seine festen Sendezeiten – Programmuhren – setzt es Orientierungs- und Ankerpunkte im Alltag. Feste Zeiten von bestimmten Sendungen oder Programminhalten werden vom Hörer quasi als Zeitansage verstanden.

Dadurch bietet Radio dem Hörer Sicherheit und emotionale Verlässlichkeit.[4] Es navigiert die Menschen durch den Tag und hilft zum Beispiel die Übergänge vom Schlaf zum Wachsein oder von der Arbeits- zur Freizeitphase zu bewältigen.

Radio ist dominierendes Daytime-Medium

Betrachtet man den Tagesverlauf der Mediennutzung, ist Radio das dominierende Daytime-Medium (vgl. Abb. 6). Nach einer Primetime am Morgen, in der Radio das Aufstehen, die Körperpflege, das Frühstück und den Weg zur Arbeit begleitet, geht die Radionutzung während der Haus- und Berufsarbeit nur marginal zurück. Erst am Abend nach der so genannten Drivetime – also ab 18.00 Uhr – übersteigt die Fernsehnutzung die Radionutzung. „Daytime is Radiotime" – erst der Feierabend gehört dem Fernsehen.

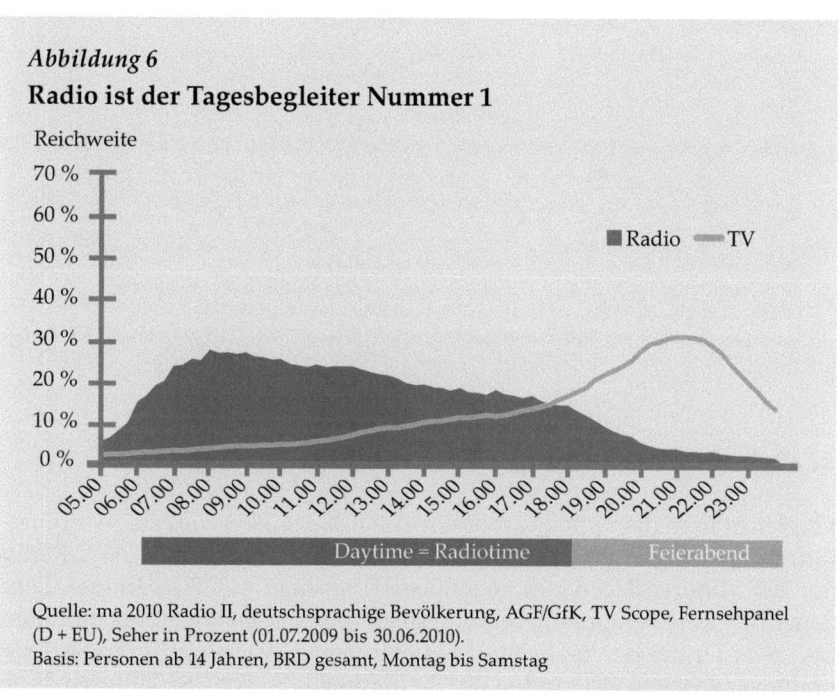

Abbildung 6
Radio ist der Tagesbegleiter Nummer 1

Quelle: ma 2010 Radio II, deutschsprachige Bevölkerung, AGF/GfK, TV Scope, Fernsehpanel (D + EU), Seher in Prozent (01.07.2009 bis 30.06.2010).
Basis: Personen ab 14 Jahren, BRD gesamt, Montag bis Samstag

Die Tageszeitung wird hauptsächlich morgens zwischen 7.00 und 9.00 Uhr gelesen, die Reichweite ist allerdings deutlich geringer als die des Radios. Die Nutzungskurve des Internets ist über den Tag verteilt auf einem relativ gleich bleibenden Niveau bis maximal 10,5 Prozent Reichweite in der Viertelstunde (vgl. Abb. 7).

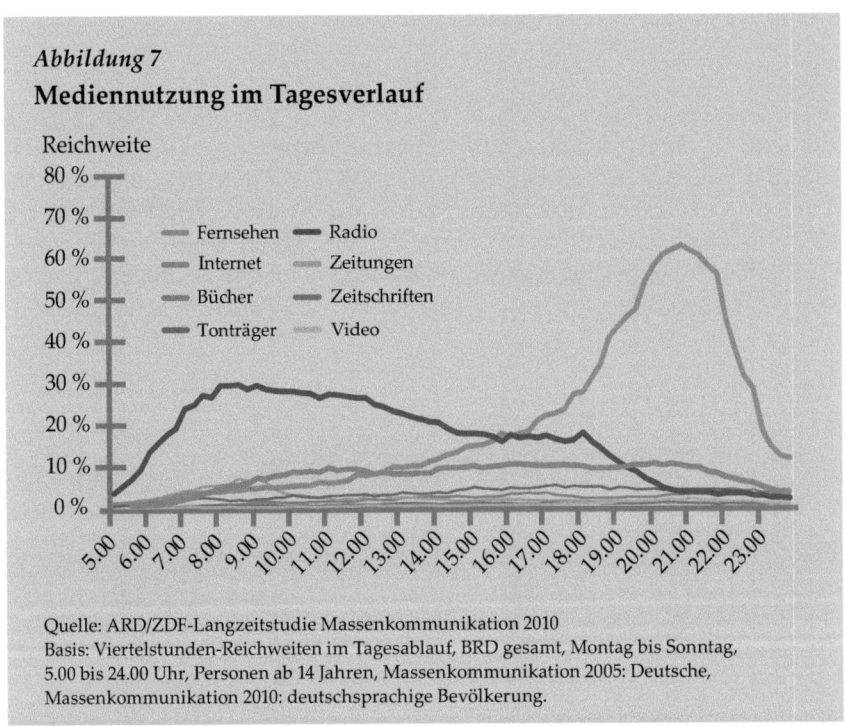

Abbildung 7
Mediennutzung im Tagesverlauf

Quelle: ARD/ZDF-Langzeitstudie Massenkommunikation 2010
Basis: Viertelstunden-Reichweiten im Tagesablauf, BRD gesamt, Montag bis Sonntag, 5.00 bis 24.00 Uhr, Personen ab 14 Jahren, Massenkommunikation 2005: Deutsche, Massenkommunikation 2010: deutschsprachige Bevölkerung.

... auch für die Werbung

Vergleicht man die Nutzungsdauern von 6.00 bis 24.00 Uhr der werbungführenden Programme von Radio und TV, wird ersichtlich, dass Radio mit 166 Minuten Hördauer gegenüber Fernsehen mit 114 Minuten Sehdauer hier eine bedeutendere Rolle spielt. Auf die Zeit tagsüber entfallen fast zwei Drittel der täglichen Mediennutzung werbungführender Programme zwischen 6.00 und 18.00 Uhr, nämlich 190 von 280 Minuten. Eine derart hohe Mediennutzung am Tag funktioniert aber nur, wenn auch ein aktives und mobiles Medium im Spiel ist: Radio. Teilt man den gesamten Werktag in Daytime von 6.00 bis 18.00 Uhr und Eveningtime von 18.00 bis 24.00 Uhr, so übernimmt Radio in der Daytime mit 147 Minuten klar die Führung vor Fernsehen mit 43 Minuten (vgl. Abb. 8).

Abbildung 8
Daytime is Radiotime

Medium Zeit- schiene	Hördauer Werbefunk[1]		Sehdauer Werbefernsehen[2]		Mediennutzung Werbefunk und Werbefernsehen	
	in Min.	in %	in Min.	in %	in Min.	in %
06–18 Uhr	147	77	43	23	190	100
18–20 Uhr[3]	12	31	27	69	39	100
20–24 Uhr	7	14	44	86	51	100
06–24 Uhr	166	59	114	41	280	100

1) Werbefunk gesamt
2) Werbungführende TV-Programme
3) Werbungführende TV-Programme inkl. ARD und ZDF
Quellen: AGF TV-System (D + EU, Personen ab 14 Jahren, Montag bis Samstag, 01.07.2009 bis 30.06.2010); ma 2010 Radio II (deutschsprachige Bevölkerung ab 10 Jahren, Montag bis Samstag)

Radio hat als Werbeträger noch weitere Vorteile: Die nicht exklusive Nutzung von Radio führt dazu, dass Werbung als weniger störend empfunden wird. Es gibt keinen Impuls zum Zappen, da Radio „nur" eine der gerade ausgeführten Tätigkeiten ist und ein Umschalten auch die Unterbrechung der anderen Tätigkeiten bedeuten würde. Dies ist neben dem Programm einer der Gründe, warum die meisten Hörer den ganzen Tag über ihrem Lieblingssender treu bleiben. Zu diesem Ergebnis kommen gleich mehrere Studien, die im Auftrag der ag.ma durchgeführt wurden. Die erste, durchgeführt von tns infratest im Jahr 2008, stellt fest: „Umschaltvorgänge finden in der Viertelstunde so gut wie keine statt (= durchgängiges Hören); Umschaltvorgänge aufgrund von Werbung gar keine. Abschaltvorgänge waren situativ begründet, z.B. ‚keine Zeit mehr Radio zu hören/musste weg'"[5] (vgl. Abb. 9).

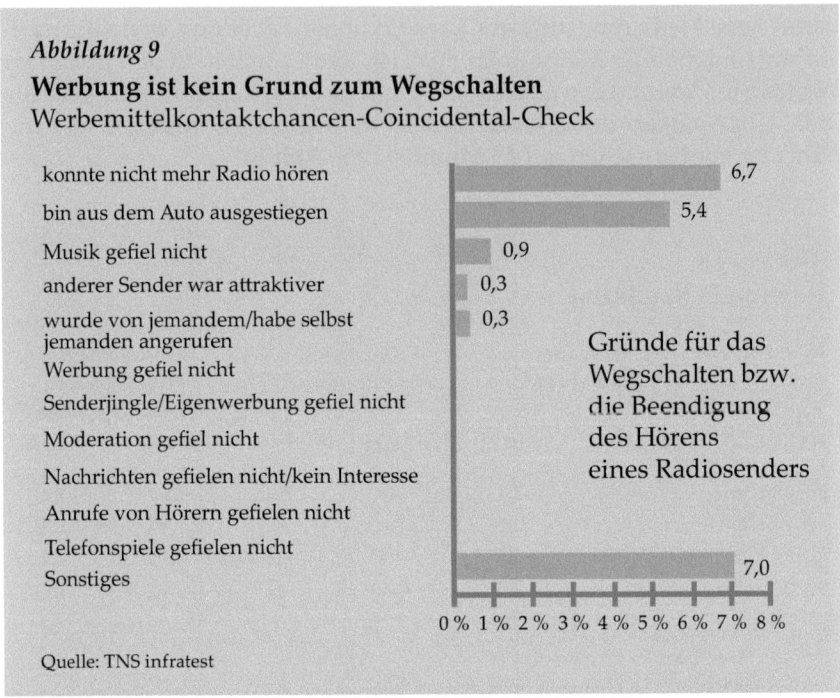

Abbildung 9
Werbung ist kein Grund zum Wegschalten
Werbemittelkontaktchancen-Coincidental-Check

konnte nicht mehr Radio hören	6,7
bin aus dem Auto ausgestiegen	5,4
Musik gefiel nicht	0,9
anderer Sender war attraktiver	0,3
wurde von jemandem/habe selbst jemanden angerufen	0,3
Werbung gefiel nicht	
Senderjingle/Eigenwerbung gefiel nicht	
Moderation gefiel nicht	
Nachrichten gefielen nicht/kein Interesse	
Anrufe von Hörern gefielen nicht	
Telefonspiele gefielen nicht	
Sonstiges	7,0

Gründe für das
Wegschalten bzw.
die Beendigung
des Hörens
eines Radiosenders

0 % 1 % 2 % 3 % 4 % 5 % 6 % 7 % 8 %

Quelle: TNS infratest

Die Nachfolgestudie in 2009, durchgeführt vom Institut ENIGMA GfK, kommt zu einem vergleichbaren Ergebnis: Radio wird im großen Maße durchgehört, es wird wenig um- bzw. abgeschaltet. Auch Werbung ist kaum ein Grund für die Unterbrechung der Radionutzung. Manchmal gefällt dem Befragten die Moderation oder die Musik nicht. Zumeist führen aber äußere Gründe zum Um- oder Abschalten. Die Hörer mussten zum Beispiel den Raum verlassen oder beendeten eine Autofahrt und damit auch die Teilnahme am Radioprogramm[6] (vgl. Abb. 10).

Auch die Media-Analyse 2010 bestätigt die Treue der Hörer. 60 Prozent der Radiohörer hören nur einen Sender pro Tag. Ein Viertel wechselt zwischen zwei Sendern, und nur 13 Prozent wechseln zwischen drei und mehr Sendern. Männer wechseln den Sender etwas häufiger als Frauen, auch 20- bis 39-Jährige zappen öfter als andere Altersgruppen, die Unter-

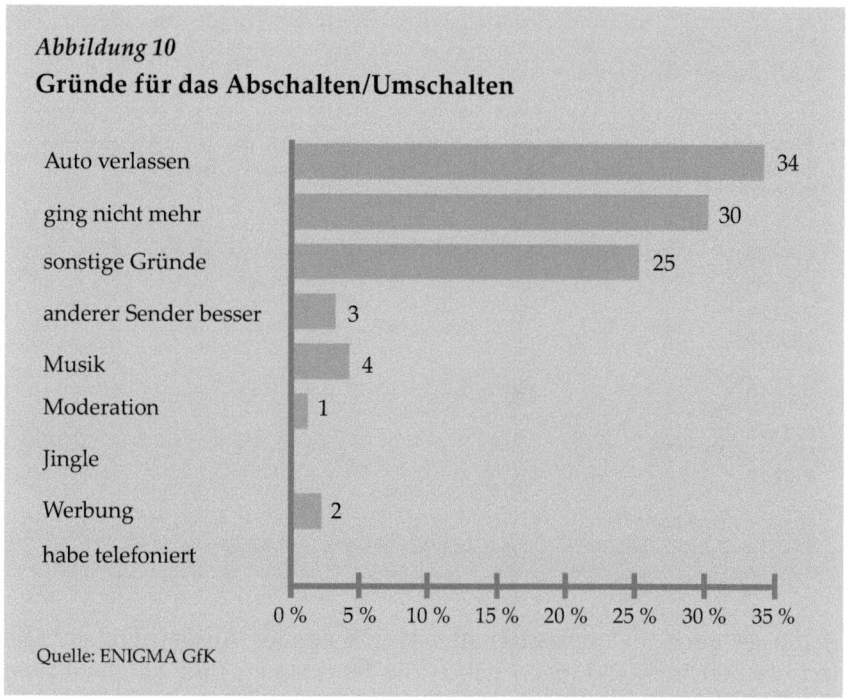

Abbildung 10

Gründe für das Abschalten/Umschalten

Auto verlassen	34
ging nicht mehr	30
sonstige Gründe	25
anderer Sender besser	3
Musik	4
Moderation	1
Jingle	
Werbung	2
habe telefoniert	

0 %   5 %   10 %   15 %   20 %   25 %   30 %   35 %

Quelle: ENIGMA GfK

schiede sind aber insgesamt sehr marginal. Um- bzw. abgeschaltet wird auch laut ma kaum, denn die Anzahl der Hörvorgänge liegt im Durchschnitt bei zwei (vgl. Abb. 11).[7]

Insgesamt kann man mit Radio zwischen 6.00 und 18.00 Uhr mehr als doppelt so viele Menschen erreichen wie mit TV. Die erreichten Hörer sind jünger, konsumstärker und besser gebildet. Und sie bleiben dran – auch bei der Werbung

.

Fazit und Ausblick

Wie kaum ein anderes Medium kann Radio über seine Alltagsnähe und seine Inhalte eine persönliche und emotionale Bindung zum Hörer aufbauen. Radio gehört einfach dazu, ohne „ihren Sender" würde den Hörern etwas Wichtiges fehlen.

Radiohörer sind treu

Anzahl der gehörten Sender	Ge- samt	10–19 Jahre	20–29 Jahre	30–39 Jahre	40–49 Jahre	50–59 Jahre	60–69 Jahre	70+ Jahre	Männer	Frauen
					in %					
1 Sender	60,1	60,9	50,5	51,8	55,0	57,3	67,1	78,9	57,1	63,1
2 Sender	26,5	28,8	30,4	28,8	28,1	29,4	24,1	16,5	27,4	25,7
3 Sender und mehr	13,4	10,3	19,0	19,4	16,9	13,3	8,8	4,6	15,5	11,2
Ø Anzahl Sender	1,6	1,5	1,8	1,8	1,7	1,6	1,4	1,3	1,7	1,5
Ø Anzahl Hörvor- gänge	2,2	2,0	2,2	2,2	2,3	2,3	2,3	2,1	2,2	2,2

Quelle: ma 2010 Radio II
Basis: Deutschsprachige Bevölkerung ab 10 Jahren, BRD gesamt, Montag bis Freitag

Radio ist auch im Internetzeitalter kein mediales Auslaufmodell.[8] Die technischen Entwicklungen haben die Funktionen und Möglichkeiten des Radios sogar noch erweitert. Der Hörer kann interessante Beiträge und Musik in Form von Audiopodcasts („Radio zum Mitnehmen") vollkommen zeit- und ortsunabhängig nutzen. Damit kann Radio im veränderten Medienumfeld seine Funktionen und die Nutzungserwartungen weiterhin bestens erfüllen.

Anmerkungen

1 Für die ausführlichen Daten zur Radionutzung im Jahr 2010 vgl. den Beitrag von Gattringer, Karin/Walter Klingler: Radionutzung in Deutschland mit leichten Zuwächsen. Ergebnisse, Trends und Methodik der ma 2010 Radio II. In: Media Perspektiven 10/2010, S. 442-456.

2 Vgl. dazu auch den Beitrag in diesem Band von Kiefer, Matthias: Zukünftige Funktionen des Radiohörens. Die Sicht der morphologischen Trendforschung; ferner Müller, Dieter K./Esther Raff (Hrsg.): Wie hören wir Radio in 2015? Radio in der verflüssigten Medienkultur. Frankfurt am Main 2009.

3 Müller/Raff (Anm. 2), S. 9.

4 Vgl. ebd. S. 13.

5 Vgl. Protokoll TOP 6.2 der ag.ma Mitgliederversammlung am 26.11.2008 in Düsseldorf: Rückblick und Status der Forschungsaktivitäten Radio. Anlage 12, S. 8 (unveröffentlicht).

6 Vgl. Protokoll TOP 6.2 der ag.ma Mitgliederversammlung am 25.11.2009 in Berlin: Status Forschungsprojekte Radio. Anlage 11, S. 26–27 (unveröffentlicht).

7 Für die ausführlichen Daten zur Radionutzung im Jahr 2010 vgl. den Beitrag von Gattringer, Karin/Walter Klingler (Anm. 1).

8 Vgl. den Beitrag von Mende, Annette: Das Radio in der digitalen Welt. Ergebnisse der ARD/ZDF-Onlinestudie 2010 und einer qualitativen Untersuchung, in diesem Band.

Radio im Werbemarkt

Michael Heffler

Radio ist ein wichtiger Baustein im Mediamix der Massenmedien. Von den von Nielsen Media Research ermittelten Brutto-Werbebudgets werden im Schnitt gut 6 Prozent in den Werbeträger Radio investiert.[1] In den letzten zehn Jahren stieg der Marktanteil von Radiowerbung innerhalb der klassischen Medien von 5,7 Prozent im Jahr 2000 auf einen Wert von 6,3 Prozent in 2009 kontinuierlich an.

Im Vergleich 2009 versus 2000 ist Radio mit einem Umsatzplus von 25,7 Prozent der klassische Werbeträger mit dem größten prozentualen Umsatzwachstum. Dagegen stiegen die Bruttoumsätze in den Printmedien nur um 1,9 Prozent, im TV um 17,5 Prozent und im Werbemarkt insgesamt um 12,8 Prozent (vgl. Abb. 1 und 2).

Der durchschnittliche Marktanteil von ca. 6 Prozent spiegelt natürlich nicht wider, dass der Werbeträger Radio in bestimmten Kernbranchen deutlich höhere durchschnittliche Umsatz-Marktanteile generiert. Gerade in Branchen wie zum Beispiel dem Handel oder der Automobilbranche oder den Möbelhäusern konnte Radio bereits seine Effizienz nachhaltig unter Beweis stellen.

Unterschiedliche Basisdaten von Nielsen Media Research und ZAW

In diesem Beitrag werden zwei Quellen zur Bewertung des Werbeumsatzes herangezogen, welche auf zwei unterschiedlichen Erhebungsmethoden basieren. Die Bruttostatistik von Nielsen Media Research (NMR) basiert auf einer detaillierten täglichen Beobachtung des Werbemarktes. Die so erfassten bzw. von den Vermarktern gemeldeten Schaltungen werden mit den offiziellen Tarifpreisen bewertet. Die NMR-Statistiken sind also reine Bruttowerbedruckstatistiken. Agenturvergütungen sind ebenso wenig berücksichtigt wie Rabatte. Die vom Zentralverband der Deut-

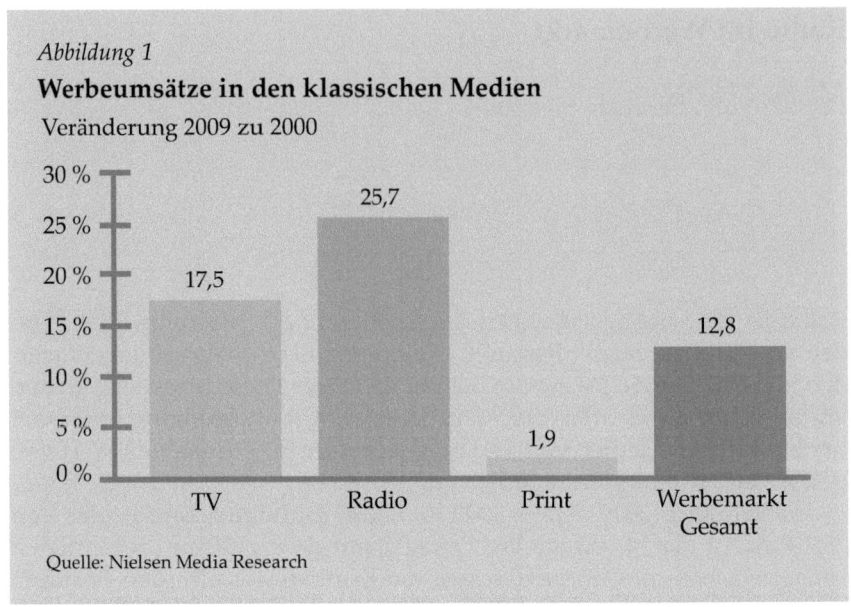

Abbildung 1
Werbeumsätze in den klassischen Medien
Veränderung 2009 zu 2000

Quelle: Nielsen Media Research

schen Werbewirtschaft (ZAW) veröffentlichten Nettoumsätze stützen sich auf einmal jährlich erhobene Meldungen der Vermarkter und Verbände. Grundlage hierfür sind die Netto-vor-Skonto-Werte, also der Umsatz nach Abzug von Rabatten und Mittlergebühren.

Die Entwicklung im Jahr 2009

Die Werbebranche hat im Jahr 2009 ein tiefes Tal durchschritten. Die Krise der Weltwirtschaft hatte zwangsläufig auch deutliche Folgen für die werbungtreibende Wirtschaft und damit auch für die Einnahmen der Medien als Werbeträger. Während der von Nielsen Media Research ermittelte Bruttowerbedruck für den gesamten Werbemarkt mit einem Minus von 0,3 Prozent im negativen Bereich lag, weisen die Daten für das Medium Radio im Jahr 2009 einen Umsatzanstieg von plus 1,6 Prozent aus, dies entspricht einem absoluten Anstieg um 21 Mio Euro auf 1,3 Mrd Euro. Der Anteil von Radio am Gesamtwerbemarkt stieg leicht von 6,2 Prozent auf 6,3 Prozent.

Abbildung 2

**Bruttowerbeaufwendungen Hörfunk und Werbemarkt gesamt
1995 bis 2009**

	Deutschland gesamt						
	1995	2000	2005	2006	2007	2008	2009
Hörfunk							
absolut in Mio Euro	813	1.043	1.167	1.219	1.300	1.290	1.311
Veränderungen zum Vorjahr in Mio Euro	7	76	158	52	81	−11	21
Veränderungen zum Vorjahr in %	0,9	7,9	15,7	4,4	6,7	−0,8	1,6
Anteil in %	6,4	5,7	6,1	6,1	6,2	6,2	6,3
Werbemarkt gesamt							
absolut in Mio Euro	12.667	18.455	19.143	20.109	20.960	20.887	20.817
Veränderungen zum Vorjahr in Mio Euro	586	2 066	992	966	768	−73	−70
Veränderungen zum Vorjahr in %	4,9	12,6	5,5	5,0	3,8	−0,3	−0,3
Anteil in %	100,0	100,0	100,0	100,0	100,0	100,0	100,0

Quelle: Nielsen Media Research (Stand Mai 2010)

Bei Betrachtung der Einzelmonate im Jahr 2009 zeigten sich die Monate Januar (93 Mio Euro), Februar (92 Mio Euro) und August (87 Mio Euro) als die umsatzschwächsten im Radio. Die Monate Oktober (124 Mio Euro), November (138 Mio Euro) und Dezember (128 Mio Euro) waren die umsatzstärksten. Wird das Wachstum der Monate im Jahr 2009 im Vergleich zum entsprechenden Vorjahresmonat analysiert, so fällt der Februar als Monat mit dem größten prozentualen Wachstum auf (plus 17,2 %). Dieses ist unter anderem in der Abwrackprämie Anfang des Jahres begründet, wie die Statistik zur Branchenentwicklung im Medium Hörfunk untermauert.

Bei den Vermarktern verzeichnete AS&S-Radio 2009 einen Anstieg von plus 6,5 Prozent. Die RMS wies einen leichten Rückgang von minus 0,5 Prozent auf. Das Ausmaß der Wirtschaftskrise in 2009 zeigt die Netto-Umsatzstatistik des ZAW. Mit einem Minus von 9,8 Prozent fielen die Nettoumsätze für den gesamten Werbemarkt auf das Niveau von 1995. Die Tatsache, dass jeder zehnte Euro im Vergleich zu 2008 in 2009 nicht mehr ausgegeben wurde, führte dazu, dass das Wachstum der letzten 14 Jahre in nur einem Jahr abgeschmolzen ist. Auf Basis der Nettozahlen des ZAW musste Radio im Gegensatz zur Entwicklung der Bruttoumsätze für das Jahr 2009 einen Rückgang um minus 5,7 Prozent verbuchen. ARD/AS&S gesamt verlor hierbei 2,3 Prozent auf 233,11 Mio Euro, die RMS büßte 7,5 Prozent ein, ihr Nettoumsatz sank auf 383,63 Mio Euro (vgl. Abb. 3 bis 5).

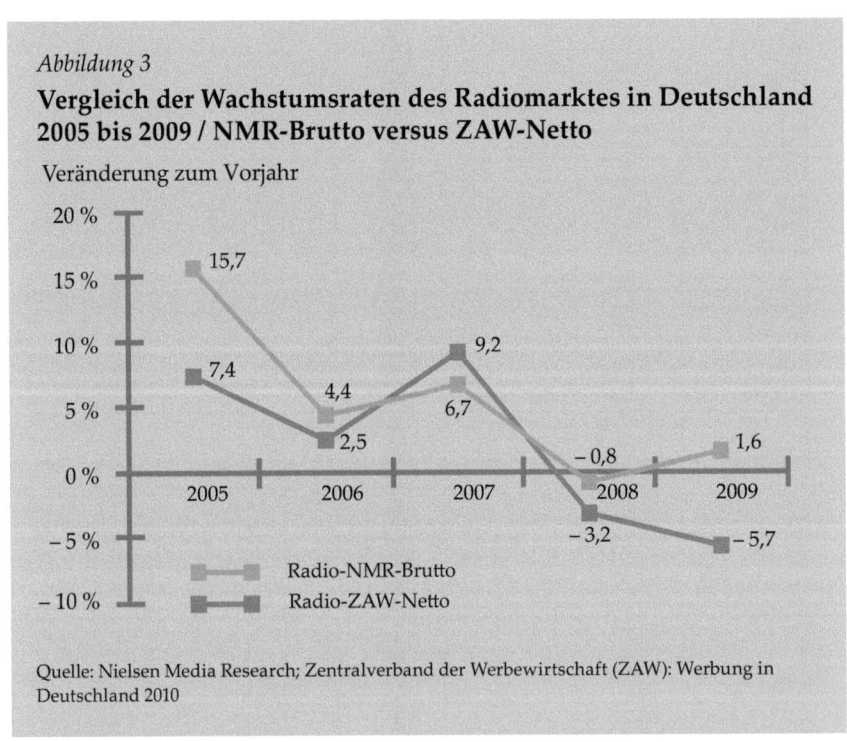

Abbildung 3

Vergleich der Wachstumsraten des Radiomarktes in Deutschland 2005 bis 2009 / NMR-Brutto versus ZAW-Netto

Veränderung zum Vorjahr

Quelle: Nielsen Media Research; Zentralverband der Werbewirtschaft (ZAW): Werbung in Deutschland 2010

Abbildung 4
Bruttowerbeumsätze im Hörfunk 2008 und 2009

	in Tsd Euro		Index 2008= 100	in Min.		Index 2008= 100
	2008	2009		2008	2009	
AS&S Radio	446.820	475.795	106	484.029	502.006	104
RMS	820.981	817.066	100	621.877	625.959	101
Sonstige	21.896	17.848	82	22.159	18.540	84
Hörfunk gesamt	1.289.697	1.310.709	102	1.128.065	1.146.505	102

Quelle: Nielsen Media Research

Abbildung 5
Nettowerbeumsätze im Hörfunk 2008 und 2009 vor Skonti*

	Werbemarktanteil in Mio Euro		Veränderungen zu 2008 in %
	2008	2009	
AS&S Radio	238,6	233,11	−2,3
RMS	414,7	383,63	−7,5
Sonstige	66,47	61,75	−7,1
Hörfunk gesamt	719,77	678,49	−5,7

* Nach Abzug von Rabatten und Mittlergebühren
Quelle: Zentralverband der Werbewirtschaft (ZAW): Werbung in Deutschland 2010;
ARD-Werbung Sales&Services, Interpretation aus ZAW

Branchenstruktur

Die umsatzstärkste Branche im Radio war 2009 wie schon im Jahr zuvor der Handel. Die in der NMR-Produktgruppe Handelsorganisationen zusammengefassten Unternehmen steigerten ihren Werbeumsatz im Radio um 15 Prozent auf 142 Mio Euro. Das größte Wachstum bei den Ausgaben für Radiowerbung hatten in 2009 die PKW-Hersteller. Sie steigerten ihren Umsatz um 34 Prozent auf ein Bruttoumsatzvolumen von 115 Mio Euro. Die von der Bundesregierung als Rettungsmaßnahme für die Autoindustrie eingeführte Abwrackprämie brachte auch positive Effekte für die Werbekonjunktur. Dass zu einem großen Teil der Werbeträger Radio davon profitierte, verdeutlicht, wie effektiv dieser Werbeträger sowohl in Boomzeiten als auch in Krisenzeiten ist (vgl. Abb. 6). Die Entwicklung der im Radio werbenden Branchen in den letzten zehn Jahren zeigt das deutliche und vor allem konstante Wachstum bei den Werbespendings der Handelsunternehmen. Auch die im Jahr 2009 auf Rang drei im Branchenranking liegenden Möbelhäuser haben in dieser Zeit immer stärker in Radiowerbung investiert. Mittlerweile fließt jeder dritte Euro der Produktgruppe Möbel + Einrichtung in den Werbeträger Radio (2009: 34,9 %).

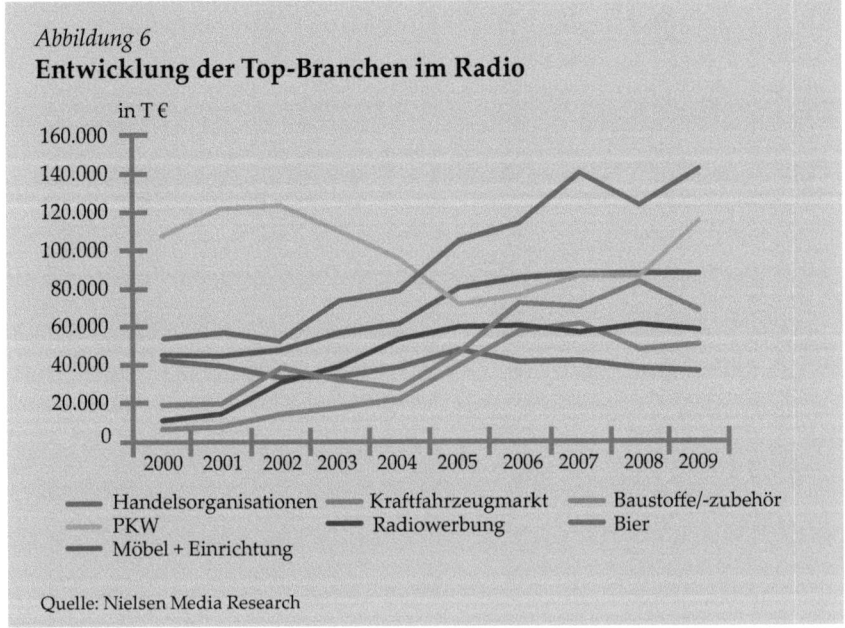

Abbildung 6
Entwicklung der Top-Branchen im Radio

Quelle: Nielsen Media Research

Abbildung 7

Top-20-Produktgruppen in der Hörfunkwerbung 2008 und 2009

Rang			Anteil an der Hörfunkwerbung gesamt				Verän-derung zum Vorjahr (Index =100)
			2008		2009		
2008	2009	Produktgruppe	in T €	in %	in T €	in %	
1	1	Handels-organisationen	123.395	10	142.190	11	115
3	2	PKW	85.930	7	114.938	9	134
2	3	Möbel/Einrichtung	87.578	7	87.578	7	100
4	4	Kraftfahrzeugmarkt	83.013	6	68.071	5	82
5	5	Radiowerbung	60.545	5	57.878	4	96
6	6	Baustoffe/-zubehör	47.710	4	50.378	4	106
8	7	Bier	37.676	3	36.318	3	96
9	8	Hotels/Gastro-nomie	36.247	3	34.820	3	96
10	9	Rubrikenwerbung	35.596	3	32.437	3	91
15	10	Marketing/Werbung	22.798	2	32.415	2	142
11	11	Versicherungen	31.328	2	31.778	2	101
12	12	Sonstige Medien/Verlage	26.574	2	30.010	2	113
7	13	Fahrzeugzubehör	38.416	3	27.736	2	72
13	14	alkoholfreie Getränke	25.287	2	27.694	2	110
19	15	Lotterien/Lotto und Toto	20.606	2	23.565	2	114
16	16	E-Commerce	22.735	2	22.268	2	98
22	17	Reisegesellschaften	15.953	1	21.828	2	137
18	18	Publikumszeit-schriften-Werbung	20.929	2	20.448	2	98
20	19	Zeitungswerbung	19.405	2	19.519	2	101
31	20	TV-Programm	10.053	1	19.178	1	191
		Top 20 gesamt	851.776	66	901.046	69	106
		Gesamtwerbevolumen	1.289.697	100	1.296.752	100	101

Quelle: Nielsen Media Research (Stand Mai 2010)

Firmen und Produkte im Langzeittrend

Im Jahr 2010 haben laut Nielsen Media Research knapp 5.300 Firmen Radiowerbung eingesetzt. Dies sind über 1.700 Firmen mehr als im Jahr 2000, was einem Zuwachs von fast 50 Prozent entspricht. Ca. 400 Kunden investieren mehr als eine halbe Mio Euro jährlich in Radiowerbung. Die Anzahl der großen Radiobudgets ist dabei in den letzten zehn Jahren relativ konstant geblieben. Diese knapp 8 Prozent der Kunden generieren 82 Prozent des Werbeumsatzes des Mediums. Radio verfügt dabei über einen treuen A-Kundenstamm. Zwei von drei Kunden (64,1 %), die im Jahr 2009 mehr als eine halbe Mio Euro in Radiowerbung investierten, haben bereits im Jahr 2000 Werbung im Radio geschaltet. Das durchschnittliche Radiobudget für ein Produkt lag 2009 bei 131.000 Euro pro Marke. Über 10.000 Produkte wurden im Jahr 2009 im Radio beworben. Im Jahr 2000 waren es nur etwa 5.500.

Trends im Jahr 2010

Die Zeichen für 2010 stehen ähnlich wie bei der gesamtwirtschaftlichen Entwicklung in Deutschland auch im Werbemarkt auf Wachstum. In den ersten sieben Monaten zog die Werbekonjunktur deutlich an. Die NMR-Bruttoumsätze stiegen im Zeitraum Januar bis Juli 2010 im Vergleich zum entsprechenden Vorjahreszeitraum um 9,5 Prozent. Im gleichen Betrachtungszeitraum wuchsen die Umsätze im Radio ebenfalls, wenn auch nicht ganz so stark, um 2,7 Prozent. Dass das Wachstum nicht ganz so deutlich ausfällt wie im Gesamtmarkt, liegt letztlich auch daran, dass der Werbeträger Radio zumindest in der Bruttobetrachtung relativ ungeschädigt durch die Krisenjahre 2009 und 2008 gekommen ist.

Anmerkung

1   Nielsen Media Research definiert als klassischen Werbemarkt bzw. Above-the-line-Werbemarkt die Werbeträger Radio, TV, Print (Zeitungen, Zeitschriften, Fachzeitschriften), Plakat und seit 2009 Kino. Der Werbeträger Internet wird erst ab 2010 in den Gesamtwerbemarkt mit eingerechnet. Es liegen daher noch keine validen Daten für eine Zehn-Jahres-Betrachtung vor.

Radio braucht gute Funkspots
Plädoyer für mehr Kreativität in der Hörfunkwerbung

Matthias Lührsen

Ist das Radio das Fahrrad unter den Werbemedien?
Um die Frage gleich zu beantworten: ja.

Ach, Sie wollen auch noch eine Erklärung für diese Metapher? Na gut. Sagen wir mal, die öffentlichen Verkehrsmittel verkörpern die gute alte Printwerbung. Manchmal etwas schwerfällig, aber im Großen und Ganzen zuverlässig und in der Lage, mächtig viele Massen von Menschen zu bewegen.

Das Auto steht für die Fernsehwerbung. Kommt eigentlich immer an, hat Prestige und bewegt auch auf der emotionalen Ebene am meisten. Das immer stärker werdende Onlinemarketing verkörpert der Fußgänger. Sehr flexibel, sehr persönlich, immer und überall zugegen, aber auch sehr unberechenbar und schwer steuerbar.

Bleibt also das Fahrrad für die Radiowerbung. Warum? So ein Fahrrad ist hoch flexibel, es kommt fast überall hin, es kann auch Massen von Menschen bewegen, behält dabei aber seinen persönlichen Charakter und es kann im Alltag die allermeisten Strecken bedienen (ein Auto wird im Durchschnitt nicht mehr als zehn Kilometer bewegt und fast immer sitzt nur ein einzelner Mensch darin). Soweit zum Positiven. Auf der negativen Seite sieht es so aus, dass das Fahrrad die anderen Verkehrsteilnehmer nervt, weil es immer und überall ist, zwischen allen durchflitzt und sich seine Nutzer anscheinend an keine Regeln halten wollen. Und dass es oft nicht geliebt wird, was sich an klappernden Schutzblechen und rostigen Ketten abzeichnet. Warum ist das so?

Im Niemandsland der Werbung

Zuallererst, weil die äußeren Umstände, also die Verkehrsplanung und Gesetzgebung, das Fahrrad immer noch nicht als vollwertiges Verkehrsmittel anerkennen. Während sich der Drahtesel zu einem schnellen Hightech-Mobil entwickelt hat, ist er in der allgemeinen Wahrnehmung immer noch das langsame, klapprige Gestell geblieben, das allenfalls dafür taugt, sich hier und da das noch mühsamere Gehen zu ersparen.

In der Praxis sieht es dann so aus, dass man auf dem Fahrrad entweder als Fußgänger oder als Auto behandelt wird. Eben noch ist man auf dem Bürgersteig mit hunderten von Passanten eingepfercht, im nächsten Moment soll man vor einer Fußgängerampel halten und wieder Auto spielen. An der nächsten Ampel ist es wieder umgekehrt: Man darf das Rotsignal für Fußgänger beachten, muss stehen bleiben und zusehen, wie Dutzende von Autofahrern in der gleichen Geschwindigkeit wie das Fahrrad noch die Kreuzung überqueren. Je nachdem wird man also alle paar Meter anders eingeordnet, aber praktisch nie als das, was man ist. Der Radweg zeigt es, er wird, wo immer es geht, in das Niemandsland zwischen Straße und Bürgersteig verbannt.

Um wieder auf's Radio zurückzukommen: Hier ist es ähnlich. Geht es nach den Briefings, soll ein simpler 20-Sekünder alles Mögliche leisten: Information, Imagegewinn und natürlich die immer wieder geforderte „Aufmerksamkeitsstärke". Andererseits hat sich unter den Werbungtreibenden die simple Ansicht durchgesetzt, dass das Radio eigentlich nur noch als „Abverkaufsmedium" zu gebrauchen ist – was immer das heißen mag. Es bildet sich doch wohl niemand ernsthaft ein, dass in den Ätherwellen geheime Psychostrahlen enthalten sind, die den Konsumenten sofort nach Abhören eines Funkspots quasi willenlos in den Supermarkt schicken, um sich mit Joghurt und Seife einzudecken?

Nein, in dem Begriff „Abverkaufsmedium" versteckt sich eigentlich nur die Hilflosigkeit im Umgang mit diesem Medium. Im Widerspruch dazu steht, dass zur Zurschaustellung der Kreativität gut gemachte Funkspots gerne für das Einsammeln von Werbeawards genutzt werden, Spots, die man dann natürlich nie im wahren Leben hört, leider. Der Funkspot ist ins Niemandsland verbannt, wie das Rad auf dem Radweg, wo es nie zeigen darf, was es kann. Ein Niemandsland, auf dem jeder achtlos herumlatscht, sein Auto parkt und das im Winter nie geräumt wird.

Kunst kommt von Können – Discount kann's nicht

Und der Funkspot wird, wie das Fahrrad, von seinen Nutzern oft nicht besonders geliebt. Kein anderes Werbemedium wurde von den Werbungmachern so kampflos aufgegeben wie der Radiospot. Sicherlich hat es auch damit etwas zu tun, dass an einem Funkspot nicht sehr viel verdient werden kann, aber Werbeagenturen, die sich dieses Mediums schon immer nur am Rande angenommen hatten, haben es inzwischen fast völlig dem kreativen Verfall preisgegeben. In Deutschland gibt es etwa 350 Radiosender, und die allermeisten davon, auf jeden Fall die privaten, müssen von Radiowerbung leben. Nachdem sich das Geld, das für Werbung ausgegeben wird, auf immer mehr Medien verteilte, blieben für die Radiowerbung immer weniger Mittel übrig. Und natürlich sagt der Besitzer eines Radiosenders nicht irgendwann: „Okay, machen wir den Laden einfach dicht, es läuft halt nicht mehr." Die Überlebensstrategie besteht darin, die Radiowerbung einfach selber zu machen und möglichst billig anzubieten – ein anderes Argument für den Kunden findet sich nicht. Nun käme wohl kaum jemand auf die Idee, sich seine Anzeigenstrecke von den Verlagen machen zu lassen oder seine TV-Spots vom Sender. (Obwohl es auch da immer mehr Bestrebungen in diese Richtung gibt, die Unterscheidung zwischen der Redaktion und der Werbung fällt manchmal immer schwerer.)

In der Radiolandschaft ist es inzwischen gang und gäbe, die Werbung für den Kunden gleich im Sender mitgestalten zu lassen. Nun mag es sicher viele talentierte Grafiker geben, die aus dem Bild eines Produktes und ein wenig Text eine halbwegs ansehnliche Anzeige gestalten können. Und auch im TV-Bereich gibt es solche Menschen. Bei der Radiowerbung ist es komplett anders. Schon zu den besten Zeiten dieses Mediums gab es immer nur eine Handvoll Menschen, die wirklich kreativ, überraschend und respektvoll damit umgehen konnten. Wahrscheinlich liegt es daran, dass der Mensch vor allem ein Augenmensch ist, das Visuelle liegt ihm einfach mehr als das Suchen und Finden im rein Akustischen. Um aus diesem Bereich wirklich Gutes und Besseres herauszuholen, bedarf es schon großer Vorstellungskraft, Fantasie und nicht zuletzt viel Gefühls für Musik und Rhythmus.

Man muss es einmal sagen: Man kann wohl kaum erwarten, dass sich solche Begabungen unter den (zumeist nicht sehr gut bezahlten) Mitarbeitern der Werbeabteilung eines Radiosenders finden. Dort wird das Erstellen eines Funkspots einfach als Teil der Dienstleistung angesehen, und es wird im Allgemeinen einfach das gemacht, was der Kunde wünscht: möglichst viele Informationen in kurzer Zeit, möglichst oft der Produktname, möglichst oft die Telefonnummer, Adresse, Preise, Öffnungszeiten etc. In einem üblichen Funkspot wird man von einem Menschen 15 bis 20 Sekunden lang angebrüllt. Das ist nur natürlich, jeder, der versucht sehr schnell zu sprechen, verfällt ganz schnell ins Schreien, das kann man selbst ganz einfach ausprobieren. Wenn es dann „kreativ" wird, handelt es sich meistens um einen Männer-Frauen-Dialog, der wegen der Kürze der Zeit meist nur aus zwei Sätzen besteht und fast immer mit „Du, Schatz" anfängt. Und nach dem gequälten Witzchen erfährt man dann den Absender davon – wenn man zugehört hat, aber wer will das bei solchen Elaboraten schon? Diese Arbeitsweise läuft inzwischen schon so lange, dass sich eine eigene Werbe-Sprach-Kultur entwickelt hat, die anderes gar nicht mehr als Radiowerbung erkennen lässt. Einiges, was dagegen im Hause Hastings produziert wird, wird fast schon als (zu) avantgardistisch empfunden – dabei war es nur mal richtig gut gemacht.

Wiederbelebung leicht gemacht

So schaut es also aus. Ein hochgradig vernünftiges, sympathisches und sehr effektives „Verkehrsmittel" ist unter die Räder geraten und erfährt schon lange nicht mehr den Respekt und die Anerkennung, die es verdient. Was also ist zu tun?

Erstens: Geben Sie dem Fahrrad/Radiospot wieder den Raum, den es/er braucht, um endlich zu zeigen, was es/er kann. Sprich, hören wir endlich auf, Funkspots immer kürzer und kürzer zu machen! Die rein mathematische Rechnung: Je öfter man ihn hört, umso besser wirkt er, funktioniert sowieso nicht. Und verlangen Sie andererseits von dem Radiospot nicht etwas, was er nicht leisten kann. Ein TV-Spot hat in 20 Sekunden drei Ebenen, auf denen er Informationen und Inhalte verbreiten kann: Man kann etwas sehen, man kann etwas hören, und man kann sogar noch etwas lesen. So lassen sich aus 20 Sekunden 60 machen, mal abgesehen davon, ob der Zuschauer das wirklich alles fassen kann.

Im Radio haben wir nur eine einzige Ebene, und das ist die Sprache! Wenn ich in diese Sprache zu viel hinein packe, werde ich am Ende einfach nur eines: unverständlich. Funkspots sollten im Normalfall 30

Sekunden lang sein, alles darunter kann nur dann möglich sein, wenn es wirklich nicht viel zu sagen gibt, das ist in den allermeisten Fällen aber nicht so.

Zweitens: Gebt dem Fahrrad/Radiospot wieder die Liebe, die es/er verdient. Lasst nicht jeden Praktikanten darüber herfallen und verteidigt die Form genauso, wie ihr es auch beim Film und einer Anzeige machen würdet. Macht zum Beispiel wieder Layouts!

Als ich neulich an einer Kreativ-Kaderschmiede zum Thema einiges zum Besten gab, musste ich feststellen, dass unter den etwa 40 Aspiranten nicht ein einziger jemals Layouts für einen Radiospot gemacht hatte, die meisten hatten noch nicht mal davon gehört, dass es diese Möglichkeit gibt. Während für das Auge schon im Vorfeld alles in Farbe, Essig, Öl und 3D präsentiert wird, werden im Falle eines Radiospots schlicht Texte vorgelegt. Und was kann der Mensch/Kunde lesen? Natürlich nur die Sprache, es bleibt also beim Monolog oder (flachen) Dialog. Aber das Ineinanderlaufen von Sätzen, der grummelnde Unterton, das leise Knirschen, das sich von links nähert, während von rechts Wasser erst tröpfchenweise und dann immer schneller ... und eine Harfe sich langsam über alles schwingt und ein Chor ... alles klar?

All diesen Möglichkeiten und tausenden anderen verschließt man sich schon von Vornherein, wenn man den Kunden nicht mitnimmt – mit einem einfach gemachten Layout. Denn auch hier gilt der Fahrradvergleich: In einem gut ausgestatteten Studio – also durch bessere Technik – lässt sich unvergleichlich viel mehr rausholen, und es geht viel schneller, als man denkt. Ach ja: Es macht außerdem Spaß.

Also, Radiosender und Mediaverkäufer, merkt euch: Ein guter 30-Sekünder ist weit mehr als das Doppelte besser als zwei halbgute 15-Sekünder. Zeit ist nämlich nicht Geld, Zeit gibt's ganz umsonst, wie die Strahlen der Sonne.

Kreative: Probiert, experimentiert, kämpft, macht Layouts!

Kunden: Lasst es endlich wieder die machen, die es können. Nehmt die Funkspot-Produktion genauso ernst wie den Fernsehfilm, die Anzeige, den Auftritt bei Facebook, Twitter & Co.

An alle: Fahrt mehr Fahrrad, nicht nur bei schönem Wetter. Hegt und pflegt es. Es muss nicht immer die Kette rasseln und das Schutzblech klappern. Ihr werdet es jeden Tag mehr lieben lernen.

Wie kommt der Spot ins Radio?

Oliver Bertsch

Die Radiolandschaft in Deutschland ist gekennzeichnet durch Vielfalt und Dynamik. In der aktuellen Media-Analyse Radio (ma 2010 Radio II) wurden 355 Sender erhoben. Vor zehn Jahren belief sich die Zahl der Sender noch auf 261 (ma 2000 Radio). Von den – werbefreien – Kulturprogrammen der ARD über öffentlich-rechtliche und private Pop- und Servicewellen bis zu Spartensendern für Rock, Klassik oder Jazz: Radio hat für fast alle Ansprüche ein passendes Programm.

Um eine Radiokampagne durchzuführen, ist daher eine Reihe von Entscheidungen nötig, von denen sowohl die Kosten als auch der Erfolg der Kampagne abhängen:

- In welchem Gebiet soll die Kampagne ausgestrahlt werden?
- Welche Sender sollen belegt werden?
- Wie viele Spots sollen an welchen Tagen und zu welcher Uhrzeit geschaltet werden?

Der Prozess von Planung, Buchung und Abwicklung einer Radiokampagne wird im Folgenden beschrieben.

Werbeformen und Werbeangebote im Radio

Der Klassiker: Werbespots

Radiowerbung wird hauptsächlich als klassische Spotwerbung innerhalb im Programmablauf fest verankerter Werbeblöcke platziert. Die Länge der Spots ist dabei frei wählbar, wobei Spotlängen unter 10 Sekunden und über 60 Sekunden im Vorfeld mit den Sendern abgestimmt werden sollten. Im Durchschnitt ist ein Spot heute 21 Sekunden lang.

Varianten des klassischen Werbespots sind der „Tandem-Spot" und der „Single-Spot". Beim Tandem-Spot werden zwei Spots, die inhaltlich zusammengehören, in demselben Werbeblock hintereinander geschaltet.

Der erste Spot ist dabei meist ein klassischer Spot mit einer Länge von 25 bis 30 Sekunden. Der nachgestellte Spot („Reminder") ruft dem Hörer Inhalte aus dem ersten Spot wieder ins Gedächtnis und ist in der Regel deutlich kürzer angelegt. Zwischen die beiden Teile des Tandems werden Spots anderer Unternehmen platziert.

Der Single-Spot wird nicht in einem Werbeblock gesendet, sondern steht für sich alleine. Diese exklusive Stellung außerhalb des Konkurrenzumfeldes ist gegenüber der Block-Platzierung mit einem Preisaufschlag verbunden. Streng genommen gehört der Single-Spot zu den so genannten Sonderwerbeformen, deren Preise individuell verhandelt werden. Viele Sender bieten diese Werbeform jedoch schon mit festen Preisen in ihren Tarifunterlagen an.

Übersicht der wichtigsten Sonderwerbeformen

Sponsoring/Patronat: Der Werbungtreibende unterstützt einen redaktionellen Beitrag einer Sendung finanziell und erhält im Gegenzug dafür eine Nennung im Vor- und Abspann der Sendung („Die aktuelle Hitparade wird Ihnen präsentiert vom Musikhaus Müller"). Eine Einflussnahme auf den Sendungsinhalt findet nicht statt. Sponsoring basiert auf der Idee des Image-Transfers: Der Sponsor profitiert vom Image der gesponserten Sendung bzw. des Sendungsinhaltes (zum Beispiel Sport).

„Infomercial": Werbeaussagen, die als eigenständige Sendung konzipiert und daher auch deutlich länger sind als ein klassischer Werbespot (60 Sek. und mehr). Ein solcher Beitrag muss eindeutig als Werbung gekennzeichnet sein.

Live-Spot: Der Moderator einer redaktionellen Sendung übermittelt die Werbebotschaft live, sozusagen „vom Blatt". Diese Sonderwerbeform ist besonders attraktiv bei prominenten Moderatoren oder bei themenspezifischen Sendungen wie zum Beispiel Sport.

On-Air-Promotion-Gewinnspiel: In eine redaktionelle Sendung wird ein speziell konzipiertes Gewinnspiel eingebettet. Der Werbungtreibende unterstützt das Spiel, indem er die Gewinne stellt und/oder die Produktionskosten ganz oder teilweise übernimmt. Im Gegenzug werden Firma und/oder Marke im Rahmen des Spielablaufs besonders herausgestellt. Gewinnspiele sind für das Image von Sender und Werbekunde gleichermaßen interessant. Die Verlosung von attraktiven

Sonderwerbeformen

Über die traditionelle Spotwerbung hinaus steht dem Werbungtreibenden eine Fülle von Sonderwerbeformen zur Verfügung. Ziel dabei ist, sich aus dem Konkurrenzumfeld des klassischen Werbeblocks zu lösen und eine Alleinstellung zu erzielen (vgl. hierzu die Übersicht der wichtigsten Sonderwerbeformen).

Sonderwerbeformen sind meist nicht Bestandteil der Preisliste. Ihre Ausgestaltung wird individuell mit dem Werbekunden konzipiert und entsprechend berechnet. Hierbei muss darauf geachtet werden, dass die gesetzlich vorgeschriebene, eindeutige Trennung von Werbung und redaktionellen Beiträgen gewahrt bleibt. Besonders wirkungsvoll ist es, klas-

Forts. Übersicht der wichtigsten Sonderwerbeformen

Gewinnen fördert für den Sender die Hörerbindung. Die Einbettung des Firmen-/Markennamens in das redaktionelle Umfeld ist besonders einfach und plausibel. Ideal ist es, wenn der Werbungtreibende sein eigenes Produkt als Gewinn zur Verfügung stellen kann, zum Beispiel eine Reise von einem Reisebüro oder ein Auto von einem Autohändler etc.

Off-Air-Promotion: Der Werbungtreibende wird in sendereigene Veranstaltungen (Konzerte, Partys, Bühnen auf Stadtfesten etc.) integriert. Hier gibt es zahlreiche Möglichkeiten: von der einfachen Präsenz des Firmenlogos auf Plakaten und Bannern über ein Interview mit dem Firmeninhaber bis zu Verkaufsständen für die eigenen Produkte.

Direct Response Radio (DRR): Bei DRR werden Produkte oder Dienstleistungen in Radiospots zur direkten Bestellung per Telefon, Post, Fax oder Internet offeriert. Diese Werbeform ist in der Regel in weniger ausgelasteten und damit preiswerteren Sendezeiten angesiedelt. Bei DRR werden die Spots nicht nach Preisliste abgerechnet, sondern der Sender wird an den Einnahmen beteiligt, die auf den Spoteinsatz folgen. Hierbei gibt es verschiedene Abrechnungsmodelle, wie zum Beispiel Cost per Order (CPO – bezogen auf die Anzahl der Warenbestellungen) oder Cost per Inquiry (CPI) bzw. Cost per Response (CPR – bezogen auf die Anzahl der Interessenten oder Anrufe). Zum Teil wird vom Sender vorab eine Garantiesumme verlangt, die später mit den tatsächlichen Umsätzen verrechnet wird.

sische Spots mit Sonderwerbeformen und/oder Off-Air-Promotion-Aktivitäten zu kombinieren. Nicht alle Sender bieten alle Sonderwerbeformen an. Zudem ist die Verfügbarkeit von Sonderwerbeformen begrenzt. Zur Planung und Konzeption sollte daher frühzeitig mit dem gewünschten Sender Kontakt aufgenommen werden.

Radio-Kombinationen

Radio-Kombinationen sind Zusammenschlüsse von Einzelsendern, die den Werbungtreibenden eine gemeinsame Buchung, Abrechnung und Rabattierung erlauben. Eine Werbeschaltung in einer Radio-Kombi bedeutet, dass der Spot zur gleichen Stunde in allen Sendern ausgestrahlt wird, die zu dieser Radio-Kombi gehören. Als monetären Anreiz gegenüber der Buchung von Einzelsendern beinhalten die Kombi-Angebote in der Regel einen Preis- und/oder Rabattvorteil, das heißt die Schaltungskosten einer Kombi sind niedriger als die Summe aus den Schaltkosten der beteiligten Einzelsender.

Die großen Radio-Vermarkter bieten eine Vielzahl von Radio-Kombinationen an. Die Mehrheit dieser Kombi-Angebote ist nach geografischen Gesichtspunkten angelegt:

- Kombis, die für eine nationale Werbekampagne Sender aus allen Bundesländern beinhalten,
- teilnationale Kombis für Westdeutschland, Ostdeutschland, Norddeutschland etc.,
- überregionale Kombis, die bestimmte Teilgebiete abdecken, wie zum Beispiel Baden-Württemberg und Rheinland-Pfalz oder das Ruhrgebiet,
- Kombis, die Sender aus einem Bundesland zusammenfassen.

Werbungtreibende und Mediaplaner legen Wert darauf, dass Radio-Kombinationen nicht ausschließlich nach geografischen Aspekten, sondern auch nach Zielgruppen-Gesichtspunkten zusammengestellt sind. Die Sender in einer Kombi sollen möglichst gleichartige Hörerstrukturen aufweisen, um eine hohe Zielgruppen-Ausschöpfung zu erreichen und die Streuverluste möglichst gering zu halten (das heißt Kontakte mit Personen, die nicht zur Zielgruppe gehören, wie zum Beispiel Männer bei einem Produkt für Frauen).

Um der wachsenden Bedeutung des Werbeumfelds Rechnung zu tragen, bieten die großen Vermarkter auch so genannte „Themenkombis" an.

Hier werden gleichartige Themenumfelder verschiedener Sender miteinander kombiniert, zum Beispiel Werbeblöcke während der Berichterstattung über die Fußball-Bundesliga am Samstag, Schaltungen in Sendungen zum Wirtschafts- und Börsengeschehen oder Platzierungen als letzter Werbespot im Block vor den Nachrichten. In Themenkombis können die Ausstrahlungszeiten der Spots von Sender zu Sender unterschiedlich sein, da die Sender individuelle Themen- und Programmabläufe haben (vgl. Abb. 1).

Radio-Kombinationen sind ein fester Bestandteil der deutschen Radio-Landschaft. Kombis bieten nicht nur einen finanziellen Vorteil, sondern erleichtern darüber hinaus die administrative Seite einer Radiokampagne (Buchung, Sendebestätigung, Rechnungsstellung etc.). Beachtet man, dass Radio-Kombinationen unter Umständen über 40 Einzelsender enthalten (zum Beispiel Radio NRW, Bayern Funkpaket), so wird schnell klar, dass diese Vielfalt für eine nationale oder teilnationale Radioplanung kaum zu handhaben wäre.

Werbezeiten-Vermarkter

Für einen Radiosender beruht der Verkauf von Werbezeit auf zwei Säulen. Das regionale Geschäft mit Werbungtreibenden vor Ort liegt in der Regel beim Sender selbst. Für die Ansprache nationaler Werbekunden wird ein Vermarkter beauftragt. Dieser betreut verschiedene Sender und bietet zentrale Services wie Marketing, Hörerforschung, Mediaplanung und Verkauf/Abwicklung an. Vermarkter bündeln die Sender ihres Portfolios zu sinnvollen Radio-Kombinationsangeboten und stehen Werbungtreibenden, Werbe- und Media-Agenturen als zentraler Ansprechpartner zur Verfügung. Die größten Werbezeiten-Vermarkter für Radiowerbung in Deutschland sind:

- AS&S Radio GmbH in Frankfurt (öffentlich-rechtliche und private Radio-Angebote) / www.ass-radio.de
- Radio Marketing Service GmbH & Co. KG in Hamburg (private Radio-Angebote) / www.rms.de
- Studio Gong München GmbH & Co. Studiobetriebs KG in Nürnberg (private Radio-Angebote) / www.studio-gong.de
- Radio ENERGY Werbe- und Vermarktungs GmbH in Hamburg (private Radio-Angebote) / www.energy-media.de.

Abbildung 1
Programmschema hr 3 für das Jahr 2010

Uhr	Mo	Di	Mi	Do	Fr	Sa	Uhr
05.00 – 10.00	**Pop & Weck** Musik und Information zum Tagesanfang, jeweils zur halben Stunde: Schlagzeilen, Verkehrsservice, Wetter und Kurzberichte, 9.00 Uhr Börsennews				Samstags erst ab 6.00		06.00 – 10.00
10.00 – 13.00	**Extra** 10.30 Uhr hr3-Hessentour (Veranstaltungstipps)					**Extra am Samstag** 10.30 Uhr Veranstaltungs-tipps	10.00 – 14.00
13.00 – 16.00	**Life** 14.25 Uhr Shownews, 14.40 Uhr hr3-Pop- und Shownews					**0138–6000** Der direkte Draht ins Studio. Spiel- und Service-Lines, Sport	14.00 – 18.00
16.00 – 19.00	**Puls** „Musik – Stars – Storys – Talk – Chat – Action"						
19.00 – 23.00	**Madhouse** 19.28 Uhr hr3-Pop- und Shownews					**Madhouse** Aktuelle Charts Spiele und Aktionen 18.40 Uhr Sportnews	18.00 – 23.00

Quelle: hr

84

Radioplanung, Buchung und Abwicklung

Die Aufgabe des Mediaplaners ist es, im Hinblick auf die Zielgruppe und die strategischen Ziele des werbungtreibenden Unternehmens die relevanten Radioangebote und -werbezeiten auszuwählen, die Anzahl der jeweils benötigten Spotschaltungen zu bestimmen und das erforderliche Werbebudget zu kalkulieren.

Das Ergebnis – der Mediaplan – enthält eine detaillierte Aufstellung der Sender mit den Schaltungen pro Stunde und entsprechenden Kosten („Kostenplan", vgl. Abb. 2) sowie eine Vorgabe zum zeitlichen Einsatz der Spots („Streuplan", vgl. Abb. 3).

Abbildung 2

Beispiel: Kostenplan für Schaltungen auf hr 3 (Preise 2010)

Uhr-zeit	Tage	Tarif in €/Sek.	Spot-länge in Sek.	Spot-preise in €	Anzahl Spots	Brutto in €	Rabatt in %	Netto in €
06–07	Mo–Fr	36,00	30	1.080	5	5.400	5,0	5.130
07–08	Mo–Fr	50,00	30	1.500	5	7.500	5,0	7.125
08–09	Mo–Fr	40,00	30	1.200	5	6.000	5,0	5.700
08–09	Sa	23,50	30	705	2	1.410	5,0	1.340
09–10	Sa	29,00	30	870	2	1.740	5,0	1.653
12–13	Mo–Fr	18,00	30	540	5	2.700	5,0	2.565
13–14	Mo–Fr	18,00	30	540	5	2.700	5,0	2.565
16–17	Mo–Fr	21,00	30	630	5	3.150	5,0	2.993
17–18	Mo–Fr	21,00	30	630	5	3.150	5,0	2.993
Gesamt					39	33.750		32.063

Quelle: hr

Die wichtigste Arbeitsgrundlage für eine Radioplanung sind die Daten der Media-Analyse, in der die Reichweiten der deutschen Radioprogramme erhoben werden (siehe auch Lothar Mai zur Media-Analyse Radio und den Kennwerten der Media-Analyse in diesem Band). Mit Hilfe spezieller Software (zum Beispiel RadioXpert, MDS, mediMach), in der auch die Einschaltpreise der Radioangebote hinterlegt sind, kann die spezifische Leistung von Sendern und Radio-Kombinationen für beliebige Zielgruppen ermittelt werden. Die Leistungsberechnung erfolgt auch für Kampagnen, das heißt für die Kombination von mehreren Schaltungen zu verschiedenen Uhrzeiten in unterschiedlichen Sendern (Kumulation).

Als spezielle Markt-Media-Studie für die elektronischen Medien steht die „Verbrauchs- und Medienanalyse" (VuMA) zur Verfügung. Hier können nicht nur Verwenderschaften für Produkte und Marken analysiert werden, sondern auch Zielgruppen für die Radioplanung auf Basis von Produktverwendung, Informationsinteresse oder Einstellungen definiert werden (siehe auch Hans-Peter Gaßner: „Der richtige Sender für die Zielgruppe: Radioplanung mit Konsuminformationen" in diesem Band).

Abbildung 3
Beispiel: Streuplan für Schaltungen auf hr 3*

Uhrzeit	Anzahl Spots	KW 41							KW 42						
		Mo	Di	Mi	Do	Fr	Sa	So	Mo	Di	Mi	Do	Fr	Sa	So
06–07	5	1		1		1				1		1			
07–08	5		1		1				1		1		1		
08–09	5	1		1		1				1		1			
12–13	5		1		1				1		1		1		
13–14	5	1		1		1				1		1			
16–17	5		1		1				1		1		1		
17–18	5	1		1		1				1		1			
08–09	2					1							1		
09–10	2					1							1		

* Die „1" gibt an, dass an den jeweiligen Terminen jeweils ein Spot geschaltet werden soll.

Radioplanung: Radiomarkt und Radionutzung

In jedem Bundesland senden öffentlich-rechtliche und private Sender. Da die Gesetzgebungshoheit und damit die Ausgestaltung des Rundfunks in Deutschland bei den Bundesländern liegt, gibt es unterschiedliche Modelle für den Privatfunk: Die Radiolandschaft in Nordrhein-Westfalen, Baden-Württemberg, Bayern und Sachsen ist von einer Vielzahl von lokalen Privatsendern mit sehr beschränktem Sendegebiet – meist Stadtregionen – gekennzeichnet. In anderen Ländern, wie zum Beispiel Mecklenburg-Vorpommern, senden nur zwei private Programme, diese jedoch landesweit. Der heterogenste Radiomarkt ist Berlin: 16 werbungführende Sender kämpfen in diesem Bundesland um die Gunst der Hörer. Hinzu kommen einstrahlende Sender aus dem benachbarten Brandenburg sowie werbefreie öffentlich-rechtliche Kultursender.

Weiterhin gibt es in Deutschland fünf nationale Privatsender, die hauptsächlich über Kabel senden und nur teilweise in bestimmten Regionen auch über Antenne zu empfangen sind.

Im öffentlich-rechtlichen Rundfunk gibt es Einländeranstalten – Bayerischer Rundfunk (BR), Westdeutscher Rundfunk (WDR), Hessischer Rundfunk (hr), Radio Bremen (RB), Saarländischer Rundfunk (SR) – und Mehrländeranstalten [Norddeutscher Rundfunk (NDR), Südwestdeutscher Rundfunk (SWR), Mitteldeutscher Rundfunk (MDR) und Rundfunk Berlin-Brandenburg (rbb)] sowie das nationale Deutschlandradio.

Die Kernzeit der Radionutzung liegt zwischen 6.00 Uhr morgens und 18.00 Uhr abends (vgl. hierzu Karin Gattringer „Radionutzung im Alltag" in diesem Band). Die Primetime im Radio liegt zwischen 6.00 und 9.00 Uhr morgens. Die meisten Radiosender haben ihre größte Hörerschaft in der Stunde von 7.00 bis 8.00 Uhr.

Die zweite Zeitspanne, die vor allem wegen der sehr hohen Nachfrage nach Werbezeit als Primetime bezeichnet werden kann, ist die so genannte Drivetime von 16.00 Uhr bis 18.00 Uhr am Abend. Erst ab ca. 18.00 Uhr beginnt das Fernsehen die dominante Rolle des meistgenutzten Mediums zu spielen.

Werbung in der Radio-Primetime am Morgen und Abend erreicht einen hohen Anteil an Berufstätigen auf ihrem Weg zur bzw. von der Arbeit.

Aber auch während der Berufsarbeit wird Radio gehört. Radio ist das einzige Werbemedium, das parallel zur Arbeit genutzt werden kann, ohne die Tätigkeit zu unterbrechen. Fast 80 Prozent der Berufstätigen hören werktags Radio.

Haushaltführende, also diejenigen, die einkaufen gehen, sind insbesondere für den Handel die klassische Zielgruppe während des Tages. 76 Prozent der Haushaltführenden hören werktags Radio. Den Zeiten, an denen im Tagesverlauf stark eingekauft wird, geht jeweils eine hohe Hörfunknutzung voraus. Radio ist häufig das zuletzt vor dem Kauf genutzte Medium und kann daher wichtige Impulse für die Kaufentscheidung setzen.

Radio als mobiles Medium mit relativ hoher Nutzung außer Haus erreicht in hohem Maße die jungen, berufstätigen und damit einkommensstarken und konsumfreudigen Segmente der Bevölkerung (30 bis 59 Jahre). Während Printanzeigen leicht überblättert und Fernsehspots leicht weggezappt werden können, findet eine Werbevermeidung durch Umschalten im Radio kaum statt: Rund 60 Prozent der Bevölkerung schalten pro Tag nur einen Sender ein. Weitere 26 Prozent nutzen täglich zwei unterschiedliche Programme. Lediglich 13 Prozent der Hörer wechseln zwischen mehr als zwei Sendern.

Mediaplanung: Theorie und Praxis

In Deutschland senden nur fünf werbungführende Sender bundesweit (über Kabel). Die Medialeistung dieser Sender ist für eine klassische Radiokampagne nicht ausreichend. Für eine nationale Kampagne müssen daher je Bundesland Sender ausgewählt werden, deren Belegungen am Ende eine nationale Abdeckung ergeben. In der Regel nimmt sich der Mediaplaner jedes Bundesland separat vor, um die benötigten Sender, Sendezeiten und Spotschaltungen zu bestimmen. Auch bei der Belegung von Radio-Kombinationen muss jedes Gebiet überprüft und ggf. mit Schaltungen in zusätzlichen Sendern oder Stunden nachjustiert werden. Ziel ist es meist, einen ausgeglichenen Werbedruck in allen relevanten Gebieten zu erzielen. In immer wieder veränderten Varianten tastet sich der Planer an das optimale Ergebnis heran. Die Planungssoftware ermöglicht es, dabei Leistung und Kosten gleichzeitig im Blick zu haben.

Vor der Planung stimmen Planer und Werbungtreibender die Rahmenbedingungen ab. Entweder werden Media-Leistungsziele definiert, die erreicht werden sollen (zum Beispiel Werbedruck oder Kontaktdosis). Das erforderliche Budget ergibt sich dann aus der Planung. Oder der Planer versucht, für ein vorgegebenes Budget die bestmögliche Media-Leistung zu erzielen.

Glossar: Die wichtigsten Kennzahlen für die Radioplanung

Nettoreichweite (in % oder absolut): Wie viele Personen meiner Zielgruppe erreicht ein Sender in einer bestimmten Stunde? Wie viele Personen meiner Zielgruppe erreicht meine Kampagne?

Kontakte/Kontaktdosis (absolut): Wie viele Werbekontakte erzielt meine Kampagne? Einige Personen werden den Spot öfter hören als andere. Wie oft wird der Spot im Durchschnitt pro Person gehört (Kontaktdosis)?

Wirtschaftlichkeit (€): Die wichtigste Kennzahl zur Wirtschaftlichkeit eines Senders oder einer Kampagne ist der so genannte 1.000-Kontakt-Preis (TKP), das heißt die Kosten für 1.000 Werbespotkontakte mit Personen aus meiner Zielgruppe. Mit diesem Wert werden Sender oder Planvarianten vergleichbar, die sich in den absoluten Einschaltkosten, aber auch in ihrer Medialeistung unterscheiden. Die Aussagekraft des TKP ist vergleichbar mit dem Wert „Benzinverbrauch auf 100 Kilometern" bei Autos.

Affinität/Hörerbindung (Indexwert): Der Affinitätsindex ist ein Maß zur Beurteilung der Zielgruppen-Genauigkeit eines Senders oder einer Kampagne. Die Reichweite in meiner Zielgruppe wird dabei in Beziehung gesetzt zur Reichweite in der Gesamtbevölkerung. Ein Affinitäts-Index über 100 zeigt an, dass meine Zielgruppe überproportional in der Hörerschaft eines Senders (oder meiner Kampagne) vertreten ist. Ein Wert unter 100 weist im Gegenzug auf überhöhte Streuverluste hin (= Werbekontakte bei Personen, die nicht zu meiner Zielgruppe gehören). Je größer der Anteil einer bestimmten Zielgruppe (z.B. Männer von 14 bis 29 Jahren) an der Gesamthörerschaft eines Senders ist, desto höher ist die Hörerbindung in dieser Zielgruppe. Entsprechend hoch ist der Affinitätsindex.

Fortsetzung nächste Seite

Forts. Glossar: Die wichtigsten Kennzahlen für die Radioplanung

Werbedruck/Gross Rating Point (GRP): Der Werbungtreibende versteht unter dem Begriff „Werbedruck" meist die Anzahl der eingesetzten Spots bzw. die Höhe des Werbebudgets (hoher Werbedruck = viele Schaltungen bzw. ein hohes Budget). Der Mediaplaner verwendet zur Bestimmung des Werbedrucks die Kennzahl GRP, die sich nach der Formel „Nettoreichweite in % x Kontaktdosis" errechnet. Diese Definition erleichtert die Festlegung von Media-Leistungszielen und den Vergleich von Planvarianten. Die unterschiedliche Senderlandschaft in Deutschland hat zur Folge, dass derselbe Werbedruck (GRP) in einem Bundesland mit weniger Einschaltungen/Budget zu erzielen ist als in einem anderen Bundesland. Die Maßzahl GRP gleicht diesen Unterschied aus. Am Ende gilt auch für den Wert GRP: Ein hoher Werbedruck erfordert mehr Einschaltungen und ein höheres Budget als ein niedriger Werbedruck.

Diese Vorgehensweise ist unabhängig davon, ob es sich um eine regionale, überregionale oder nationale Kampagne handelt. Und diese Vorgehensweise ist auch unabhängig davon, welches Produkt beworben wird und wie lange die Kampagne geschaltet werden soll. Der fertige Mediaplan hingegen sieht je nach Produkt, Zielgruppe, Kampagnengebiet und Budget anders aus.

Bei der professionellen Kampagnenplanung kommt meist eines der elektronischen Planungstools zum Einsatz. Die Software liefert die Leistungskennwerte (siehe Glossar), die zur Auswahl und Beurteilung von Sendern und Kombinationsangeboten dienen.

Das führende Radio-Planungstool ist zurzeit RadioXpert, das die Vermarkter ARD-Werbung SALES & SERVICES und RMS zusammen mit Agenturplanern entwickelt haben. Dieses Tool enthält alle Radioangebote Deutschlands mit ihren Sender- und Preisinformationen und ermöglicht eine detaillierte Kosten- und Einsatzplanung (vgl. Abb. 4 und 5).

Bei Sendern, die in der Media-Analyse nicht ausgewiesen werden, benötigt der Mediaplaner Informationen über die Zielgruppe des Senders, das Musikformat und das Sendegebiet, um zu entscheiden, ob er das Angebot in seine Planung aufnimmt. Informationen über alle werbungführenden Sender in Deutschland bieten mehrmals jährlich aktualisierte Kataloge (zum Beispiel „Media-Daten"-Katalog, „Spots"-Katalog), das Computerprogramm RadioXpert oder das Internet.

Abbildung 4
RadioXpert-Rangreihe

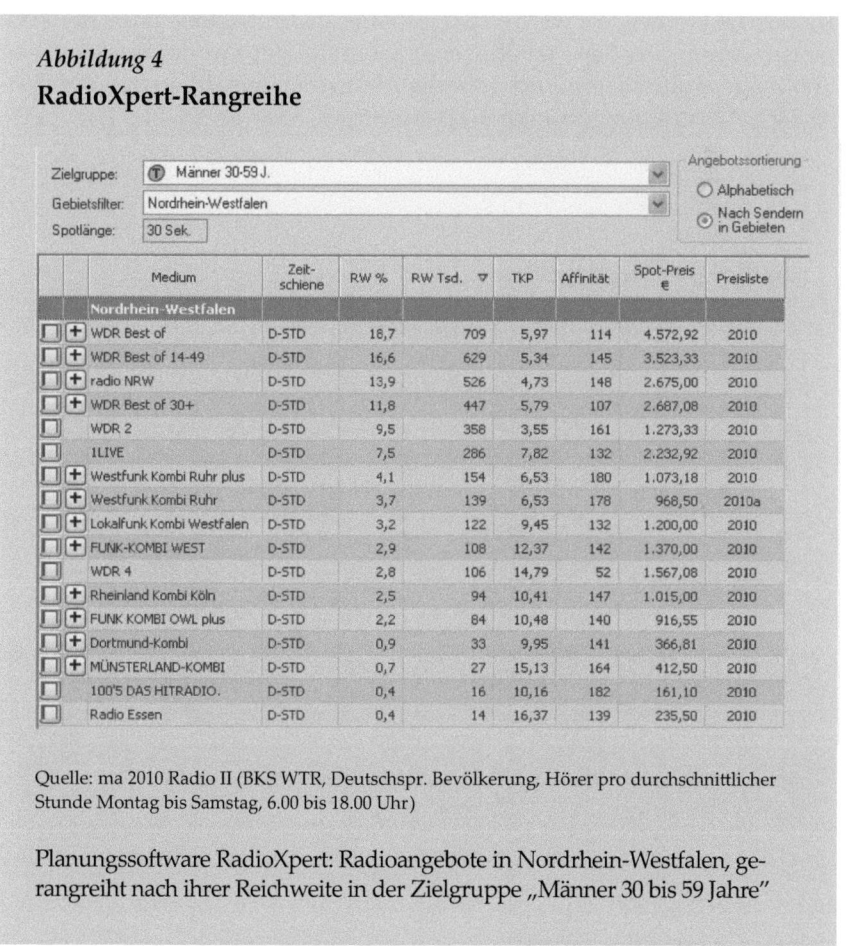

Quelle: ma 2010 Radio II (BKS WTR, Deutschspr. Bevölkerung, Hörer pro durchschnittlicher Stunde Montag bis Samstag, 6.00 bis 18.00 Uhr)

Planungssoftware RadioXpert: Radioangebote in Nordrhein-Westfalen, gerangreiht nach ihrer Reichweite in der Zielgruppe „Männer 30 bis 59 Jahre"

Die Media-Service-Abteilungen der großen Radio-Vermarkter beraten und unterstützen Werbekunden in allen Fragen zum Radiomarkt und zur Radioplanung und erstellen kostenlos und unverbindlich individuelle Mediaplan-Vorschläge.

Kosten

Klassische Werbespots werden pro Schaltung abgerechnet. Basis der Kostenberechnung ist der Preis für eine Sekunde, der mit der tatsächlichen Spotlänge multipliziert wird. Innerhalb eines Senders differieren die Preise nach Ausstrahlungsstunde und -tag (Preise Mo – Fr, Sa, So). Die Preise

Abbildung 5
RadioXpert-Sendegebiet

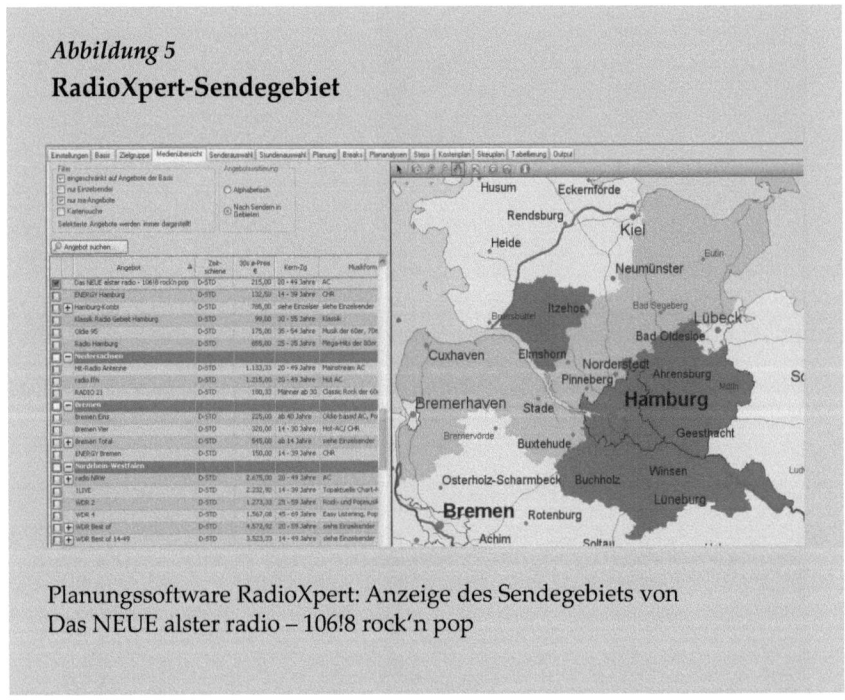

Planungssoftware RadioXpert: Anzeige des Sendegebiets von Das NEUE alster radio – 106!8 rock'n pop

werden in offiziellen Tarifunterlagen („Mediadaten") veröffentlicht, die von Interessenten angefordert werden können. Die meisten Sender und Vermarkter publizieren die Preislisten auch im Internet (vgl. Abb. 6).

Alle Spots, die im Laufe eines Jahres in einem Sender oder in einer Kombination gebucht werden, werden zur Berechnung des Mengenrabatts zusammengerechnet. Mengenrabatt wird entweder auf das

Abbildung 6
Preisliste WDR 2 (Preise 2010)

Stunden Uhr	Montag bis Freitag in €		Samstag in €		Durchschnittspreis Mo–Sa in €	
	1 Sek	30 Sek	1 Sek	30 Sek	1 Sek	30 Sek
06–07	61,00	1.830	10,00	300	52,00	1.575
07–08	107,00	3.210	23,00	690	93,00	2.790
08–09	76,00	2.280	59,00	1.770	73,17	2.195
09–10	48,00	1.440	48,00	1.440	48,00	1.440
10–11	38,00	1.140	38,00	1.140	38,00	1.140
11–12	32,00	960	30,00	900	31,67	950
12–13	34,00	1.020	31,00	930	33,50	1.005
13–14	27,00	810	14,00	420	24,83	745
14–15	23,00	690	12,00	360	21,17	635
15–16	30,00	900	30,00	900	30,00	900
16–17	37,00	1.110	37,00	1.110	37,00	1.110
17–18	27,00	810	24,00	720	26,50	795
Durchschnitt 06–18	45,00	1.350	29,67	890	42,45	1.273

Preise gültig ab 1. Januar 2010. Änderungen und Irrtümer vorbehalten. Die Durchschnittspreise Montag bis Samstag, 6.00 bis 18.00 Uhr, werden zur Orientierung ausgewiesen. Sie stellen kein buchbares Angebot dar. Quelle: WDR mediagroup GmbH

Volumen aller gebuchten Sekunden gewährt (Mengenstaffel) oder auf die Summe der Brutto-Schaltkosten (Umsatzstaffel). Die Rabattstaffel ist Teil der Tarifunterlagen.

Wenn das werbungtreibende Unternehmen Planung und Einkauf von Radiowerbung über eine Werbe- oder Media-Agentur abwickelt, wird der Agentur für ihre Beratungsleistung in der Regel ein zusätzlicher Rabatt gewährt, die Agentur-Provision (AP) – auch Agentur-Vergütung (AV) oder Agentur-Expedition (AE) genannt. Die Agentur-Provision liegt branchenüblich bei 15 Prozent. Alle Tarifpreise sind Bruttokosten ohne Umsatzsteuer.

Zu den Schaltkosten kommen die Produktionskosten des Radiospots. Diese Kosten differieren je nach Ausgestaltung:

- Ein Sprecher oder mehrere?
- Unbekannte Stimmen, bekannte oder sogar Prominente?
- Müssen Musikrechte erworben werden?
- Kosten für Studio und Toningenieur.

Einfache Spots können schon für circa 300 Euro produziert werden. Die meisten Radiosender bieten ihren Werbekunden die Spotproduktion zum Selbstkostenpreis in den hauseigenen Tonstudios an.

Buchung und Abwicklung

Jeder Sender/Vermarkter legt die spezifischen Details zu Buchung und Abwicklung in seinen Tarifunterlagen dar (Allgemeine Geschäftsbedingungen/AGB). Exemplarisch verläuft der Einkauf von Werbezeiten im Radio wie folgt:

- *Buchung/Auftrag*: Der Werbungtreibende oder seine (Media-)Agentur sendet den Mediaplan an die Werbezeitendisposition des Senders oder Vermarkters. Der Mediaplan kann genau festlegen, wann Spots geschaltet werden sollen. Die Disposition kann die Verteilung der Einschaltungen nach entsprechenden Vorgaben aber auch selbst vornehmen.
- *Auftragsbestätigung*: Nachdem die Spots disponiert sind, erhält der Kunde eine Auftragsbestätigung, in der pro Sender oder Radio-Kombination alle Einschalttermine aufgelistet sind. Der Kunde oder seine Agentur können nun abgleichen, ob alle Wunschtermine verfügbar waren, und ggf. Änderungen vornehmen.

- *Motivplan/Sendeunterlagen*: In der Regel müssen dem Sender/Vermarkter drei Werktage vor dem ersten Ausstrahlungstermin folgende Unterlagen zugehen:
  – Ein *Motivplan*, in dem für jeden Termin festgelegt wird, wie der Spot heißt, der gesendet werden soll. Insofern es nur ein Spotmotiv (eine Variante) gibt, reicht diese Angabe. Oft werden aber auch für eine Kampagne verschiedene Spots produziert, die nach bestimmten Verteilungsschlüsseln oder zu bestimmten Tagen/Uhrzeiten eingesetzt werden sollen. Die Bezeichnung der einzelnen Motive muss mit der Benennung auf den Sendeunterlagen übereinstimmen.
  – Die *Sendeunterlagen*, bestehend aus dem Spot selbst (mittlerweile meist als mp3-File, DAT-Kassette oder immer seltener als Audio-CD) und dem Textmanuskript des Spots. Die Sender sind verpflichtet, die Sendeunterlagen vor Ausstrahlung auf die Vereinbarkeit mit den gesetzlichen Bestimmungen, zum Beispiel zum Jugendschutz oder zur Werbung für Medikamente, zu überprüfen. Die Spots dürfen beispielsweise auch keine lauten Geräusche enthalten, die Autofahrer erschrecken können (kreischende Bremsen etc.). Wenn im Spot Musik eingesetzt wird, müssen hierzu Produzent, Komponist, Titel und Länge angegeben werden, damit eine Abrechnung mit der GEMA erfolgen kann.
- *Ausstrahlung und Sendebestätigung*: Nach der Ausstrahlung der Spots erhält der Kunde für jeden Termin eine Sendebestätigung. Hier werden auch Termine dokumentiert, die aus technischen Gründen ausgefallen sind, sowie evtl. Ersatzschaltungen.
- *Rechnungsstellung*: Der Zeitpunkt der Rechnungsstellung wird bei den Sendern und Vermarktern unterschiedlich gehandhabt. In der Regel werden Rechnungen als Sammelrechnung entweder im Voraus oder im Nachhinein pro Ausstrahlungsmonat gestellt.

Planbeispiele

Bedingt durch die unterschiedliche Größe der Bundesländer mit jeweils eigener Senderstruktur sehen auch die Mediapläne für die einzelnen Bundesländer verschieden aus. Je größer das Bundesland, desto mehr Budget muss für eine Radiokampagne eingesetzt werden. Abbildung 7 gibt exemplarische Beispiele für Kosten und Leistung einer Radiokampagne in kleinen, mittleren und großen Bundesländern. Zur besseren Vergleichbarkeit wurden in jedem Bundesland zwei Sender mit jeweils 15 Spots belegt, das entspricht der Schaltung von drei Spots am Tag von Montag bis Freitag in einer Woche. Die Leistung ist ausgewiesen für die Radio-Kernzielgruppe der Erwachsenen zwischen 30 und 59 Jahren. Leistung und Kosten dienen zur Orientierung. Im konkreten Fall müsste die Planung individuell auf Gebiet, Zielgruppe, Produkt und Kampagnenziel ausgerichtet werden.

Abbildung 7
Planbeispiele

Bundes-land	Sender	Anzahl Spots	Schalt-kosten brutto ca. in €	Reichweite in der Zielgruppe Erw. 30–59 J. ca. in %	Im Durch-schnitt wird der Spot ca. ... mal gehört
Bremen	Bremen Eins	15	8.000	64	4
	Bremen Vier	15			
Sachsen-Anhalt	Radio Brocken	15	15.000	68	5
	radio SAW	15			
Hessen	hr 3	15	30.000	60	4
	FFH	15			
Bayern	Bayern 3	15	58.000	62	5
	Antenne Bayern	15			
NRW	WDR 2	15	60.000	65	5
	radio nrw	15			

Quelle: ma 2010 Radio II (BKS WTR, Deutschspr. Bevölkerung, Zielgruppe Erw. 30 bis 59 Jahre, Durchschnittspreise Montag bis Samstag, 30 Sekunden 2010)

Exemplarische Beispiele für Kosten und Leistung einer Radiokampagne in verschiedenen Bundesländern. Zum Vergleich wurden in jedem Bundesland einheitlich zwei Sender mit je 15 Spots belegt.

Zusammenfassung

Radio ist das meistgenutzte Tagesmedium in Deutschland. Mit Radio-werbung können in kürzester Zeit sehr viele Konsumenten angesprochen werden. Dabei besteht das Kernpublikum aus den kaufkräftigen und da-mit werblich interessanten mobilen Berufstätigen zwischen 30 und 59 Jah-ren. Aber auch für die Haushaltführenden ist Radio oft das Medium, das als letztes vor dem Einkauf genutzt wird.

Über die klassische Spotschaltung hinaus bieten die Radiosender eine Fülle von Sonderwerbeformen und Möglichkeiten zur redaktionellen Einbindung ins Programm und/oder in Event-Veranstaltungen vor Ort. Dabei ist Radio ein besonders wirtschaftlicher Werbeträger – sowohl in Bezug auf das Verhältnis Einschaltkosten zu Medialeistung als auch hin-sichtlich der Produktionskosten von Radiospots.

Der deutsche Radiomarkt ist geprägt von lokalen und regionalen Sen-dern. Je nach Werbegebiet müssen zur flächen- und zielgruppendeckenden Belegung in jeder Region Spotschaltungen in mehreren Sendern mitein-ander kombiniert werden. Zur Vereinfachung bieten die großen Radio-Vermarkter für diesen Zweck Radio-Kombinationen an.

Zweimal pro Jahr werden in der Media-Analyse Radio die Hörerzah-len veröffentlicht, auf deren Basis die Programmplanung und die Preisge-staltung der Werbespots beruhen.

Auch die Mediaplanung, das heißt die Entscheidung, wie viele Spots zu welcher Stunde in welchen Sendern für eine Kampagne benötigt wer-den, basiert in der Regel auf diesen Hörerzahlen. Computerprogramme wie zum Beispiel RadioXpert helfen dem Mediaplaner dabei, die Werbe-dosis exakt auszusteuern und die Schaltkosten zu kalkulieren.

Buchungsauftrag und Sendeunterlagen (Spot, Textmanuskript, ggf. Angaben zu Musik und Motivplan) müssen in der Regel drei Werktage vor Ausstrahlung beim Sender vorliegen. Nach Ausstrahlung erhält der Kunde vom Sender eine Sendebestätigung mit allen Terminen.

Als kostenlosen Service bieten die Radiovermarkter ihren Kunden Unterstützung in allen Fragen zum Radiomarkt und zur Mediaplanung an. Auf Wunsch können kundenindividuelle Kampagnen-Einsatzpläne erstellt werden.

Die Media-Analyse Radio

Lothar Mai

Um die Leistung des Mediums Radio nachzuweisen und seine Eignung als Werbeträger zu dokumentieren, wurde die Ermittlung der Reichweiten von Radio Anfang der 1970er Jahre in die Media-Analyse (ma) aufgenommen. Seit 1987 wird Radio in einer eigenen Tranche mit Hilfe eines Tagesablaufs abgefragt. Nach mehreren Methodentests Ende der 90er Jahre werden die Reichweiten von Radio seit der ma 2000 mit Hilfe der Erhebungstechnik CATI erhoben.[1]

Danach ist die methodische Weiterentwicklung der ma Radio nicht stehen geblieben. Im Gegenteil, es wurde immer an der methodischen Optimierung dieser Studie gearbeitet. Dabei wurde viel getan, um die Ermittlung der Radionutzung an die Marktveränderungen anzupassen. Dies betrifft insbesondere die Senderabfrage, aber auch demografische Merkmale und die Ausstattung der Haushalte mit Geräten der Unterhaltungselektronik. An der Stichprobe wurde ebenfalls gearbeitet. Unter anderem wurden 2008 auch EU-Ausländer und Kinder zwischen zehn und 13 Jahren in die Untersuchung einbezogen.

In der ma 2010 wurde gemeinsam mit allen Media-Analysen der ag.ma die neue Grundgesamtheit „Deutschsprachige Bevölkerung" eingeführt. Durch die gemeinsame Grundgesamtheit „Deutschsprachige Bevölkerung" in Erhebung und Auswertung konnte die Methode der ma Radio präzisiert und damit verbessert werden.

Befragt wurde schon immer die deutschsprachige Bevölkerung in Deutschland. Unter diesen Befragten waren natürlich auch deutschsprachige Personen aus EU-Staaten und deutschsprachige Personen aus anderen Staaten. Es wurde und wird kein Befragter aus der Befragung ausgeschlossen, der am Ende des Interviews eine andere Staatsangehörigkeit als die deutsche angibt. Bei der Hochrechnung musste allerdings je nach Datenlage pragmatisch vorgegangen werden. So wurde bis 2007 nur auf die deutsche Bevölkerung hochgerechnet. Gründe waren unzureichende Daten über Struktur, Erreichbarkeit und Deutschkenntnisse der Ausländer.

Ab 2008 konnten die EU-Ausländer in die Hochrechnung einbezogen werden. Ihre guten Deutschkenntnisse und bessere statistische Daten wegen des kommunalen Wahlrechts waren der Grund dafür, dass die ma Radio wie TV auf diese Grundgesamtheit umstellen konnte. 2010 wurden dann auch die deutschsprachigen Nicht-EU-Ausländer in die Grundgesamtheit einbezogen. Da die deutsche Sprachfähigkeit in der amtlichen Statistik nicht erhoben wird, haben sich die ag.ma-Gremien auf Anregung der Nutzervertreter entschieden, als Schätzkriterium hierfür die Schulbildung heranzuziehen. Damit konnte die ausgewiesene Grundgesamtheit mit der erhobenen gleichgesetzt werden. Das heißt, die erhobene Grundgesamtheit wird nun methodisch präziser in der Berichterstattung abgebildet. Jede Bevölkerungsgruppe geht nun mit ihrem Anteil in die Berechnung ein.

Ab der ma 2011 werden die Werbeträgerreichweiten nicht mehr für den Durchschnitt Montag bis Samstag, sondern für die Wochentagsgruppen Montag bis Freitag, Samstag und Sonntag ausgewiesen. Mit dieser Leistungsdifferenzierung wird dem Wunsch der Werbekunden entsprochen, auch für das Wochenende Reichweiten zu erhalten. Das Bestreben war und ist, dem Markt mit einer mediengerechten optimalen Erhebungsmethode eine vergleichbare Darstellung der Werbeträgerleistung von Radio zur Verfügung zu stellen.

Die folgende Darstellung soll die heutige Erhebung der Reichweiten von Radio und seine Einbeziehung in das Partnerschaftsmodell der Arbeitsgemeinschaft Media-Analyse beschreiben. Hierzu werden zunächst die Organisationsstruktur und das Untersuchungsmodell der Arbeitsgemeinschaft Media-Analyse beschrieben, um dann am Beispiel Radio das Erhebungsmodell mit Stichprobe, Befragungsinhalten und Auswertung der Ergebnisse genauer zu erläutern.

Die Arbeitsgemeinschaft Media-Analyse e.V. (ag.ma)

Leistungswerte (d.h. Reichweiten) müssen für die Medien selbst, aber auch für die werbungtreibende Wirtschaft nachgewiesen werden. Sie werden mit Hilfe von institutionalisierten Werbeträgeranalysen ermittelt und orientieren sich methodisch an Konventionen, die allgemein verbindlich sind.

Die Media-Analyse ist die wichtigste und größte Studie zur Bestimmung und Bewertung des Werbeträgerangebots in Deutschland. Sie stellt derzeit die Leitwährung für die Pressemedien und den Hörfunk dar und macht die Werbeträgerleistung auch zwischen den Mediengattungen vergleichbar.

Die Arbeitsgemeinschaft Media-Analyse e.V. (ag.ma) führt zusammen mit ihrer kommerziellen Tochtergesellschaft, der Media-Micro-Census GmbH, im Auftrag der Mitglieder die Media-Analyse (ma) durch. Die ag.ma ist ein Zusammenschluss verschiedenster Unternehmen der deutschen Werbewirtschaft. Sie ist als Joint Industry Committee (JIC) organisiert, das die nationale Medienforschung als gemeinsames Unternehmen der gesamten Werbewirtschaft (Medien, Agenturen, Werbungtreibende) auf einer neutralen und nicht-kommerziellen Basis durchführt, überwacht und fördert. Unter dem konsensualen Dach der ag.ma bedarf alles der Zustimmung der Kunden und Nutzer.

Die Mitglieder, die gemeinsam die ma finanzieren, setzen sich derzeit[2] zusammen aus 21 Werbungtreibenden, 90 Werbe- und Mediaagenturen, drei Verbänden, 107 Zeitschriften- und Tageszeitungsverlagen, zwölf Vermarktern von Fernseh- und Radiowerbezeiten, fünf Plakatmedienanbietern und 16 Anbietern von Onlinemedien. Damit ist ein großer Teil des deutschen Werbemarktes vertreten.

Organisationsstruktur

Der oberste Souverän der ag.ma ist die *Mitgliederversammlung*, die verantwortlich ist für Grundsatzentscheidungen methodischer, organisatorischer und finanzieller Art. Dem *Vorstand* obliegt die Führung des Vereins – er besteht aus Vertretern der einzelnen Mitgliedergruppen: Werbeagenturen, Werbungtreibende, gedruckte Medien, elektronische Medien, Plakat und Online. Der *Arbeitsausschuss (AA)* wacht darüber, dass die Beschlüsse der Mitgliederversammlung auch ausgeführt werden. Er hat mindestens 36 Mitglieder aus allen Mitgliedergruppen. Zur fachlich-methodischen Förderung besteht eine *Technische Kommission (TK)*. Vertreter sind Marktforschungsmitglieder des AA und weitere Fachleute, die vom Arbeitsausschuss berufen werden. Die Technische Kommission erhält ihre Aufgaben vom Arbeitsausschuss und vom Vorstand und trägt die methodische Verantwortung für die Media-Analyse.

Eine der wichtigsten Entscheidungen dieser Gremien war 1986 die Einführung des Partnerschaftsmodells, das eine mediengerechte Erhebung aller Medien unter dem Dach der ag.ma möglich macht.

Das Partnerschaftsmodell

Von 1954 bis 1972 wurden von der ag.ma nur die Pressemedien Zeitschriften und Tageszeitungen erhoben. Von 1972 bis 1986 bestand die ma aus einem Fragebogen, mit dessen Hilfe das Mediennutzungsverhalten von elektronischen und gedruckten Medien, sozusagen aus einer Quelle, durch die Befragung einer Person erhoben wurde. Mit diesem sogenannten „Single-Source"-Ansatz wurden bis dato ca. 18.000 Befragungen durchgeführt. Nach zahlreichen Experimenten wurde dieses Single-Source-Verfahren der Datenerhebung aufgegeben, da dieser Ansatz ab einer gewissen Informationsmenge und Interviewdauer qualitätsmindernd ist. Seit der ma 1987 wurden die aus den Experimenten gewonnenen Erkenntnisse im Partnerschaftsmodell der ag.ma umgesetzt (vgl. Abb. 1). Die Grundidee des Partnerschaftsmodells ist die optimale mediengerechte Erhebung der Mediennutzung. Ziel ist – nach medienspezifischer Erhebung – eine Zusammenführung der Daten in eine gemeinsame Intermedia-Datei.

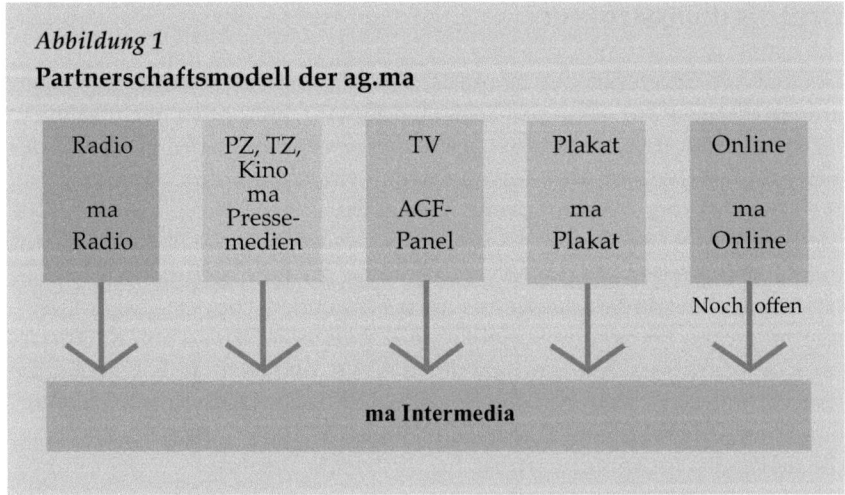

Abbildung 1
Partnerschaftsmodell der ag.ma

ma Intermedia

Die ma Intermedia soll den Vergleich einzelner Werbeträger unterschiedlicher Mediengattungen ermöglichen. Mit Stand 2010 sind bisher die Pressemedien, Hörfunk, Fernsehen und Plakat in dieser Datei mit ihren Werbemittelkontakten zählbar.

Der Datensatz der ma Intermedia wird über Fusionen gebildet. Dabei werden den Rezipienten aus der ma Pressemedien fallweise Partner als Donoren aus dem Datensatz der ma Radio, ma Plakat und dem AGF/GfK-Fernsehpanel zugeordnet (vgl. Abb. 2).

Ziel der ag.ma ist, alle Medien möglichst vollständig in der ma Intermedia zusammenzuführen. Im Folgenden wird erläutert, wie die Daten der ma Radio und damit die Reichweiten von Radiosendern erhoben werden.

Abbildung 2
Die Währungen der ma Intermedia

	Werbeträger-reichweite	Werbemittel-Kontaktchance
Radio	Hörer pro Stunde	Hörer pro durchschnittlicher Viertelstunde
Fernsehen	mindestens eine Minute in der halben Stunde gesehen	sieben Sekunden konsekutive Nutzung pro Werbeblock/-insel einer halben Stunde
Print	Heft in der Hand gehabt, um darin zu blättern oder zu lesen	Leser pro werbungführende Seite (LpwS)
Plakat		Plakatseher pro Stelle (PpS)

Die Untersuchungsanlage der ma Radio

Feldmodell

Für die Erhebung der Reichweiten der Radiosender werden die Befragungen in zwei Wellen im Herbst und Frühjahr per computergesteuerten Telefoninterviews durchgeführt. Wie in Abbildung 3 dargestellt, geht jede Welle zweimal in eine Berichterstattung mit ein. Im März werden die Frühjahrs- und Herbstwelle des letzten Jahres berichtet und im Juli die Herbstwelle des letzten Jahres und die Frühjahrswelle des aktuellen Jahres. Dieses rollierende System wird eingesetzt, um aktuelle Daten auf Basis einer möglichst großen Fallzahl zu ermöglichen. Die Dauer der Feldzeit für eine ma beträgt 30 Wochen.

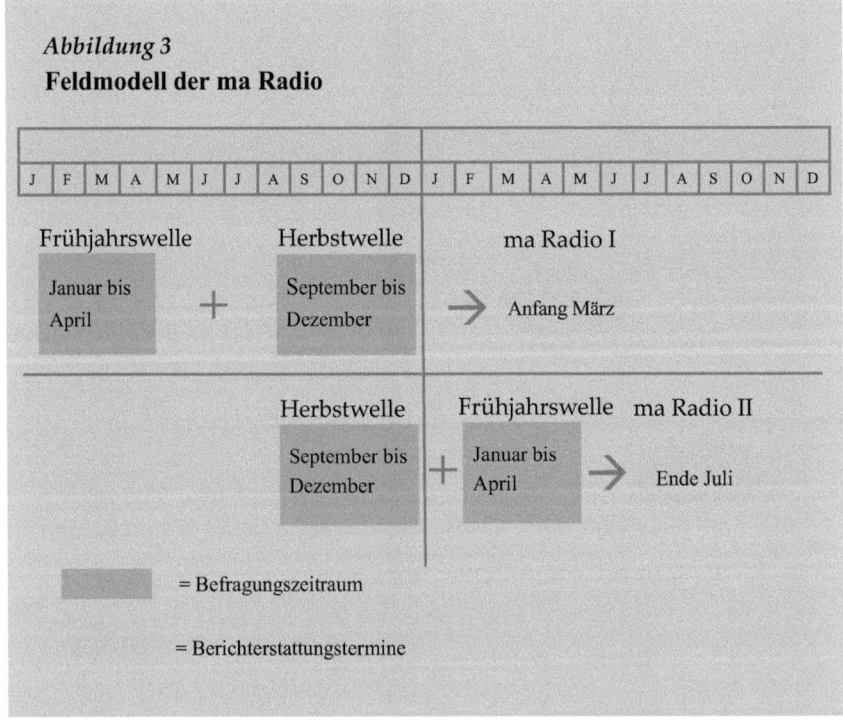

Abbildung 3
Feldmodell der ma Radio

Der computergesteuerte Einsatz der Telefonnummern hilft den Instituten, die Interviews über die gesamte Fläche Deutschlands gleichmäßig über die Wochentage und Einsatzwochen zu verteilen. Die Hauptinterviewzeit liegt zwischen 17.00 und 21.00 Uhr, um eine optimale Ausschöpfung der Bruttostichprobe zu gewährleisten.

Stichprobe

Ziel der Stichprobe der ma Radio ist zum einen ein verkleinertes Abbild der Grundgesamtheit der deutschsprachigen Bevölkerung ab zehn Jahren. Zum anderen müssen die unterschiedlichen regionalen Radiomärkte in Deutschland abgebildet werden.

Grundgesamtheit ist die deutschsprachige Bevölkerung ab zehn Jahren in Privathaushalten am Ort der Hauptwohnung in der Bundesrepublik Deutschland. Die Stichprobe wird per mehrstufiger systematischer Zufallsauswahl aus allen in Deutschland vorhandenen Festnetz-Telefonnummern gezogen. Das heißt, jeder Haushalt mit Telefon hat eine Chance, für die Befragung ausgewählt zu werden.

Auswahlgrundlage ist die Menge aller bei der Bundesnetzagentur gemeldeten Rufnummernblöcke. Dies beinhaltet auch Rufnummern, die zurzeit nicht vergeben sind. Die Anzahl dieser Rufnummern beträgt 117 Millionen. Davon sind 21 Millionen eingetragen in Telefonverzeichnissen. Der Rest wird anhand der eingetragenen und der vergebenen Rufnummernblöcke generiert (vgl. Abb. 4). Gewerbliche Nummern werden, soweit erkennbar, eliminiert.

Nicht erreicht werden alle Haushalte, die keinen Festnetz-Telefonanschluss besitzen oder nicht eingetragen sind und gleichzeitig einen eigenen Block bilden. Diese Menge wird jedoch als vernachlässigbar klein angenommen. Alle Telefonnummern werden jeweils einer Gemeinde zugeordnet.

Dies geschieht bei eingetragenen Telefonnummern laut Eintrag. Bei den anderen Telefonnummern werden die Verteilungsmuster der eingetragenen Telefonnummern, der Anbietertyp, die Vorwahlbereiche und auch die Nachbarblöcke zur regionalen Differenzierung herangezogen. Dabei können alle Rufnummern mit einer Wahrscheinlichkeit von 95 Prozent und mehr einer Gemeinde zugeordnet werden.

Abbildung 4
Universum aller Telefonanschlüsse

117,45 Millionen Telefonnummern

52,12 Millionen = 44%
Generierte Telefonnummern
aus Rufnummernblöcken
mit Eintrag

21,44 Millionen
= 18%
Eingetragene
private
Telefon-
nummern

43,89 Millionen = 37%
Generierte Telefon-
nummern aus
Rufnummern-
blöcken
ohne Eintrag

Quelle: BIK Aschpurwis + Behrens GmbH, Kennziffernblatt Auswahlgrundlage 2009

Die Ziehung der Stichprobe erfolgt in mehreren Stufen:
- *Stufe 1: Ziehung des CATI-Point mit 20 Rufnummern*
  Die Telefonnummern werden kreisweise nach Größenklassen sortiert
  und innerhalb dieser Sortierung (Schichtung) zufällig gezogen. Da
  nicht alle der generierten Nummern „echte" Telefonanschlüsse sind,
  werden zunächst 20 Nummern per Zufall ausgewählt, von denen aber
  nur eine endgültig bearbeitet wird.
- *Stufe 2: Ziehung des Haushalts*
  Für die Ziehung des Haushalts (Festnetznummer) wird zunächst eine
  der 20 Nummern aus dem Point ausgewählt. Nur wenn sich diese Telefonnummer als neutraler Ausfall (z.B. geschäftlich oder nicht existent) erweist, kann eine weitere Nummer bearbeitet werden. Als nicht

existent wird eine Nummer angenommen, die an zehn verschiedenen Tagen mit mindestens 15 Kontaktversuchen zu unterschiedlichen Tageszeiten zu keinem Kontakt geführt hat.

- *Stufe 3: Auswahl der Befragungsperson*
  Für die Auswahl der Befragungsperson im Haushalt wählt der Computer nach Angaben der Kontaktperson aus allen Personen über 14 Jahren eine per Zufall aus. Ist diese Person momentan nicht zu erreichen, kann ein Termin vereinbart werden.
- *Auswahl der Zielperson (Kinder zehn bis 13 Jahre)*
  Die Personenauswahl bei Kindern von zehn bis 13 Jahren erfolgt analog der Erwachsenen. Dies geschieht, indem in jedem Privathaushalt alle vorhandenen Personen nach Alter und Geschlecht aufgelistet werden und anschließend eine Auswahl unter den zehn- bis 13-jährigen Kindern erfolgt. Ist kein Kind in der Altersstufe vorhanden, wird der CATI-Point als neutraler Ausfall geschlossen. Vor der Befragung des ausgewählten Kindes wird zusätzlich ein Erziehungsberechtigter aus dem gleichen Haushalt zu den Haushaltsinformationen befragt und das Einverständnis zur Befragung des Kindes eingeholt.

Die Stichprobe der ma Radio ist disproportional angelegt. Um den unterschiedlichen Radiomärkten in Deutschland gerecht zu werden, wird die proportionale Basisstichprobe so aufgestockt, dass pro Bundesland mindestens 1.500 Personen befragt werden. Es entsteht so eine Sollfallzahl von ca. 40.000 Fällen. Zusätzliche Aufstockungen einzelner Radioanbieter in unterschiedlichen Regionen ergeben bis zu 25.000 weitere Fälle.

Für die ma 2011 werden so ca. 64.000 Interviews von sechs Marktforschungsinstituten durchgeführt. Es ist das Bestreben der ag.ma, möglichst viele Institute mit der Abwicklung zu beauftragen, um einer einseitigen Bearbeitung der Stichprobe und der Interviews entgegenzuwirken.

Die Befragung wird mit Hilfe des Erhebungsmodells CATI (Computer Aided Telephone Interviews) durchgeführt. Hierzu wird den Instituten ein einheitliches computergestütztes Fragenprogramm zur Verfügung gestellt. Für Kinder von zehn bis 13 Jahren werden die Haushaltsinformationen beim Erziehungsberechtigten erfragt; die restlichen Fragen – auch zur Mediennutzung – sind kindgerecht formuliert und um Fragen zu Schule und Taschengeld erweitert.

Fragebogen

Der computergestützte Fragebogen erlaubt eine einheitliche Bearbeitung der Interviews. Neben der Medienabfrage werden auch noch andere Inhalte erhoben. Fragen rund um das Thema Radio wie Haushaltsausstattung, Autoradio und Empfangsmöglichkeiten werden ergänzt durch Fragen über PC, Internet und Fernsehen. Die Fragen zu Fernsehen (Ausstattung, Empfangbarkeit) dienen auch als Außenvorgabe für das AGF-Fernsehpanel. Fragen zu Telefonausstattung und Soziodemografie der Befragten helfen bei der Kontrolle der Stichprobe und sind wie Haushaltsausstattung und Reisen dafür da, die Radionutzung nach Zielgruppen zu beschreiben. Kern der Erhebungen sind jedoch die Abfragen zur senderspezifischen Mediennutzung. Diese folgen immer demselben Muster: Nach der Abfrage der Bekanntheit von Sendern im Generalfilter werden im Zeitfilter die zuletzt gehörten Sender ermittelt und wird für Sender aus dem „Weitesten Hörerkreis" (siehe hierzu den Beitrag zu ma-Kennwerten) die Frequenz, das heißt die Häufigkeit des Hörens erfragt. Im Tagesablauf wird dann das gestrige Radiohören bis auf die Viertelstunde genau erfasst. Im folgenden werden die vier Befragungsschritte konkreter dargestellt (vgl. Abb. 5).

Generalfilter

Im Generalfilter der ma Radio werden durch Vorlesen von Sendernamen und Slogans – sofern diese Namensbestandteile sind – diejenigen Radiosender ermittelt, die der Befragte „schon mal gehört" hat („gestützte Abfrage"). Die ma beansprucht, die gesamte Radiolandschaft abzubilden. Jeder Sender kann im Interview als gehört genannt werden. Da es unmöglich und auf Grund der unterschiedlichen Verbreitungsgebiete auch unsinnig wäre, alle ca. 300 Sender vorzulesen, werden aus den Kreisen des Bundesgebiets über 400 unterschiedliche Befragungsgebiete (Splits) gebildet, und pro Split werden nun die jeweils dort verbreiteten rund 30 bis 35 Radiosender abgefragt. Natürlich wird auch gefragt, ob noch andere Sender gehört wurden, die entweder über eine Datenbank direkt vom Interviewer identifiziert oder schriftlich festgehalten werden. Damit wird sichergestellt, dass alle Sender unabhängig von ihrer Verbreitung (UKW, Kabel, Satellit, Internet etc.) erfasst werden. Das heißt, es ist unerheblich, ob der Befragte den Sender morgens im Bad über Antenne, auf dem Weg

Abbildung 5

Das Abfragemodell der ma Radio

Generalfilter:		
• Senderabfrage für die Sender im Splitgebiet (ca. 400 Splits) • offene Nachfrage für andere Sender • Sendernamen werden einzeln vorgelesen • Sender außerhalb des Splits über Datenbank abrufbar	Sender je Splitgebiet ↓ schon mal gehört	ca. 30 Sender ↓ Durchschnitt 8 Sender

→

Zeitfilter:				
„wann zuletzt" für alle „schon mal gehörten" Sender:			↓	↓
länger her	2–4 Wochen her	innerhalb der letzten 14 Tage	Weitester Hörerkreis (WHK)	Durchschnitt 4 Sender

→

Frequenz:
an wievielen der sechs Werktage von Montag bis Samstag gehört

Tagesablauf:	↓	↓
Viertelstündliche Erfassung der „in den letzten 14 Tagen gehörten" (WHK) Sender	Hörer Gestern	Durchschnitt 1,5 Sender

→

109

zur Arbeit im Autoradio, übers Internet im Büro oder abends über Kabel mit der Stereoanlage im Wohnzimmer gehört hat. Es wird immer nur die Nutzung von Radiosendern erfasst. Dies gilt natürlich auch für Sender, die nur über bestimmte Verbreitungswege empfangen werden, wie zum Beispiel reine Kabelsender, DAB-Sender oder Webcastradios. Im Schnitt werden pro Befragten acht Sender als „schon gehört" genannt.

Zeitfilter

Im so genannten Zeitfilter wird nun für alle „schon mal gehörten" Sender der Zeitraum des letzten Hörens ermittelt. Hier interessieren diejenigen Sender, die in den letzten 14 Tagen gehört wurden. Alle Personen, die einen Sender in diesem Zeitraum gehört haben, gehören zum „Weitesten Hörerkreis" (WHK) des Senders. Pro Person werden im Durchschnitt vier Sender innerhalb der letzten 14 Tage gehört.

Frequenz

Jede Person aus dem Weitesten Hörerkreis eines Senders wird nun nach der Frequenz befragt, das heißt an wie vielen Werktagen von Montag bis Samstag sie den Sender üblicherweise hört. Diejenigen, die den Sender an mindestens vier von sechs Tagen hören, werden als Stammhörer, die anderen als Gelegenheitshörer bezeichnet.

Tagesablauf

Die viertelstündliche Erfassung der WHK-Sender im Tagesablauf gestern führt zu im Durchschnitt 1,5 „gestern gehörten" Sendern. Dies wird im Folgenden ausführlicher beschrieben.

Der Tagesablauf

Das Hörverhalten pro Tag wird mit Hilfe eines so genannten Tagesablaufschemas ermittelt. Die Abfrage findet in Form eines Gespräches statt, in dem der Interviewer den vorangegangenen Tag des Befragten von 5.00 bis

24.00 Uhr in Viertelstundenabschnitten nach vorgegebenen Kategorien protokolliert. Diese Kategorien beinhalten Tätigkeiten wie zum Beispiel Mahlzeiten, Autofahren, Einkaufen und Haus- und Berufsarbeit. Diese werden auch Leittätigkeiten genannt, da sie dem Befragten helfen, seinen gestrigen Tag zu strukturieren und sich an die gleichzeitig stattgefundene Radionutzung zu erinnern. So kann die Radionutzung des Tages viertelstundenweise erfasst werden (vgl. Abb. 6).

Neben der Radionutzung nach Einzelsendern wird auch die Nutzung der Komplementärmedien wie Fernsehen, CDs und Computer erhoben. Jede Medientätigkeit muss dabei mit einer Leittätigkeit im oder außer Haus verbunden sein. Mehrfachnennungen innerhalb einer Viertelstunde sowohl bei den Tätigkeiten als auch bei der Radionutzung sind möglich.

Abbildung 6
Das Befragungsmodell für den Tagesablauf

Tagesablaufschema:
- protokolliertes Gespräch zum „gestrigen Tag"
- viertelstündliche Erfassung von Tätigkeiten
- Radionutzung

Im Haus:	Außer Haus:	Medien:
• Körperpflege/ Anziehen	• unterwegs im Auto	• Radio hören
• Essen/Mahlzeiten	• unterwegs mit Bahn/Bus	• CD/Kassette etc.
• Hausarbeit	• Einkaufen/ Besorgungen	• Fernsehen
• Berufsarbeit	• Berufsarbeit	• Video
• Sonstiges	• Schule/Studium	• PC
	• Besuche machen	
	• Kneipe/Gaststätte/Restaurant	
[Schlafen]	• Sonstiges	

Auswertung und Verarbeitung der ma-Daten

Die ma wird von mehreren unabhängigen Marktforschungsinstituten im Auftrag der ag.ma durchgeführt. Diese methodische Auflage soll „Institutshandschriften" in den Daten verhindern. Die erhobenen Daten werden von den Instituten nach Plausibilitätsprüfungen an spezialisierte Auswerter der ag.ma geliefert. Dort werden die Daten zusammengeführt und für die Verarbeitung als Tabellenband oder Auswertungsdatei vorbereitet.

In allen Auswertungsebenen werden umfangreiche Kontrollen der Daten durch die Media-Micro-Census GmbH und die Auswerter durchgeführt.

Gewichtung der Daten

Transformation

Ziel der Stichprobenziehung ist es, jedem Element der Grundgesamtheit die gleiche Auswahlchance zu geben. Das heißt, jede Person ab zehn Jahren soll die gleiche Chance haben, für die Befragung ausgewählt zu werden.

Mit der ersten Stufe der Gewichtung, der Transformation, soll eine Chancengleichheit hergestellt werden. Ausgangspunkt dabei ist immer die theoretische Auswahlchance, die sich aus der Anlage der Stichprobe ergibt.

Die Stichprobe der ma Radio ist disproportional angelegt. Es entstehen also zwischen den Regionen Ungleichgewichte, die ausgeglichen werden müssen. Auch können Personen in Haushalten mit mehreren Telefonanschlüssen besser erreicht werden als andere. Ein drittes Ungleichgewicht entsteht durch die unterschiedliche Anzahl der Personen im Haushalt. Den Ausgleich dieser stichprobenbedingten unterschiedlichen Auswahlchancen nennt man Transformation. Hierbei erhält jede Person ein Gewicht, das dem umgekehrten Wert seiner Auswahlchance entspricht.

Ist die Fallzahl einer Region durch Aufstockungen beispielsweise verdoppelt worden, erhält jede Person in diesem Gebiet das Gewicht 0,5. Hat ein Haushalt drei Telefonanschlüsse, erhält die Befragungsperson ein Gewicht von 0,33. Lebt die Befragungsperson in einem Drei-Personen-Haushalt und hat damit nur ein Drittel der Auswahlchance einer Person, die alleine lebt, erhält sie das Gewicht 3. Mit der Transformation wird die Stichprobe proportionalisiert und von einer Haushaltsstichprobe in eine Personenstichprobe überführt.

Redressement

Die zweite Stufe der Gewichtung wird Redressement genannt. Ziel bei der Bearbeitung einer Stichprobe ist es, bei möglichst allen ausgewählten Telefonnummern ein Interview zu erreichen. Dies ist jedoch nicht immer möglich. Es kommt vor, dass der Haushalt oder die Zielperson in der Feldzeit nicht zu erreichen sind. Oder die Zielperson verweigert das Interview. Der Grad der realisierten Interviews wird Ausschöpfung genannt und sollte laut ZAW-Rahmenschema für Werbeträgeranalysen mindestens 70 Prozent betragen. Die ma Radio übertrifft diesen Wert.

„Die erreichten und damit für die Auswertung herangezogenen Personen und Haushalte bilden – angesichts der rund 70prozentigen Ausschöpfung der Brutto-Stichprobe – nur bedingt die angestrebte Grundgesamtheit ab."[3] Die nicht erreichten Personen bewirken ein Ungleichgewicht, da sich die Ausfälle nicht gleichmäßig über alle Bevölkerungsgruppen verteilen. Durch das Redressement wird die Stichprobe in verschiedenen Merkmalen an die Gesamtbevölkerung angeglichen (vgl. Abb. 7).

Abbildung 7

Gewichtungsmerkmale

Bundesländer Alt/Neu	Nationalität des Befragten
Nielsen-Gebiete	Alter
Regierungsbezirke (NUTS)	Geschlecht
Kreise	Familienstand
Gemeindegrößenklassen	Ausbildung des Befragten
Personen im Haushalt insgesamt	Berufstätigkeit des Befragten
Haupteinkommensbezieher	Kinder unter 14 Jahren
Haushaltführende	

Die Gewichtungs- und Hochrechnungsvorgaben der MA werden jedes Jahr nach den zur Verfügung stehenden Vorgaben der amtlichen Statistik neu festgelegt. Jede Berichterstattung der ma wird nach diesen Vorgaben wellenweise gewichtet und hochgerechnet. Transformation und Redressement führen so zu einem Datensatz, der in wichtigen Merkmalen der amtlichen Statistik entspricht und mit einem einheitlichen Faktor auf die Grundgesamtheit hochgerechnet werden kann. In der ma 2010 Radio II repräsentierten 65.264 Befragte 73,623 Millionen Personen ab zehn Jahren. Ein Befragter repräsentiert also 1.128 Personen.

Fazit und Ausblick

Das Erhebungsmodell für die Radionutzung in der ag.ma hat sich bewährt. Seit der ma 2000 wurde zwar an vielen Stellen optimiert, das grundsätzliche Modell mit Tagesablauf und der Erhebungstechnik CATI aber nicht angetastet. Dieses Modell erlaubt es, die derzeitige Radionutzung zuverlässig und senderbezogen abzubilden. Denn um eine mediengerechte Erhebung der Radioreichweiten zu gewährleisten, muss die Besonderheit des Mediums Radio beachtet werden.

Radio ist der Tagesbegleiter Nr. 1 unter den Medien. Von morgens beim Aufstehen über den ganzen Tag hinweg bis zur so genannten Drivetime am Abend begleitet Radio seine Hörer. Der Radiohörer wählt dabei normalerweise keine Sendung, sondern einen Sender bzw. ein Programm aus. Dieses Programm wechselt er auch nur selten. Um diese Nutzung in sehr unterschiedlich strukturierten Radiomärkten der einzelnen Bundesländer adäquat abzubilden, bedarf es der differenzierten Stichprobe der ma Radio und der Erhebungstechnik CATI, die durch die hohe Anzahl an Kontaktversuchen und der Befragungszeit am Abend auch die mobilen und jungen Radiohörer erreichen kann.

Die ma Radio hat somit für den derzeitigen deutschen Radiomarkt ein optimales und mediengerechtes Erhebungsmodell. Das heißt aber auch, dass Veränderungen im Markt, wie die Nutzung von Webradios oder anderen digitalen Radiosendern, genau beobachtet werden müssen. Für die Erhebung ist die telefonische Erreichbarkeit aller Zielgruppen eine wichtige Voraussetzung. Hier muss die Teilnahmebereitschaft der Zielgruppen und die Entwicklung der Haushalte ohne Festnetz (so genannte Handy-only-Haushalte) immer wieder auf den Prüfstand gestellt werden.

Während auf die Veränderungen im Markt vor allem die Radioanbieter selbst reagieren müssen und es auch tun, ist es die Aufgabe der Marktforschungsinstitute, die Erhebungsmethode CATI für alle Zielgruppen und Regionen geeignet zu halten. Nur dann kann die ma Radio auch in Zukunft den gesamten Radiomarkt abbilden.

Anmerkungen

1 Vgl. Müller, Dieter K./Jürgen Wiegand (Hrsg.): Von Face-to-face zu CATI. Dokumentation der Experimente und Methoden zur Optimierung der media.analyse.Radio. ag.ma Forschungsberichte Band 18, Frankfurt 2003.
2 Stand August 2010.
3 ma 2010 Radio II Dokumentation. (Hrsg. ag.ma mmc), Frankfurt 2010, S.34.

Die Kennwerte der Media-Analyse

Lothar Mai

Wer mit der Media-Analyse (ma) arbeitet, stößt immer wieder auf die gleichen Kennwerte:

Zur Messung der Radionutzung gesamt wie für den Vergleich der Sendernutzung oder der Programmleistung der Sender wird die Tagesreichweite verwendet. Sie steht auch für werbefreie Sender zur Verfügung und kann daher den gesamten Radiomarkt beschreiben. Die Tagesreichweite gibt die Zahl der täglichen Hörer eines Radiosenders an. Darin gehen alle Personen ein, die im Tagesablauf während mindestens eines vorgegebenen Zeitabschnitts (15 Minuten) Radio bzw. einen bestimmten Sender gehört haben. Die Tagesreichweite wird üblicherweise für die Zeit von 5.00 bis 24.00 Uhr und einen Durchschnittstag von Montag bis Freitag dargestellt.

Als vergleichende Größe kann auch der Marktanteil der Sender herangezogen werden. Der Marktanteil eines Hörfunkprogramms bzw. einer Senderkombination gibt an, wie groß der prozentuale Anteil der Hördauer des Senders bzw. der Sendergruppe an der Hördauer aller Sender in einem Gebiet ist. Tagesreichweite und Marktanteile können neben der üblichen Zusammenfassung für Montag bis Freitag auch für andere Tageszusammenfassungen (Mo–Sa, Mo–So) und für Einzeltage (Sa, So) dargestellt werden.

Für Werbeträger ändert sich zur ma 2011 Radio I der Bezugszeitraum. Bisher war der Bezugszeitraum Montag bis Samstag, da an diesen Tagen alle Sender Werbung ausstrahlen. Um der unterschiedlichen Nutzung am Wochenende gerecht zu werden, wird dieser Bezugszeitraum durch Montag bis Freitag ersetzt. Gleichzeitig wird die Möglichkeit geschaffen, Werbeträger auch für die Wochentage Samstag oder Sonntag auszuweisen. Standardwährung innerhalb der ag.ma für Radio als Werbeträger bleibt der Kennwert Hörer pro Stunde. Er gibt die Hörerschaft jeder einzelnen Stunde mit Werbung an. Dieser Wert wird üblicherweise als Durchschnitt für die Stunden von 6.00 bis 18.00 Uhr dargestellt. Zu diesen Stunden haben alle werbungtragenden Radiosender Werbezeit im Angebot. Die Anzahl der Hörer in der Durchschnittsstunde wird deshalb gerne für den Vergleich der Werbeträgerleistungen der Radiosender herangezogen.

Aus den Originaldaten der Befragung werden die Kennwerte *Schon gehört*, *Weitester Hörerkreis* und *Hörhäufigkeit* übernommen. Der Kennwert „Schon gehört" erfasst den weitesten Bereich der Bevölkerung, der schon einmal mit einem Radiosender Kontakt gehabt hat, ihn gehört hat. Zum Weitesten Hörerkreis eines Programms zählen alle Personen, die angeben, dieses Programm innerhalb der letzten 14 Tage gehört zu haben. Mit Hilfe der Hörhäufigkeit werden *Stammhörer* (alle, die angeben, an vier bis sechs Werktagen gehört zu haben) und *Gelegenheitshörer* (an ein bis drei Werktagen gehört) berechnet. Aus dem Tagesablauf erhält man die Viertelstundenreichweiten für den gestrigen Tag, die in *Stundennettoreichweiten* und *Tagesreichweite* (s.o.) zusammengefasst werden können.

Hör- und Verweildauer werden aus der Summe der gehörten Viertelstunden des Senders mal 15 Minuten errechnet. Wird mehr als ein Sender in der Viertelstunde genannt, werden die 15 Minuten anteilig proportional auf die Sender verteilt. Die *Hördauer* gibt an, wie lange die Bundesbürger im Durchschnitt einen Sender hören. Dafür wird für jeden Sender bzw. jedes Programm die Summe der gehörten Viertelstunden (in Minuten) durch die Anzahl der Befragten dividiert. Die *Verweildauer* ist die Hördauer der Hörer und gibt an, wie lange ein Hörer im Durchschnitt einen Sender hört. Die Verweildauer errechnet sich aus der Summe der gehörten Viertelstunden (in Minuten) dividiert durch die Anzahl der Hörer.

Die Währung der ma Radio als Werbeträgeranalyse sind die *Nutzungswahrscheinlichkeiten*. Das Auswertungsmodell der ag.ma zeigt Abbildung 1.

Nutzungswahrscheinlichkeiten oder p-Werte

Aus der Befragung im Rahmen der Media-Analyse zur Nutzung von Radiosendern liegen Angaben zum Radiohören für einen Stichtag („gestern") vor. Auf Basis dieser Angaben wird durch Anwendung eines geeigneten Wahrscheinlichkeitsmodells die Möglichkeit geschaffen, künftiges Mediennutzungsverhalten zu prognostizieren. Die Prognose soll dem Mediaplaner zeigen, wie viele und welche Personen er mit einer oder mehreren Schaltungen in bestimmten Radiosendern erreicht. Um die ermittelten Reichweiten hierfür nutzbar zu machen, werden sie auf eine

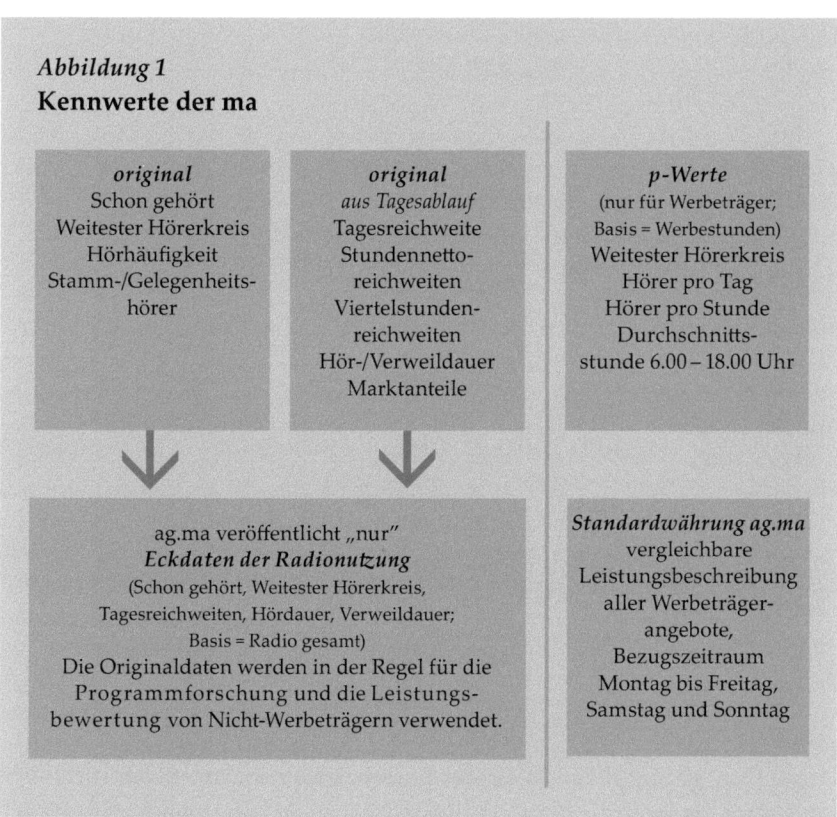

Abbildung 1
Kennwerte der ma

original	*original*	*p-Werte*
Schon gehört	*aus Tagesablauf*	(nur für Werbeträger;
Weitester Hörerkreis	Tagesreichweite	Basis = Werbestunden)
Hörhäufigkeit	Stundennetto-	Weitester Hörerkreis
Stamm-/Gelegenheits-	reichweiten	Hörer pro Tag
hörer	Viertelstunden-	Hörer pro Stunde
	reichweiten	Durchschnitts-
	Hör-/Verweildauer	stunde 6.00 – 18.00 Uhr
	Marktanteile	

ag.ma veröffentlicht „nur"
Eckdaten der Radionutzung
(Schon gehört, Weitester Hörerkreis,
Tagesreichweiten, Hördauer, Verweildauer;
Basis = Radio gesamt)
Die Originaldaten werden in der Regel für die
Programmforschung und die Leistungs-
bewertung von Nicht-Werbeträgern verwendet.

Standardwährung ag.ma
vergleichbare
Leistungsbeschreibung
aller Werbeträger-
angebote,
Bezugszeitraum
Montag bis Freitag,
Samstag und Sonntag

breitere Basis gestellt und in Wahrscheinlichkeiten umgerechnet, die es ermöglichen, auch Reichweiten bei mehreren Schaltungen auszuweisen. Diese breitere Basis ist der Weiteste Hörerkreis eines Senders, d.h. alle Befragten, die diesen Sender in den letzten 14 Tagen gehört haben. Diese so genannten Nutzungswahrscheinlichkeiten oder p-Werte sind die Standardwährung der ma und geben an, wie viele Personen zukünftig an einem durchschnittlichen Tag in einer bestimmten Stunde oder in einer durchschnittlichen Stunde Radio hören (werden). Bis zur ma 2010 Radio II war der Bezugszeitraum Montag bis Samstag, ab der ma 2011 Radio I gibt es drei Bezugszeiträume Montag bis Freitag, Samstag oder Sonntag, für die künftig Auswertungen nach diesen Wochentagsgruppen (WGR) möglich sind.

Mit diesen Nutzungswahrscheinlichkeiten lassen sich Kontakte mit einem Sender errechnen. Grundsätzlich unterscheidet man zwischen „Werbeträgerkontakt-Chance" (WTK) und „Werbemittelkontakt-Chance" (WMK).

Eine Werbeträgerkontakt-Chance (WTK) mit Radio liegt vor, wenn *mindestens eine Viertelstunde* in einer werbungführenden Stunde gehört wird. Als Maß für die Werbemittelkontakt-Chance (WMK) gilt die *durchschnittliche Viertelstundenreichweite* in einer werbungführenden Stunde.

Berechnung der Nutzungswahrscheinlichkeiten bzw. p-Werte

Die mittlere Nutzungswahrscheinlichkeit bzw. der mittlere p-Wert über alle Befragten für einen bestimmten Sender X gibt das Verhältnis von Tagesreichweite (TRW) zum Weitesten Hörerkreis (WHK) wieder. Der p-Wert eines Befragten für den Sender X gibt die Wahrscheinlichkeit an, mit der dieser den Sender X an einem durchschnittlichen Tag hört. In der ma Radio bekommen per Konvention alle Befragten, die zum WHK des Senders X gehören, einen p-Wert größer als 0, das heißt, es besteht die Chance, diese Personen an einem durchschnittlichen Tag durch den Sender X zu erreichen. Die Vorgaben für WHK und TRW kommen aus dem Interview.

Die Berechnung der Nutzungswahrscheinlichkeit erfolgt per Segmentation in mehreren Stufen (vgl. Abb. 2). Im Folgenden soll eine vereinfachte Darstellung das Prinzip der Berechnung erklären, ohne allzu sehr ins Detail zu gehen. Eine detailliertere Beschreibung findet sich in der Dokumentation der Berichterstattung der ma Radio.

Sendersegmentation

Für jeden auszuweisenden werbungtragenden Sender wird eine Segmentation durchgeführt. Ausgangspunkt ist der Weiteste Hörerkreis (WHK) des Senders. Zielvariable ist die Tagesreichweite (TRW) des Senders. Ziel dieser Segmentation ist, allen Personen aus dem WHK des Senders ihre p-Wert-Summe *über den gesamten Tag* hinweg zuzuordnen.

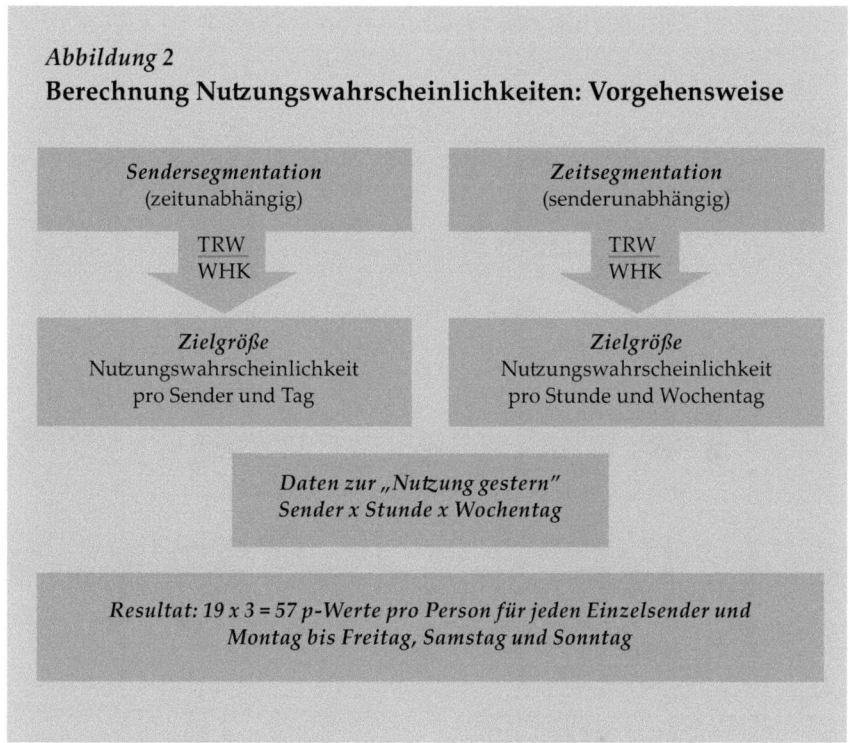

Abbildung 2
Berechnung Nutzungswahrscheinlichkeiten: Vorgehensweise

Sendersegmentation (zeitunabhängig)	*Zeitsegmentation* (senderunabhängig)
TRW WHK	TRW WHK
Zielgröße Nutzungswahrscheinlichkeit pro Sender und Tag	*Zielgröße* Nutzungswahrscheinlichkeit pro Stunde und Wochentag

Daten zur „Nutzung gestern"
Sender x Stunde x Wochentag

Resultat: 19 x 3 = 57 p-Werte pro Person für jeden Einzelsender und Montag bis Freitag, Samstag und Sonntag

Der WHK wird in die Segmente A und B unterteilt, die in sich möglichst homogen sind, zum Beispiel jüngere Befragte in Segment A und ältere Befragte in Segment B (vgl. Abb. 3). Diese Trennung ermittelt das Segmentationsverfahren, indem es aus den gegebenen Merkmalen dasjenige auswählt, welches den größten Unterschied hinsichtlich der Zielvariablen, also der Reichweite für den Sender in den entstehenden Segmenten ergibt. Die beiden so entstandenen Segmente werden nun ihrerseits nach dem gleichen Verfahren in jeweils zwei Segmente unterteilt, die sich stark in ihrer Reichweite unterscheiden (z.B. niedriges und hohes Haushaltsnettoeinkommen). Wenn ein Segment nicht weiter sinnvoll teilbar ist, wird jedem Befragten dieses Segmentes gemäß einem bestimmten Verteilungsschlüssel seine anteilige Bruttoreichweite zugewiesen.

Abbildung 3
Beispiel einer Sendersegmentation

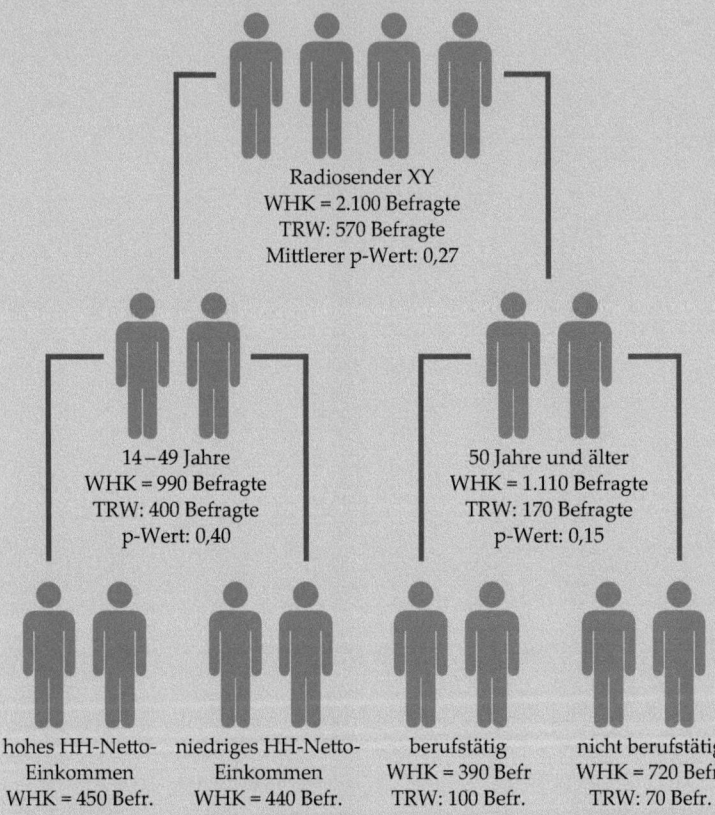

Radiosender XY
WHK = 2.100 Befragte
TRW: 570 Befragte
Mittlerer p-Wert: 0,27

14–49 Jahre
WHK = 990 Befragte
TRW: 400 Befragte
p-Wert: 0,40

50 Jahre und älter
WHK = 1.110 Befragte
TRW: 170 Befragte
p-Wert: 0,15

hohes HH-Netto-
Einkommen
WHK = 450 Befr.
TRW: 290 Befr.
p-Wert: 0,64

niedriges HH-Netto-
Einkommen
WHK = 440 Befr.
TRW: 110 Befr.
p-Wert: 0,25

berufstätig
WHK = 390 Befr
TRW: 100 Befr.
p-Wert: 0,26

nicht berufstätig
WHK = 720 Befr.
TRW: 70 Befr.
p-Wert: 0,10

Lesebeispiel: Der WHK des Senders XY umfasst 2.100 Befragte, davon haben 570 den Sender gestern gehört (laut Tagesablauf). Daraus ergibt sich ein mittlerer p-Wert im Startsegment von $p=570/2.100 \approx 0,27$. Nach der ersten Trennung ergeben sich die Segmente A und B. In Segment A (Personen, die unter 50 Jahre alt sind) ergibt sich ein mittlerer p-Wert von $p=400/990 \approx 0,40$, in Segment B (Personen, die 50 Jahre und älter sind) ergibt sich ein mittlerer p-Wert von $p=170/1.110 \approx 0,15$, usw. Man erkennt, dass sich mit den p-Werten aus der Segmentation die Tagesreichweite ergibt, indem man die Personen aus dem WHK mit dem p-Wert „gewichtet". TRW = 450 x 0,64 + 440 x 0,25 + 390 x 0,26 + 720 x 0,10 ≈ 570.

Zeitsegmentation

Diese Segmentation wird für jede der 19 Stunden zwischen 5.00 und 24.00 Uhr und für jede Wochentagsgruppe (WGR) (Montag–Freitag, Samstag, Sonntag) separat durchgeführt, also insgesamt 57 Mal.

Ziel dieser Segmentation ist es, den Befragten pro Stunde ihre p-Wert-Summe *über alle werbungführenden Sender* zuzuweisen.

In die Segmentation beispielsweise für die Stunde 6.00 bis 7.00 Uhr gehen alle Personen aus dem Weitesten Hörerkreis dieser Stunde ein. Zielvariable der Segmentation ist in diesem Fall die Tagesreichweite für „Radio hören gesamt" der befragten Personen.

Das Trennen der Segmente erfolgt analog zur Sendersegmentation. Wenn keine weitere sinnvolle Trennung mehr möglich ist, wird jedem Befragten in einem Endsegment gemäß einem bestimmten Verteilungs-schlüssel seine anteilige Bruttoreichweite über alle werbungführenden Sender zugewiesen.

p-Wert-Bildung

Die Segmentation für den Sender liefert für jeden Befragten im Weitesten Hörerkreis eine Bruttoreichweite bzw. eine p-Wert-Summe über den ge-samten Tag hinweg. Aus der Zeitsegmentation ergibt sich über die Brutto-reichweiten ein Verteilungsschlüssel, mit dessen Hilfe die p-Wert-Summe des Senders auf die 19 Stunden und drei Wochentagsgruppen (WGR) ver-teilt wird. Daraus ergeben sich zunächst 57 Roh-p-Werte pro Befragten. Diese Roh-p-Werte werden in einer Justierung auf den Bereich zwischen 0 Prozent und 100 Prozent normiert und reproduzieren so gesamthaft für jede Stunde und Wochentagsgruppe die Hörer-Gestern-Ergebnisse der Befragung.

Jeder Befragte aus dem Weitesten Hörerkreis erhält für jede Werbe-stunde (bis zu 19 Stunden) in allen drei Wochentagsgruppen (Mo–Fr, Sa und So) insgesamt bis zu 57 p-Werte. Diese Werte liegen zwischen 0 und 100 Prozent und geben an, mit welcher Wahrscheinlichkeit der Befragte über diesen Sender, in dieser Stunde und in dieser Wochentagsgruppe an einem durchschnittlichen Tag erreicht werden kann. Alle Befragten, die nicht zum Weitesten Hörerkreis gehören, erhalten den p-Wert 0.

Die Nutzungswahrscheinlichkeiten lassen sich in folgenden Indika-toren darstellen:

- Im *Weitesten Hörerkreis (WHK)*, der die Hörerschaft angibt, die maximal mit einer Werbefunk-Kampagne über dieses Programm erreicht werden kann.
- Im *Hörer pro Stunde*, der die Hörerschaft jeder einzelnen Stunde mit Werbung angibt.
- Im *Hörer pro durchschnittliche Stunde (Durchschnittsstunde 6.00–18.00 Uhr)*, der angibt, wie viel Hörer bei einer Belegung des jeweiligen Programms erreicht werden können. Berechnet wird der Hörer pro durchschnittliche Stunde als Mittelwert der Hörerschaften aller Stunden mit Werbung des jeweiligen Programms innerhalb des Zeitraums 6.00 bis 18.00 Uhr. Werbezeiten, die außerhalb dieses Zeitraums liegen, werden nur einzeln dargestellt und gehen nicht in die Berechnung der Durchschnittsstunde ein.
- Im *Hörer pro Tag (HpT)*, der sich aus der Nettoreichweite aller werbungführenden Stunden zwischen 5.00 und 24.00 Uhr errechnet. Der Wert „Hörer pro Tag" ergibt sich aus der Anzahl der Personen, die erreicht werden, wenn man jede werbungführende Stunde eines Senders einmal belegt.

Berichterstattung der ma Radio

Die Berichterstattung der ma Radio wird bisher zweimal im Jahr, im März und Juli, veröffentlicht. Sie besteht aus einem Berichtsband mit der nationalen Darstellung der Reichweiten, einer Generalübersicht Bevölkerung und Zusatzinformationen über Zielgruppen. Eine Dokumentation beschreibt die Untersuchungsanlage und kann für ergänzende Detailinformationen herangezogen werden.

Für die weitere Auswertung und für Planzählungen wird auch der Datensatz an die Mitglieder geliefert. Die Daten der Werbemittelkontaktchance werden ca. drei Wochen nach denen der Werbeträgerkontaktchance ausgeliefert. Die ma Intermedia wird einmal jährlich (Anfang Oktober) mit den Radiodaten der zweiten Berichterstattung veröffentlicht.

Um eine hohe Datenqualität zu sichern, wurden bestimmte Ausweisungskonventionen erarbeitet. Jeder Sender, der von mindestens 351 Befragten in den letzten 14 Tagen gehört wurde, kann in die Berichterstattung aufgenommen werden. Diese Beschränkung ist notwendig, um mit genügender Fallzahl die Nutzungswahrscheinlichkeiten berechnen zu können.

Der richtige Sender für die Zielgruppe: Radioplanung mit Konsuminformationen

Hans-Peter Gaßner

Die Media-Analyse liefert Reichweiten und Strukturinformationen für Radio-Kombis und Einzelsender, ohne die eine Planung von Radiokampagnen schlechterdings nicht möglich ist. Sie stellt damit das Pflichtprogramm für jeden Mediaplaner dar. Doch jenseits der blanken Nutzungsdaten gibt es auch eine Kür, die zunehmend an Bedeutung gewinnt: die Planung mit Konsuminformationen. Immer häufiger nämlich möchten Werbungtreibende mehr über die Nutzer eines Mediums wissen als Geschlecht, Alter, Haushaltsgröße oder Einkommen. Denn oftmals reicht die klassische Soziodemografie nicht aus, um das Verhalten der Konsumenten zu verstehen: Besserverdienende kaufen beim Discounter ein, und „arme" Schüler und Studenten tragen Markenkleidung. Zur umfassenden Beschreibung einer Zielgruppe oder eben der Hörerschaft eines Senders benötigt man folglich weiterführende Informationen. Gefragt sind Angaben zu Produktinteressen, Freizeitaktivitäten, Konsumverhalten, Einstellungen und Lebensstil. Sie sind das Salz in der Suppe jeder Mediaplanung, denn durch sie wird die Hörerschaft eines Senders für den Planer erst greifbar und gewinnt Kontur.

Konsum und Mediennutzung in einem: Markt-Media-Studien

Willkommener Lieferant für Informationen dieser Art sind Markt-Media-Studien, die Konsum- und Mediennutzungsdaten miteinander verknüpfen. Die wichtigste Markt-Media-Studie für Radio (und Fernsehen) ist die Verbrauchs- und Medienanalyse (VuMA). Sie liefert Werbungtreibenden und Agenturen alles, was das Herz begehrt. In ihr finden sich Informationen zu rund 250 Produktgruppen mit über 1.200 Marken. Das Spektrum reicht von Produkten des täglichen Bedarfs über langlebige Gebrauchs-

Abbildung 1

Produktinformationen in der VuMA im Überblick

Schnelldrehende Konsumgüter (FMCGs)
- *Getränke*
  Alkoholfreie Erfrischungsgetränke, Bier, Sekt, Spirituosen, Kaffee, Tee
- *Süßwaren*
  Kaugummi, Bonbons, Schokolade, Riegel, Pralinen, Knabberartikel,
  Eiscreme
- *Lebensmittel*
  Käse, Milch, Joghurt, Quark, Getreideerzeugnisse, süße Brotaufstriche, Wurst,
  Soßen, Gewürze, Dressings, Fertiggerichte, Fertigsuppen, Butter, Margarine,
  Speisefette/-öle, Tiefkühlkost
- *Baby-/Kleinkindnahrung, Windeln*
- *Wasch- und Reinigungsmittel*
  Waschmittel, Weichspüler, Putz-/Pflegemittel, Geschirrspülmittel, Haushalts-
  reiniger
- *Haustierfutter*
- *Rezeptfreie Medikamente, Schmerz- und Erkältungsmittel*
- *Körperpflege*
  Zahn-/Mundpflege, Haarpflege, Bade-/Duschzusätze, Deodorants
- *Damenkosmetik*
  Pflegende und dekorative Kosmetik, Parfüm, Duftwasser, Damenhygiene
- *Herrenkosmetik*
  Rasieren, Parfüm, Duftwasser
- *Sport- und Badebekleidung, Jeans, Sportschuhe*
- *CDs/DVDs*

Langlebige Konsumgüter
- PKW/PKW-Zubehör/Reifen
- Telefon, Handy
- Unterhaltungselektronik
- Elektrische Haushaltsgeräte
- Möbel, Einrichtungsgegenstände
- IT (Desktop, Laptop und Peripherie-Geräte)
- Optik/Brillen
- Spielzeug

Dienstleistungen/Handel
- Telekommunikation
- E-Commerce
- Internet/Online
- Banken, Finanzen, Kreditkarten
- Bausparen
- Versicherungen
- Tourismus/Reisen
- Einkauf in Einkaufszentrum, Tankstelle
- Einkauf in ausgewählten Supermärkten, Discountern, SB-Warenhäusern,
  Drogeriemärkten, Kauf-/Warenhäusern, Textilkaufhäusern, Technischen
  Fachmärkten, Bau-/Heimwerkermärkten, Schuhgeschäften
- Modernisierungsmaßnahmen Haus/Wohnung
- Lotteriespiele
- Schnellrestaurants

güter bis hin zu Dienstleistungen (vgl. Abb. 1). Das heißt: Egal für welches Produkt eine Kampagne on air gehen soll – ob Schokoriegel oder Luxuskarosse, Toiletten- oder Wertpapier, Sekt oder Selters –, in der VuMA findet man Informationen zu Konsum, Kauf und Verwendung. Und diese Daten können mit der Mediennutzung kombiniert werden. Explizit außen vor bleiben nur einige wenige Branchen, nämlich jene, die nicht in Radio und Fernsehen beworben werden, wie z.B. Zigaretten.

Radio-Kombis und Einzelsender in höchster Datenqualität

Auf der Medienseite stellt die VuMA mit mehr als 160 Radiosendern und Kombinationen nahezu alle in der Media-Analyse (ma) der ag.ma erfassten Programme dar. Die Reichweiten der Radioangebote werden an die jeweils aktuelle Media-Analyse angepasst, so dass eine Währungskompatibilität gewährleistet ist (vgl. Abb. 2). Das heißt: Kombis und Einzelsender finden sich in der VuMA mit den gleichen Leistungswerten wie in der Media-Analyse wieder. Als Planungseinheiten stehen die Durchschnittsstunde von 6.00 bis 18.00 Uhr sowie die Einzelstunden zwischen 5.00 und 24.00 Uhr zur Verfügung (vgl. Abb. 3).

Weiterhin sind in der VuMA Nutzungsdaten zu 20 Fernsehsendern enthalten, die an die Daten des AGF-Panels angepasst sind. Neben ARD, ZDF und den Dritten Programmen können sämtliche großen Privatsender mit dem VuMA-Datenbestand analysiert werden. Als Planungseinheiten stehen hier analog zur ma Intermedia Einzelhalbstunden von 3.00 bis 3.00 Uhr, Durchschnitts-Halbstunden für ausgewählte Zeitschnitte und der Seher pro Tag zur Verfügung.

Die VuMA basiert auf einer Single-Source-Erhebung, das heißt, Konsum und Mediennutzung stammen von ein und demselben Befragten. Damit bietet die VuMA höchstmögliche Datenqualität und somit eine solide Grundlage für die Planung von Radio-, Fernseh- und Mixkampagnen in den elektronischen Medien – auf der Basis von Konsumzielgruppen. Die Betrachtung von Mixkampagnen ist gerade für das Radio von großer Bedeutung, da es häufig in Kombination mit anderen Werbeträgern, allen voran TV, eingesetzt wird.

Radio- und TV-Nutzung in der VuMA
Währungskompatibilität durch Anpassung

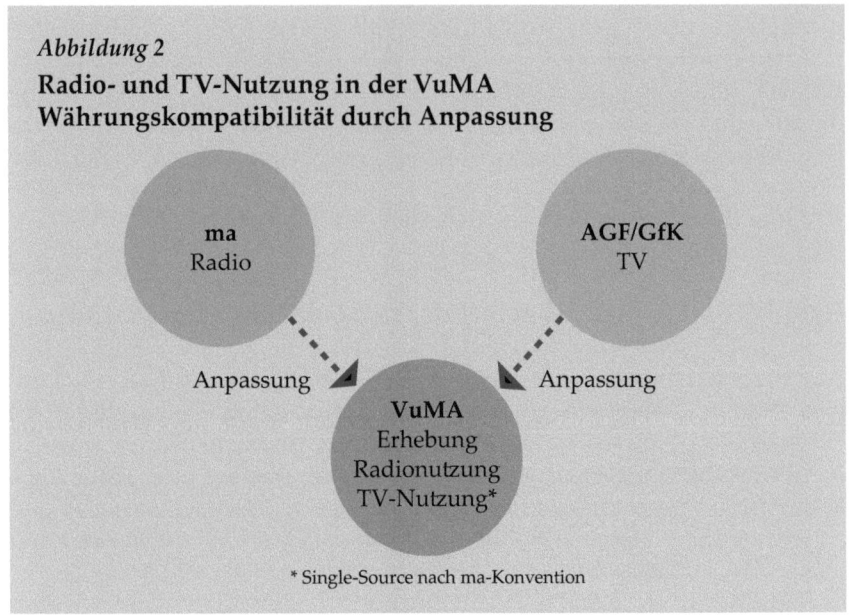

* Single-Source nach ma-Konvention

Radio und Fernsehen in der VuMA: Ausgewiesene Angebote

Einzelsender und Kombis	Sender
168 Radioangebote = nahezu alle Angebote der ma	**20 Fernsehsender**

Kennwerte:
Ø-Stunde 6.00 bis 18.00 Uhr
Einzelstunden 5.00 bis 24.00 Uhr

Kriterium:
351 Fälle im Weitesten Hörerkreis

Werbefernsehen gesamt, Das Erste, kabel eins, n-tv, N24, Pro-Sieben, RTL, RTL II, Sat.1, Super RTL, VOX, ZDF, RB, NDR, NDR/RB, WDR, RBB, MDR, HR, SR, SWR, BR

Kennwerte:
Einzelhalbstunden 3.00 bis 3.00 Uhr, Durchschnitts-Halbstunden für ausgewählte Zeitschnitte analog zur ma Intermedia

Stand: VuMA 2010

Kreatives Data-Mining oder stringente Analyse

Menschen, die sich zum ersten Mal in ihrem Leben mit Markt-Media-Studien beschäftigen, sind mitunter sprachlos ob der Fülle an Informationen, die hier angeboten wird. Zugegebenermaßen kann man angesichts der Bandbreite an Produkten (vom Schokoriegel bis zum Investmentfonds) und der Vielzahl der Auswertungsmöglichkeiten (alle Informationen sind frei miteinander kombinierbar) leicht verloren gehen. Entsprechend unterschiedlich ist auch der Umgang mit Markt-Media-Studien. Er reicht, ganz nach Gusto des jeweiligen Nutzers, vom kreativen Data-Mining bis hin zum streng strukturierten Vorgehen. Unabhängig von der individuellen Vorgehensweise kann man aber prinzipiell drei elementare Schritte unterscheiden:
1. die Marktanalyse
2. die strategische Planung des Media-Mixes (Radio und TV) und
3. die Feinplanung Radio (bzw. TV).

Marktanalyse

Ausgangspunkt für jede Mediastrategie ist die genaue Kenntnis des Marktsegments. Wie viele Personen verwenden mein Produkt? Sind die Nutzer jung oder alt? Welche Mitbewerber gibt es? Je präziser dabei Konsumverhalten, Gewohnheiten, Einstellungen und Interessen ausgeleuchtet werden, desto exakter ist die Eingrenzung der Zielgruppe möglich. Hierfür bietet die VuMA neben den nüchternen Konsuminformationen eine Reihe von qualitativen Daten zu:
- Freizeitaktivitäten
- Interesse an Produkten und Dienstleistungen (für über 60 Bereiche)
- Achte auf Marke vs. Preis (für über 60 Bereiche)
- Einstellungen zu:
  – Werbung
  – Ernährung
  – Geldanlage, Finanzen
  – Konsum, Kaufentscheidungen, Trends
  – Kosmetik, Körperpflege
  – Verwendung von Wasch- und Reinigungsmitteln
  – Umwelt und Nachhaltigkeit (Kauf von Bio-Produkten etc.).

Einen Schritt weiter in Richtung ganzheitliche Betrachtung gehen die Sinus-Milieus. Diese von Sinus Sociovision entwickelte Typologie fasst Menschen – und damit auch Konsumenten – zu Milieus zusammen, die in ihrer Lebensauffassung und Lebensweise jeweils homogen sind. Für die Zuordnung zu einem Milieu werden grundlegende Wertorientierungen ebenso berücksichtigt wie Einstellungen zu Arbeit, Familie, Freizeit, Geld und Konsum. Aus Sicht des Marketings sind die Sinus-Milieus dadurch interessant, dass eben diese Wertorientierungen, ästhetischen Präferenzen und der jeweilige Lifestyle maßgeblichen Einfluss haben auf individuelle Vorlieben für bestimmte Produkte und Marken. Gleiches gilt natürlich für die Wahl des Lieblingssenders. Die Abbildungen 4 und 5 zeigen die Milieustruktur von Jever-Trinkern und einem Sender, der zu diesem Profil passt. Das Milieumodell wurde von Sinus Sociovision Ende 2010 aktualisiert. Die dem Wertewandel angepassten Sinus-Milieus 2010 stehen ab der VuMA 2011 zur Verfügung.

"Big Brother is watching you"
Oder: Was man alles über Biertrinker herausfinden kann
Welche Informationen die VuMA zu den einzelnen Produktbereichen liefert, lässt sich am Beispiel des Biermarktes illustrieren. Da wird nicht nur der Konsum von einem Dutzend verschiedener Biersorten (Pils, Weizen, Kölsch, Alt, Lager etc.) detailliert ermittelt (täglich, wöchentlich, monatlich etc.), sondern auch für rund 60 Marken (von A wie Astra bis W wie Wernesgrüner) nachgefragt, ob diese innerhalb der letzten vier Wochen getrunken wurden.

Und da man über die Kölsch- oder Weizentrinker auch sonst vieles weiß, kann man mit diesen Informationen eine Menge anfangen, z.B. deren Freizeitverhalten betrachten. Demnach sind Biertrinker ein geselliges Völkchen, das gerne ausgeht und auf Sportveranstaltungen zu finden ist. Dies ist eine wichtige Information für die adäquate Ansprache der Zielgruppe. So sollten die Radiospots der Zielgruppe entsprechend gesellig und fröhlich anzuhören sein.

Für die einzelnen Biermarken ist ein prüfender Blick auf qualitative Zielgruppenmerkmale entscheidend, wie etwa die Sinus-Milieus. Sie fassen Menschen zusammen, die sich in Lebensauffassung und Lebensweise ähneln. Auch sie sind in der VuMA verfügbar. So kann der Produzent einer Biermarke sehen, in welchen Milieus sein Bier getrunken wird und welche Sender mit diesem Lifestyle-Muster harmonieren.

Abbildung 4 und Abbildung 5

Jever-Trinker nach Sinus-Milieus
in den letzten 4 Wochen getrunken

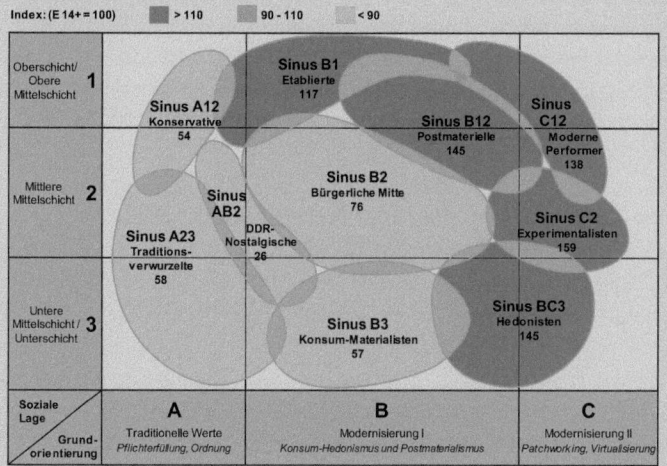

© Sinus Sociovision - Heidelberg

Die Hörer von 1LIVE nach Sinus-Milieus
Durchschnittsstunde

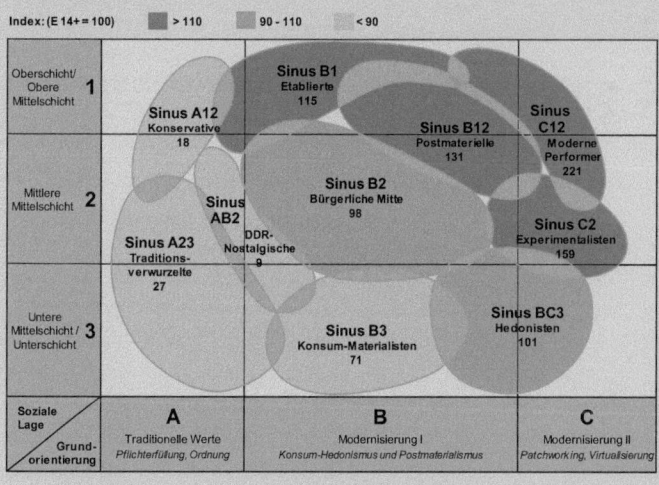

© Sinus Sociovision - Heidelberg

Quellen: VuMA 2010 II. Basis: Deutsche und EU-Ausländer ab 14 Jahren

131

Strategische Planung – Mit Radio im Mix mehr erreichen

Ziel der strategischen Planung ist es, die Medien zu identifizieren, die von der Zielgruppe am stärksten genutzt werden und diese im richtigen Verhältnis zueinander einzusetzen. In der Regel wird man deshalb die Nutzung von Fernsehen, Radio, Print, Online etc. durch die in Frage kommende Konsumzielgruppe betrachten und auf Basis der getroffenen Selektion verschiedene Mixvarianten durchrechnen, um schließlich zur optimalen Dosierung zu gelangen.

Das Planungsbeispiel für potenzielle Käufer eines Wagens der unteren Mittelklasse (VW Golf, Opel Astra, Ford Focus etc.) demonstriert, wie die Berücksichtigung von Radio die Reichweite einer Kampagne gegenüber der ausschließlichen Belegung von TV steigert (vgl. Abb. 6). Und das bei gleichen Kosten, denn es wurde lediglich ein Drittel des Budgets ins Radio umgeschichtet. Neben der Reichweite verbessern sich auch die übrigen Leistungswerte der Kampagne. Für Radio als klassisches Mix-Medium bietet die VuMA hier hoch interessante Möglichkeiten für die strategische Planung des Media-Mixes – nicht nur für den Bereich PKW, sondern natürlich für alle anderen Branchen auch. Denn die budgetneutrale Verbesserung der Kampagnenleistung ist – nicht nur in Zeiten knapper Mittel – ein gern gesehener Effekt.

Die Feinplanung: Wie finde ich den passenden Sender?

Ein zentraler Benefit der VuMA ist es, Sender selektieren zu können, deren Hörer zu dem beworbenen Produkt passen. Das trendige Biermixgetränk wird man eher auf einem „jungen" Sender bewerben, während das Mineralwasser für die ganze Familie in einem „reiferen" Format besser aufgehoben ist. Neben der Senderselektion geht es bei der Radio-Feinplanung aber auch um die regionale Aussteuerung des Werbedrucks. Denn das Konsumverhalten weicht in den einzelnen Bundesländern zum Teil sehr stark voneinander ab. So wird beispielsweise nicht überall gleich gerne Weizenbier getrunken. Auch die Wettbewerbssituation der Unternehmen variiert. So haben bundesweit agierende Handelsunternehmen nicht in allen Gebieten die gleiche Filialdichte. All dies gilt es bei der Planung zu berücksichtigen – und die Konsumdaten der VuMA bieten die Möglichkeit dazu.

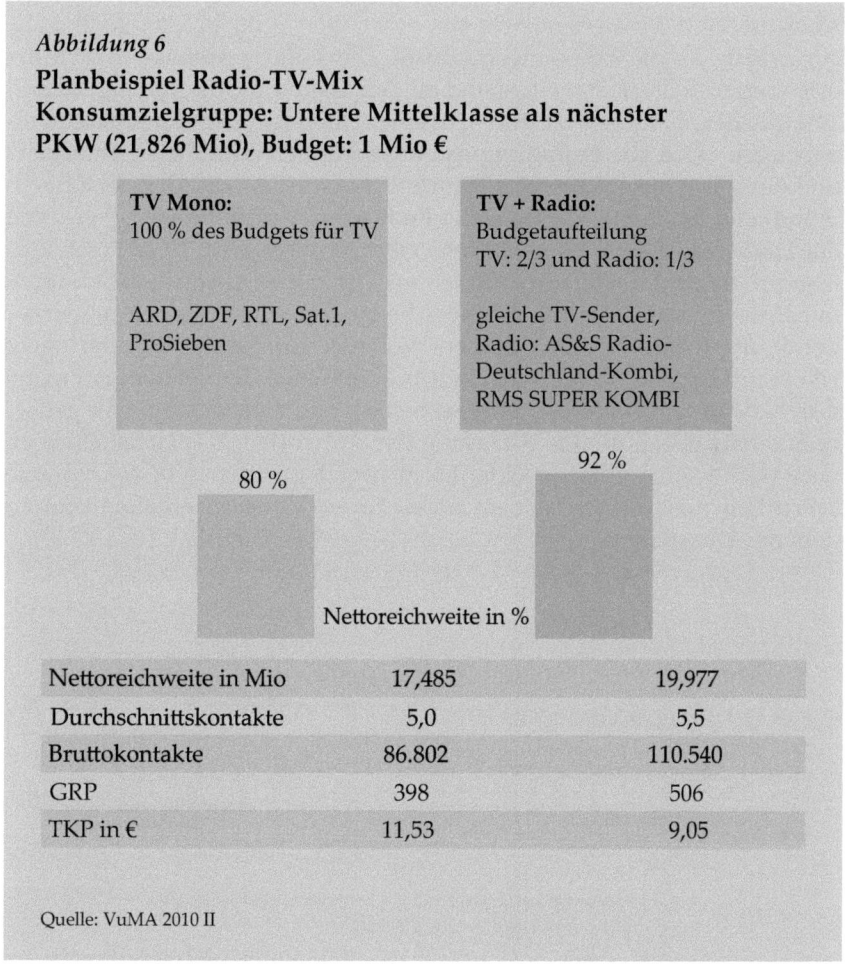

Abbildung 6
Planbeispiel Radio-TV-Mix
Konsumzielgruppe: Untere Mittelklasse als nächster
PKW (21,826 Mio), Budget: 1 Mio €

TV Mono:	TV + Radio:
100 % des Budgets für TV	Budgetaufteilung TV: 2/3 und Radio: 1/3
ARD, ZDF, RTL, Sat.1, ProSieben	gleiche TV-Sender, Radio: AS&S Radio-Deutschland-Kombi, RMS SUPER KOMBI

Nettoreichweite in %

80 % — 92 %

Nettoreichweite in Mio	17,485	19,977
Durchschnittskontakte	5,0	5,5
Bruttokontakte	86.802	110.540
GRP	398	506
TKP in €	11,53	9,05

Quelle: VuMA 2010 II

Fragen und Antworten: Das VuMA-Interview

Die VuMA basiert auf einem Erhebungssystem mit einer Frühjahrs- und einer Herbstwelle pro Jahr, wobei jede Erhebungswelle rund 5.800 Interviews umfasst. Der aktuelle VuMA-Datensatz besteht immer aus den jeweils vier letzten Wellen, so dass unter dem Strich Daten aus über 23.000 Interviews für die Planung zur Verfügung stehen (vgl. Abb. 7).

133

Konsum- und Mediennutzung aus einer Quelle zu liefern, stellt hohe Ansprüche an die Erhebungsmethode. Die Vorgehensweise der VuMA orientiert sich deshalb weitgehend an den Standards, die von der Media-Analyse der ag.ma gesetzt sind. Um einer Überlastung der Befragten vorzubeugen, wird die Befragung in ein persönlich-mündliches Interview und ein selbst auszufüllendes Haushaltsbuch aufgeteilt. Der persönlich-mündliche Teil mit der Abfrage der Radio- und Fernsehnutzung wird seit der Herbstwelle 2009 als CAPI-Interview durchgeführt. Der Fragebogen liegt programmiert auf einem Notebook vor und wird von dem Befragten mit Unterstützung des Interviewers beantwortet. Der Einsatz moderner Befragungstechnik bringt mehrere Vorteile: zum einen eine geringere Fehleranfälligkeit, da die Weiterleitung zwischen den einzelnen Fragen durch die Programmierung vorgegeben ist, und zum anderen eine größere Effizienz durch direkte Erfassung der Antworten. Das Haushaltsbuch wird nach wie vor in gedruckter Form vorgelegt. Darin gibt der Befragte schriftlich Auskunft zu seinem persönlichen Konsumverhalten und zu dem des Haushaltes.

Abbildung 7

Steckbrief Verbrauchs- und Medienanalyse

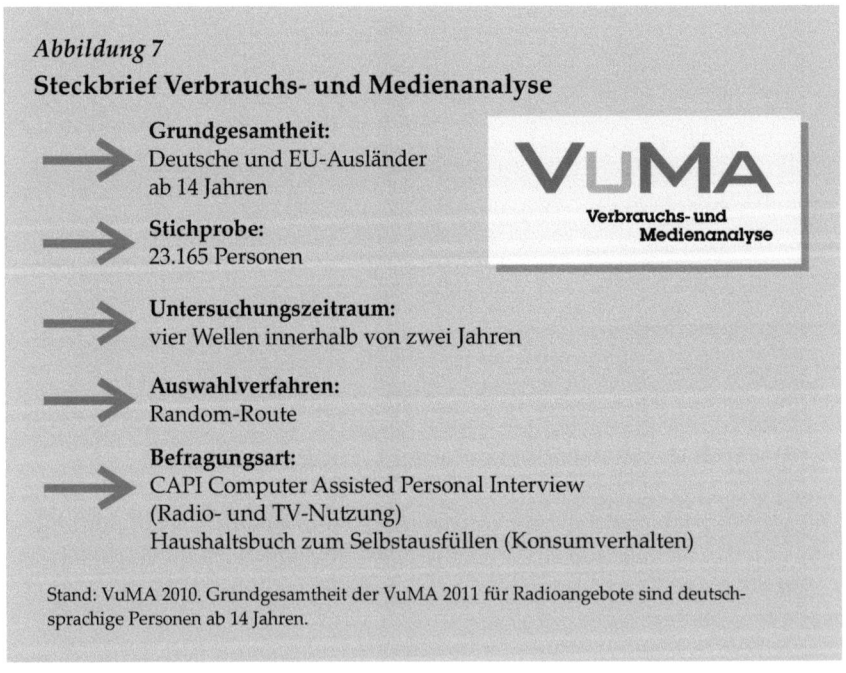

Grundgesamtheit:
Deutsche und EU-Ausländer
ab 14 Jahren

Stichprobe:
23.165 Personen

Untersuchungszeitraum:
vier Wellen innerhalb von zwei Jahren

Auswahlverfahren:
Random-Route

Befragungsart:
CAPI Computer Assisted Personal Interview
(Radio- und TV-Nutzung)
Haushaltsbuch zum Selbstausfüllen (Konsumverhalten)

Stand: VuMA 2010. Grundgesamtheit der VuMA 2011 für Radioangebote sind deutschsprachige Personen ab 14 Jahren.

Die Nutzung der Radio- und Fernsehsender wird analog zur ma erhoben und, wie bereits erwähnt, jeweils an die aktuellen Zahlen angepasst. Es werden nur die Radiosender ausgewiesen, die mindestens 351 Hörer (= ag.ma-Konvention) im Weitesten Hörerkreis haben. Um möglichst viele Sender ausweisen zu können, sind die Fallzahlen in den Bundesländern disproportional angelegt.

Dialog ist Trumpf: Das VuMA-Entwicklerteam

Die Auftraggeber der VuMA sind ARD-Werbung SALES & SERVICES, RMS Radio Marketing Service und ZDF Werbefernsehen. Es handelt sich also um ein Gemeinschaftsprojekt der drei großen Vermarkter von Radio und Fernsehen, die Werbungtreibenden und Agenturen mit der Studie marktforscherische Entscheidungshilfen und einen Service für ihre tägliche Arbeit zur Verfügung stellen. Die VuMA-Macher pflegen deshalb einen intensiven Dialog mit den Nutzern, der im „VuMA-Entwicklerteam" institutionalisiert ist. Mitglieder sind Vertreter führender Mediaagenturen und der werbungtreibenden Wirtschaft (Organisation Werbungtreibende im Markenverband/OWM und Organisation der Media-Agenturen im GWA/OMG). In diesem Kreis werden die Forschungsstandards und Analysetools der VuMA kontinuierlich weiterentwickelt. Darüber hinaus werden die Inhalte der Studie fortlaufend an die aktuellen Marktgegebenheiten angepasst – damit auch neue Produkte auf dem „richtigen" Sender beworben werden können.

Single Source, Multiple Output

Um die vielfältigen Möglichkeiten der VuMA gezielt nutzen zu können, stehen die Daten in verschiedenen „Darreichungsformen" zur Verfügung. Der erste Zugriff ist meist der Berichtsband, in dem sämtliche Konsuminformationen nach Geschlecht, Alter (14 bis 29 Jahre, 30 bis 49 Jahre, 50 plus Jahre) und Gebiet (alte/neue Bundesländer) ausgewiesen sind. Hier kann sich der Planer einen Überblick über die zur Verfügung stehenden Daten machen und erste Informationen zum interessierenden Marktsegment zusammentragen. Diese Basisauswertung steht unter www.vuma.de auch als Download zur Verfügung.

Abbildung 8
Nicht jeder macht den gleichen Urlaub

Basis in Mio	BRD ges. 67,04	Gebiete West 54,32	Gebiete Ost 12,72	Geschlecht m. 32,64	Geschlecht w. 34,40	Alter in Jahren 14–29 14,07	Alter in Jahren 30–49 22,65	Alter in Jahren 50+ 30,32
				in %				
Art der Urlaubsreise								
Abenteuerurlaub	1,6	1,6	1,6	2,1	1,1	3,1	1,7	0,8
Bade-/Sonnenurlaub	29,1	30,4	23,6	29,6	28,6	34,9	37,2	20,3
Bildungs-/Kulturreise	3,0	2,9	3,6	2,7	3,4	2,7	2,3	3,7
Cluburlaub	1,4	1,4	1,3	1,7	1,1	2,5	1,8	0,6
Ferienpark (z.B. Center Parcs)	0,5	0,5	0,4	0,5	0,6	0,9	0,8	0,1
Erholungsurlaub	18,5	18,1	20,3	17,6	19,4	12,3	18,8	21,2
Familienurlaub	11,8	11,8	11,7	11,4	12,1	10,1	18,5	7,6
Wellness-/Gesundheitsurlaub	2,1	2,0	2,5	1,7	2,5	0,8	1,6	3,1
Schiffskreuzfahrt	1,1	1,1	1,3	1,3	1,0	0,4	0,8	1,7
Skiurlaub/Wintersport	2,8	3,0	1,9	2,9	2,6	3,6	3,6	1,8
Sporturlaub im Sommer	0,9	1,0	0,7	1,2	0,6	2,0	0,9	0,5
Städtereise	3,1	3,0	3,6	2,9	3,4	2,8	2,7	3,6
Wanderurlaub	3,4	3,3	3,8	3,9	2,9	1,4	2,6	4,9

Quelle: VuMA 2010 II
Basis: Deutsche und EU-Ausländer ab 14 Jahren

Der Planungsprozess selbst wird mit den einschlägigen Planungstools vorgenommen, die es erlauben, die Konsuminformationen mit den Mediennutzungsdaten in Verbindung zu bringen. Die VuMA ist unter RadioXpert, MDS und Medimach zählbar. Nutzer dieser Tools erhalten den Single-Source-Datenbestand der VuMA kostenfrei (und inklusive der Sinus-Milieus, sofern sie eine entsprechende Sinus-Zertifizierung haben). Darüber hinaus können Werbungtreibende und Agenturen Zählungen bei den VuMA-Mitgliedern in Auftrag geben.

Abbildung 9
Selektion des passenden Senders für unterschiedliche Urlaubsarten

Index: Gesamt = 100	1LIVE Durchschnittsstunde	WDR 2 Durchschnittsstunde	WDR 4 Durchschnittsstunde
Art der Urlaubsreise			
Abenteuerurlaub	188	214	14
Bade-/Sonnenurlaub	142	124	86
Bildungs-/Kulturreise	66	97	45
Cluburlaub	212	87	49
Ferienpark (z.B. Center Parcs)	95	320	79
Erholungsurlaub	73	137	124
Familienurlaub	104	125	56
Wellness-/Gesundheitsurlaub	20	124	90
Schiffskreuzfahrt	63	113	66
Skiurlaub/Wintersport	134	190	39
Sporturlaub im Sommer	146	175	32
Städtereise	100	110	64
Wanderurlaub	41	110	154

Quelle: VuMA 2010 II
Basis: Deutsche und EU-Ausländer ab 14 Jahren

Die Abbildungen 8 und 9 zeigen beispielhaft eine Auswertung für Fragen zum Bereich Urlaub/Reisen. Man erkennt die Präferenz für unterschiedliche Urlaubsarten in Abhängigkeit vom Alter. Dies spiegelt sich in der Auswertung nach Sendern wider. Während die Hörer des jungen Formats 1LIVE gerne Abenteuer- oder Badeurlaub machen, bevorzugen die älteren Hörer von WDR 4 Erholungs- oder Wanderurlaub.

Die implizite Wirkung von Radiowerbung – Neuropsychologischer Hintergrund und erste Befunde

Martin Scarabis und Christoph Wild

Wirkt unsere Werbung überhaupt? Und wenn ja, welche Kommunikationsziele können in welchem Ausmaß in unseren Zielgruppen erreicht werden? Das sind zentrale Fragen, die sich Werbungtreibende angesichts ihrer nicht unerheblichen Investitionen in Marketingkommunikation stellen und stellen müssen.

Um Werbeeffekte, die über verschiedene Medien erreicht werden, quantitativ fassbar zu machen, werden standardmäßig bestimmte – in unterschiedlichen Tools ähnliche – Parameter erhoben. Gefragt wird zum Beispiel nach der Werbeerinnerung, der Markenbekanntheit, der Kaufabsicht für das beworbene Produkt oder die Marke und gelegentlich auch nach der Anmutung der eingesetzten Werbemittel.

Obwohl diese und ähnliche Messungen Werbewirkung auf sehr unterschiedlichen Ebenen erfassen, haben sie doch eines gemeinsam: Sie setzen voraus, dass den Befragten eine Antwort bewusst wird, die sie dann in eine Skala oder eine Auswahlfrage (ja – nein) übersetzen und dem Fragenden wiedergeben (z.B. erinnerte Marken aus Radiowerbung). Die (neuro-)psychologische Forschung zeigt jedoch, dass im Gehirn der Konsumenten neben einem System, das für bewusst-reflektierte Reaktionen (z.B. bewusste Erinnerung) zuständig ist, noch weitere Module arbeiten, die mehr automatisch-spontane Reaktionen steuern. Betrachten wir im Folgenden, was die Neuropsychologie über die unterschiedlichen Gehirnsysteme weiß und was das für Marketing und Kommunikation bedeutet.

Implizite und explizite Verarbeitung

„Das Unbewusste" hat seinen Dornröschenschlaf beendet. Es ist wieder in die Wissenschaft zurückgekehrt. Auf der Grundlage der „Social Cognitive Neuroscience" unterscheidet man heute im Gehirn zwei Systeme der menschlichen Informationsverarbeitung und Verhaltenssteuerung: eines, das bewusst und durchdacht arbeitet, und ein anderes, das automatisch und implizit (unbewusst) operiert.[1] Diese Unterscheidung ist heutzutage keine Glaubenssache mehr, sondern Stand der aktuellen Forschung.[2] Untersuchungen, deren Zahl sich mittlerweile im dreistelligen Bereich bewegen dürfte, beschäftigen sich mit der Implizit-Explizit-Thematik, und der Nobelpreisträger Daniel Kahneman sprach 2002 in seiner Dankesrede über genau dieses Thema.

Das *explizite System* ist für alles zuständig, was Menschen bewusst und durchdacht sagen oder tun. Es arbeitet relativ langsam, seriell und mit stark begrenzter Kapazität. Nur etwa 40 Informationseinheiten können pro Sekunde bewusst verarbeitet werden. Bewusste Erinnerungen, Kosten-Nutzen-Abwägungen, geäußerte Meinungen oder Erklärungen für eigenes Verhalten entstehen hier im expliziten System.

Das *implizite System* hingegen dient der schnellen und intuitiven Verhaltenssteuerung, zum Beispiel bei Entscheidungen im Supermarkt und dem automatischen Analysieren und Lernen von Mustern aus der Umwelt. Dieses System arbeitet extrem schnell, parallel und mit enormer Kapazität. Neuroanatomen haben errechnet, dass unser Gehirn elf Millionen Sinneseindrücke pro Sekunde verarbeitet.[3]

Implizite Verarbeitung hat also den Vorteil, dass alles viel schneller geht und auch mehr auf einmal verarbeitet werden kann als beim expliziten Denken. Aber es gibt noch mehr Eigenschaften, die implizite Informationsverarbeitung für das Gehirn als sehr vorteilhaft erscheinen lassen. Es ist aus der Grundlagenforschung bekannt, dass explizite Verarbeitung unter bestimmten Bedingungen nur mit sehr starken Einschränkungen funktioniert. Dazu gehören vor allem:

- Informationsüberlastung: Wenn es so viele Informationen (z.B. Produkte, Werbebotschaften) gibt, dass es unsere kognitiven Ressourcen überfordern würde, über jede Information explizit nachzudenken.
- Komplexität: Wenn vorhandene Informationen zu komplex sind.
- Zeitdruck: Wenn wenig Zeit zum expliziten Nachdenken verfügbar ist („aus dem Bauch heraus entscheiden").
- Geringes Involvement: Bei geringem Interesse (z.B. an Werbung) fehlt die Motivation, über Botschaften oder Produkte explizit nachzudenken.

In marketingrelevanten Situationen liegt sehr oft mindestens eine dieser Bedingungen vor, meistens sind es mehrere, wie Abbildung 1 zeigt.

Abbildung 1

Bedingungen, unter denen Marketing wirken muss

Marketing-Situation	Bedingung			
	Low Involvement	Zeitdruck	Overload / Ablenkung	Komplexität
Rezeption von Werbung/Kommunikation	✓		✓	
Kauf FMCG (z.B. Joghurt)	✓	✓	✓	
High-Interest-Produkt (z.B. Küche)			✓	✓
Marken-Lernen	✓		✓	

Konsumenten können aber auch dann Werbung verarbeiten und Entscheidungen treffen, wenn sie abgelenkt sind, unter Zeitdruck stehen oder nicht interessiert sind – nur tun sie das eben nicht explizit. Das bedeutet, dass implizite Verarbeitung für das Marketing oft von sehr hoher Bedeutung ist, weil es der Standardmodus ist, in dem Menschen Konsumentscheidungen treffen und Kommunikation aufnehmen. Um diese Erkenntnis in der konkreten Marketingpraxis berücksichtigen zu können, ist die Beantwortung zweier Fragen zentral:
1. Wie funktioniert implizite Verarbeitung?
2. Wie können implizite Effekte erfasst werden?

Wie funktioniert implizite Verarbeitung?

Der Neurowissenschaftler Edmund Rolls schreibt: „Das Ziel sensorischer Verarbeitung ist die Decodierung von Belohnungen, nachdem das Objekt identifiziert wurde." [4]

Abbildung 2
**Der erste Schritt im impliziten System –
Was bedeuten die Signale?**

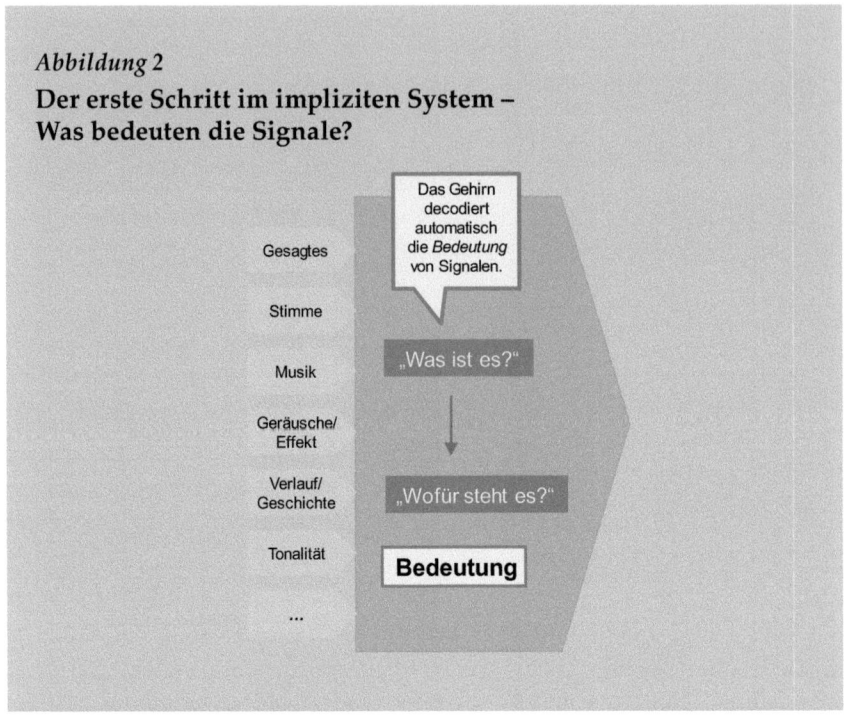

Das Gehirn unterzieht also einkommende Informationen (z.B. Signale in Radiospots wie Worte, Stimmen, Musik usw.) automatisch einer Abfolge von Prüfungen. In einem ersten Schritt versucht das implizite System zu decodieren, was die einzelnen Signale bedeuten, die es wahrnimmt (vgl. Abb. 2).

Diese Bedeutungsanalyse wird sehr schnell und gleichzeitig sehr genau vollzogen – bereits Kleinigkeiten können die Bedeutung stark verändern. Dies zeigt sich schon, wenn man sich klar macht, welche Bedeutungsträger in einem kurzen, gesprochenen Satz enthalten sind:

1. Was wird gesagt (der faktische Inhalt)
2. Wie wird es gesagt (Stimmlage, Wortwahl, Geschwindigkeit, Satzlänge, Dialekt ...)
3. Wer sagt es (Geschlecht, Rolle ...)

Abbildung 3

**Der zweite Schritt im impliziten System –
Die Suche nach Belohnungen**

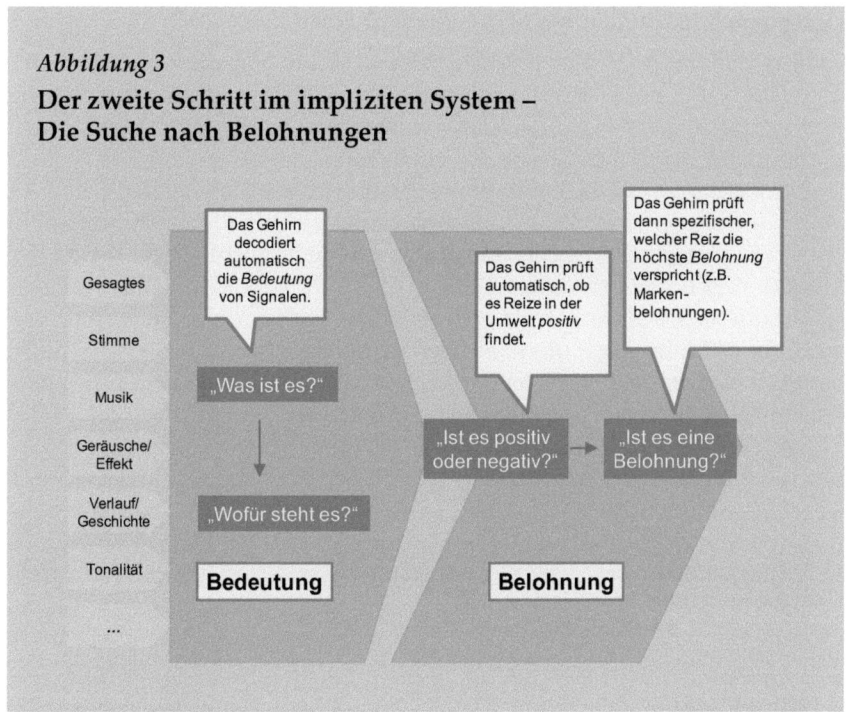

Hinzu kommen noch weitere Codes, die in Radiospots enthalten sind, zum Beispiel Musik, Toneffekte, Tonalität (erotisch, humoristisch, faktisch), der Ablauf, die Geschichte, sie müssen ebenfalls implizit decodiert werden. Hier wird deutlich, dass allein über den auditiven Kanal marken- und produktrelevante Informationen vermittelt werden können, und zwar implizit, was ein erhebliches Wirkungspotenzial für Radiospots offenbart. Zudem zeigt die Neurowissenschaft, dass Bedeutungen über unterschiedliche Codes codiert werden können, nicht nur über die Sprache. So zeigt eine faszinierende neurowissenschaftliche Untersuchung des Musikpsychologen Stefan Koelsch, dass Konzepte wie männlich versus weiblich, nah versus fern, Ankunft versus Abreise gleichermaßen wirkungsvoll verbal wie auch durch Musik vermittelt werden können.[5]

Die Bedeutungsdecodierung ist aber nur der erste implizite Schritt. Das Gehirn möchte nicht nur herausfinden, was die Signale bedeuten, sondern auch, ob sie relevant sind (vgl. Abb. 3). Die neuropsychologische Währung für Relevanz ist der *Belohnungsgehalt* von Dingen – das Gehirn sucht nach Belohnungen.

Belohnend sind Objekte dann, wenn sie an ein bestehendes Ziel oder eine allgemeine Motivation anknüpfen. Bei strahlendem Sonnenschein am Freitag werden viele Menschen das Ziel haben, am Wochenende mit Freunden und der Familie zu grillen. Ein Radiospot, der Grillwürstchen im Rahmen einer Familiensituation bewirbt, hat für diese Menschen also ein hohes Belohnungspotenzial, weil er an ein aktuelles Ziel anknüpft, nämlich *Fleischgenuss* und *das Erleben von Geselligkeit* (physischer und psychologischer Genuss). Der gleiche Spot ist hingegen für Vegetarier oder Einzelgänger weniger belohnend, weil er nicht ihre allgemeine Motivationslage trifft: Vegetarier lehnen Fleisch ab, Einzelgänger wollen keine Geselligkeit. Auch hieraus ergeben sich unmittelbare Konsequenzen für Radiowerbung:

1. Radiowerbung ist geeignet, gezielt marken- und produktrelevante Belohnungen zu vermitteln (z. B. durch die lokale Kampagnensteuerung).
2. Radiospots können an die Ziele und Motivationen der Zielgruppen anknüpfen.

Dabei ist allerdings zu beachten, dass es nur ein begrenztes Set von relevanten Belohnungen gibt.[6] Drei grundlegende Motivationen, die im Gehirn angelegt sind, lauten:

1. Sicherheit – das Bedürfnis nach Stabilität, Nähe, Sicherheit, Geborgenheit usw.
2. Autonomie – das Bedürfnis nach Unabhängigkeit, Stärke, Einfluss usw.
3. Erregung – das Bedürfnis nach Abwechslung, Spaß, Spannung usw.

Diese Grundbedürfnisse lassen sich weiter differenzieren, so dass im Ergebnis eine Belohnungsplattform mit sechs Belohnungsfeldern resultiert, die im Marketing beispielsweise genutzt werden kann, um Marken zu positionieren, aber auch um Belohnungen zu analysieren, die in Radiospots über die verschiedenen Signale vermittelt werden (z. B. schnelle Musik = Erregung; vgl. Abb. 4).

Abbildung 4
Neuropsychologisch relevante Belohnungsfelder

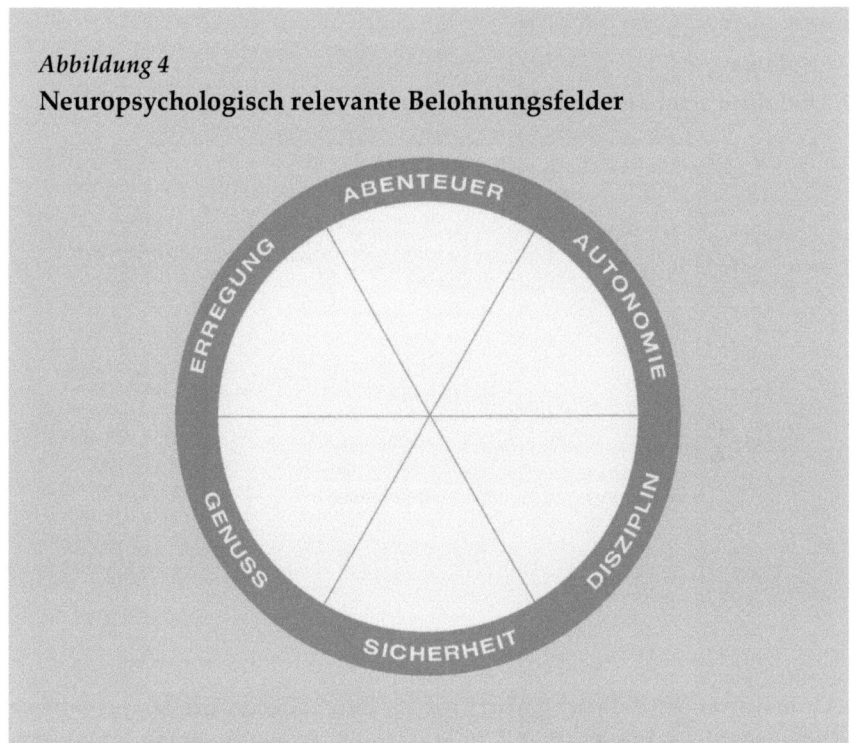

Um zu bewerten, ob die *richtigen* Belohnungen im Spot codiert sind, muss natürlich zuvor die Zielgruppe hinsichtlich ihrer dominanten kategorie-spezifischen Motivationen und Ziele verstanden werden (z.B.: Wollen die Menschen eine abenteuerliche Versicherung?). Eine andere strategische Bewertungsbrille bietet die Markenstrategie: Soll eine Biermarke als eher abenteuerlich oder eher kumpelhaft wahrgenommen werden?

Je nachdem, wie das Ergebnis der automatischen Belohnungsanalyse ausfällt, entsteht im Gehirn ein impliziter Impuls, sich einem Objekt zu nähern (z.B. ein Kaufimpuls, wenn relevante Belohnungen erkannt werden) oder eben nicht (vgl. Abb. 5).

Abbildung 5

Belohnungen als Verhaltenstreiber

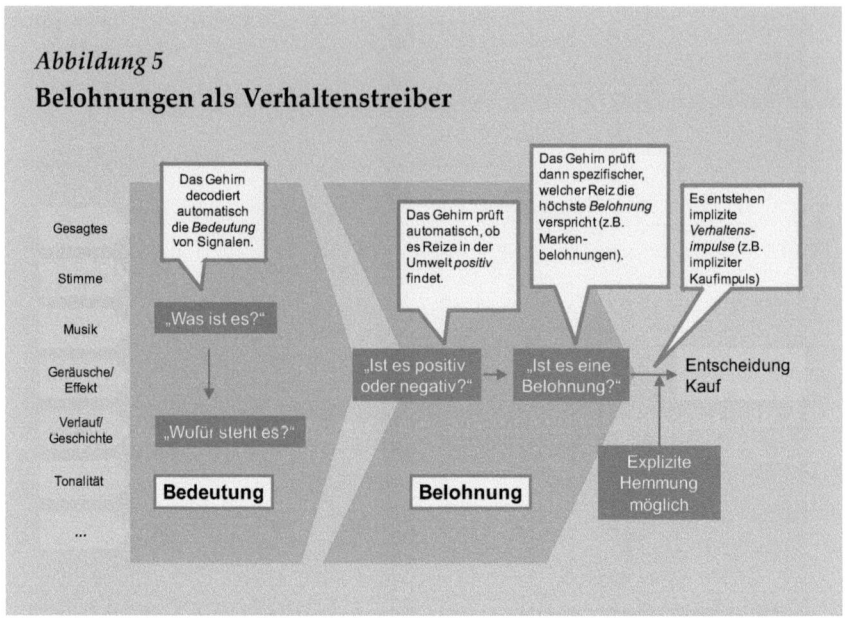

Wie erwähnt, wird dieser ganze Prozess automatisch-unreflektiert im impliziten System durchlaufen. Um konkret zu erfassen, ob ein Spot einen automatischen Kaufimpuls erzeugt und welche Belohnungen signalisiert werden, können demnach nicht nur herkömmliche Befragungsverfahren angewendet werden, da sie sich an das explizite System richten. Daher stellt sich die Frage, welche Alternativen zur Verfügung stehen, um wirklich an implizite Reaktionen heranzukommen.

Welche impliziten Methoden gibt es?

Im Wesentlichen gibt es drei Klassen von Verfahren, die geeignet sind, um an implizite Aspekte heranzukommen:[7]
1. qualitativ-tiefenpsychologische Ansätze wie *Picture Sorting* oder *tiefenpsychologische Interviews*,
2. neurowissenschaftliche Verfahren wie *EEG* oder *funktionelle Magnetresonanztomografie*,
3. *Reaktionszeitverfahren*.

Die dritte Methodenklasse, die in der psychologischen Grundlagenforschung seit Jahrzehnten zur quantitativen Messung des Impliziten erfolgreich eingesetzt wird, wird bisher erstaunlicherweise in der Marktforschungspraxis nur selten verwendet.[8] Die Logik dieser *impliziten Methoden* ist einfach: Menschen werden nicht gefragt, woran sie sich erinnern oder welche Präferenzen sie haben. Vielmehr werden ihre Reaktionen betrachtet und wird die dafür erforderliche Zeit gemessen (Reaktionszeitmessung). Analysiert werden dann nur sehr schnelle Reaktionen, so dass dem langsamen expliziten System die Zeit fehlt, diese Antworten zu kontrollieren oder zu modifizieren.[9] Letztendlich geht es bei den impliziten Messungen um die Beobachtung spontanen Verhaltens unter experimentellen Bedingungen. Mast und Zaltman nennen diese Methoden deswegen „behavioral window on the mind of the market" – Fenster zum Impliziten.[10] Gegenüber qualitativen Verfahren hat die Reaktionszeitmethodik den entscheidenden Vorteil, dass sie quantitative Kennwerte liefert, die für das Marken- und Kommunikationscontrolling verwendet werden können, und dass sie mit vergleichsweise großen Stichproben arbeitet. Im Vergleich zu neurowissenschaftlichen Verfahren können Reaktionszeitmessungen deutlich flexibler angewendet werden (z. B. auch online), sind kostengünstiger und geeignet, auch *inhaltliche* Bedeutungen und Belohnungen zu messen.

Der kurze Überblick über die neurowissenschaftliche Forschung hat verdeutlicht, dass die implizite Perspektive einen faszinierenden und generell relevanten Ansatz für das Marketing und die Marktforschung bietet. Dennoch stellt sich für jeden Entscheider natürlich im Einzelfall die Frage: „Ist das auch für meine Marke und meine Kommunikation wichtig?". Um diese Frage zu beantworten, muss man von der Zielgruppe aus denken. In diesem Beitrag wurden schon die vier Bedingungen diskutiert, die implizite Prozesse bahnen, und die entscheidenden Fragen lauten demnach:

1. Unter welchen Bedingungen treffen die Konsumenten aus der relevanten Zielgruppe ihre Kaufentscheidung? Liegt hier mindestens eine der vier Bedingungen Overload, Komplexität, Low Involvement oder Zeitdruck vor?

2. Wie sieht es im Moment des Werbekontakts aus? Sind die Konsumenten hier abgelenkt, nicht an der Werbung interessiert, nicht mit unendlich viel Zeit gesegnet oder durch Komplexität überfordert?

Wenn ja, ist es nach den Befunden der Grundlagenforschung besonders angezeigt, Implizites zu analysieren. Was aber bedeutet das bisher Gesagte für die Radiowerbung?

Wie wird Radiowerbung wahrgenommen?

Radio ist das einzige Werbemedium, dessen Nutzung explizit im Zusammenhang mit anderen Tätigkeiten erhoben wird. Auch die eigene Erfahrung bestätigt, dass Radio in der Regel nebenbei, ohne gerichtete Aufmerksamkeit gehört wird.

Laut ma 2010 Radio II hören 61 Prozent der deutschsprachigen Radiohörer ab zehn Jahren beim Essen Radio, 52 Prozent sind es beim Autofahren, 17 Prozent bei der außerhäuslichen Berufsarbeit, und 9 Prozent hören Radio über Livestream oder klassisch über Tuner oder Radiogerät während der Beschäftigung mit dem PC. Und dieses „tätigkeitsbegleitende" Radiohören stellt relevante Anteile an der täglichen Gesamtradionutzung: Zwar hören nur 17 Prozent während der Berufsarbeit Radio – da sie dies jedoch 409 Minuten lang (also gut sechsdreiviertel Stunden) tun,

Abbildung 6
Radiohören und ...

	Essen	Körper-pflege/ Anziehen	Haus-arbeit	unter-wegs im Auto	Berufs-arbeit	PC nutzen
Reichweite in %	60,9	38,6	28,1	52,4	16,8	8,9
Anteil an Radio-nutzung gesamt in %	14	4	16	16	27	8
Verweildauer in Min.	57	30	138	78	409	228

Quelle: ma 2010 Radio II
Basis: Tagesreichweite Montag bis Freitag, 5.00 bis 24.00 Uhr, deutschsprachige Radiohörer ab 10 Jahren

macht das „berufliche" Radiohören 27 Prozent der gesamten täglichen Hördauer aus. Autofahren und Radiohören sowie Hausarbeit und Radiohören stellen Anteile von jeweils 16 Prozent (vgl. Abb. 6). Ganz überwiegend sind es Programme mit Werbung, die während der Tätigkeiten gehört werden. Aber anstatt diese tätigkeitsaffine Erreichbarkeit der Konsumenten als Vorteil der Radiowerbung zu werten, wird von Werbekunden wie auch durch Vermarkter von Wettbewerbsmedien die Frage aufgeworfen, was ein solcher Nebenbei-Kontakt mit Radiowerbung wert ist – gerade auch im Vergleich mit Werbung in TV, Tageszeitung und Zeitschriften oder Onlinewerbung. Diese Medien würden doch fast ausschließlich oder stets mit gerichteter Aufmerksamkeit genutzt – wovon dann auch die eingebettete Werbung profitiere.

Aus dieser weit verbreiteten Einschätzung leitete sich für die Radiozentrale, Berlin, und die Forscher der ARD-Werbung SALES & SERVICES (AS&S), Frankfurt, die Forschungsfrage ab, ob Radiowerbung eine gerichtete Aufmerksamkeit braucht, um zu wirken, oder im Gegenteil selbst nebenbei wirkt – und dies sowohl im Hinblick auf eine Steigerung der Kaufimpulse (eine Aufgabe, deren Lösung die Werbekunden Radio vermehrt zutrauen) als auch im Hinblick auf eine Veränderung des Markenbildes (hier werden speziell die Schwächen des Radios gesehen, und dies wiederum erklärt, warum es so wenige Imagekampagnen im Radio gibt).

Auf der Basis des „Nachbaus" einer realen Hörsituation und der geschilderten neuropsychologischen Erkenntnisse wollte die im Folgenden dargestellte experimentelle Studie die letztlich eher einfache Frage beantworten, ob ein spezifisch präsentierter Reiz, nämlich ein während einer Tätigkeit wahrnehmbarer Radiospot, zu einer Reaktion führt. Zur Beantwortung dieser Frage bedurfte es zweier unterschiedlicher Gruppen von Probanden: einer Testgruppe, auf die der Reiz einwirkte, und einer Kontrollgruppe ohne einwirkenden Reiz. Aus forschungsökonomischen Gründen wurde zu einem Überkreuz-Ansatz gegriffen, das heißt beide Gruppen wurden jeweils unterschiedlichen Reizen ausgesetzt, so dass jede Gruppe sowohl Test- als auch Kontrollgruppe für die jeweils andere war. Für jede der beiden Gruppen wurden 100 Probanden in insgesamt sechs Studios in deutschen Großstädten eingeladen. Die Probanden in beiden Gruppen mussten die Bedingung erfüllen, für die Einkäufe des täglichen Bedarfs verantwortlich zu sein, und waren zusätzlich quotiert nach Geschlecht und Alter (vgl. Abb. 7).

Abbildung 7
Stichprobe der Studie

- 2 strukturgleiche Gruppen mit jeweils n = 100
  (Gesamt n = 185 nach Datenbereinigung)
- Studiotests an sechs Standorten in Deutschland
  (September 2009)
- konzipiert und durchgeführt von decode Marketing-
  beratungs GmbH

- Der Teilnehmerkreis:
- Geschlecht: weiblich 52 %, männlich 48 %
- Altersgruppen: 16–29 Jahre 32 %, 30–49 Jahre 34 %,
  50–60 Jahre 34 %
- nur Einkaufsverantwortliche im Haushalt

In den Studios bekamen die Probanden jeweils vier Radiospots vorge-spielt, die in eine Musikzusammenstellung eingebettet waren. Die ein-gesetzten Radiospots kamen in Gruppe 1 aus den Produktbereichen Cra-cker, Senf, Bier (Flensburger) und TK(Tiefkühl)-Pizza, in Gruppe 2 aus den Bereichen Frischebonbon, Nudeln (Gaggli), Wurstwaren und probio-tische Drinks (vgl. Abb. 8). Für diese Auswahl war zunächst maßgeblich, dass die Spots für Produkte aus dem Bereich der Schnelldreher werben, da es sich bei diesen Schnelldrehern um Low-Interest-Produkte handelt, für die sich am Einkaufsregal überwiegend schnell und implizit-unbe-wusst entschieden wird. Zudem wurde Sorge getragen, dass es sich bei diesen Spots um einen Mix aus älteren und neueren und „guten" und eher „nicht so guten" Spots handelte.[11] Sie sollten sowohl in nationalen als auch regionalen Kampagnen eingesetzt worden sein, die nicht nur für eingeführte, sondern auch für „neue" Produkte/Marken warben. Hier-durch sollte der Kritik vorgebeugt werden, durch eine gegebenenfalls einseitige Auswahl der Spots bzw. der Kampagnen die Ergebnisse unzu-lässig beeinflusst zu haben.

Abbildung 8

Das Studiendesign

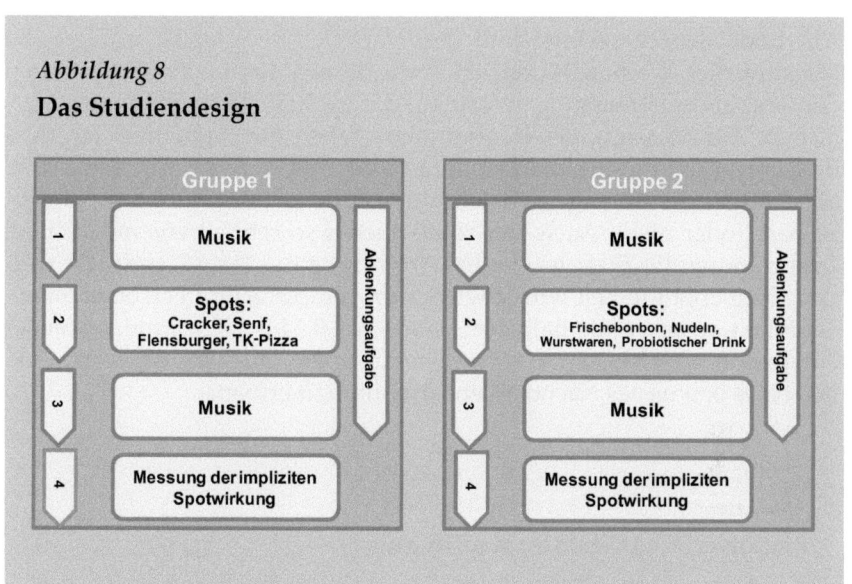

Um der Situation des Nebenbei-Hörens gerecht zu werden, mussten die Probanden während der Exposition von Wort, Musik und Spots eine Ablenkungsaufgabe erfüllen. Diese Ablenkungsaufgabe bestand in einem Worterkennungsspiel. Diese Aufgabe ist relativ einfach, erfordert aber trotzdem Konzentration. Die Probanden saßen hierzu vor einem Laptop, auf dessen Screen nacheinander Buchstabenkombinationen eingeblendet wurden. Die Probanden waren aufgefordert, jeweils möglichst schnell über das Drücken der A- bzw. L-Taste anzuzeigen, ob es sich bei der Buchstabenkombination um ein Wort handelt oder nicht.

Es wurden für den weiteren Verlauf der Untersuchung jedoch nur noch solche Probanden zugelassen, die für jede Antwort nicht länger als 2,5 und nicht weniger als 0,5 Sekunden benötigten: Brauchen Probanden weniger als 0,5 Sekunden, ist nicht auszuschließen, dass sie rein mechanisch antworten und ihre Aufmerksamkeit eigentlich der Zuspielung widmen. Bei längerer Antwortzeit ist nicht auszuschließen, dass deshalb so lange für die Antwort benötigt wird, weil die Aufmerksamkeit einem Werbespot gilt. So mussten insgesamt 15 Probanden bei der Analyse unberücksichtigt bleiben.

Am Ende der Zuspielung und des Worterkennungsspiels erfolgte die Messung der Werbewirkung. Hier wurde auf das implizite Verfahren der Reaktionszeitmessung anstatt auf die explizite Befragung zurückgegriffen. Zur Messung des Kaufimpulses sahen die Teilnehmer auf dem Bildschirm die Produktmarken aufgeführt und mussten für jede Marke angeben, ob die Aussage „will ich kaufen" für sie persönlich auf die Marke passt oder nicht. Auch hier sollte wieder so schnell wie möglich bei Zustimmung die Taste A oder bei Ablehnung die Taste L gedrückt werden. Die benötigte Zeit wurde wiederum gemessen und Personen mit einer Reaktionszeit außerhalb der Spanne von 0,5 bis 2,5 Sekunden von der Analyse ausgeschlossen, um so sicherzustellen, dass die Antwort wirklich ohne bewusstes Nachdenken, also implizit erfolgte.

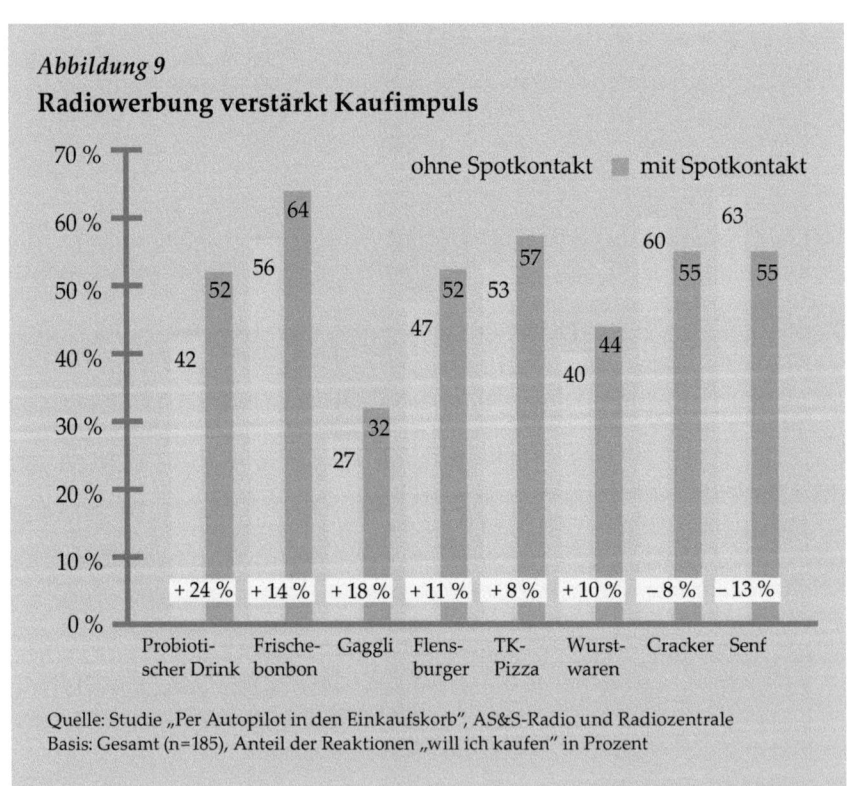

Abbildung 9
Radiowerbung verstärkt Kaufimpuls

Quelle: Studie „Per Autopilot in den Einkaufskorb", AS&S-Radio und Radiozentrale
Basis: Gesamt (n=185), Anteil der Reaktionen „will ich kaufen" in Prozent

152

Für die Forscher stand zunächst der mögliche Wirkungsbeitrag zur Steigerung des Kaufimpulses im Fokus des Forschungsinteresses. Würden sich bereits bei dieser von Radio zu erwartenden Kommunikationsleistung nicht die erwünschten positiven Effekte zeigen, wäre die Vermutung naheliegend, dass Radio in der Tat nicht ohne gerichtete Aufmerksamkeit wirkt bzw. die implizite Herangehensweise nicht geeignet ist. Die Ergebnisse waren jedoch sehr ermutigend für die Entscheidung zur Durchführung der gesamten Studie: Sechs der getesteten acht Radiospots setzten in der Gesamtgruppe der Probanden quasi nebenbei einen zusätzlichen impliziten Kaufimpuls (vgl. Abb. 9).

Im Durchschnitt beträgt der Zuwachs über alle betrachteten Spots 8 Prozent. Das heißt, der Anteil der Probanden, die zum Statement „will ich kaufen" griffen, war in der Gruppe, welche die Spots während der Worterkennungsaufgabe „vorgespielt" bekam, um 8 Prozent höher als in der Gruppe, die keinen Spotkontakt gehabt haben konnte. Mit anderen Worten: 75 Prozent der Spots bewirkten implizit eine Kaufimpulssteigerung, bei 25 Prozent (zwei Spots) gab es einen gegenteiligen Effekt. Sicher kann man sich mit einem solchen Ergebnis zufrieden geben, denn es ist nicht zu erwarten, dass jeder Radiospot, jede Radiokampagne wirkt. Eine „Flop-Rate" von 25 Prozent ist akzeptabel, zumal auch Kampagnen in anderen Medien vergleichbare Werte aufweisen. Trotzdem versuchten die Forscher, eine Erklärung für das Scheitern dieser zwei Spots zu finden.

Bei Betrachtung der Inhalte der beiden Spots wurde deutlich, dass sich der Spot für den Produktbereich Senf explizit an Produktverwender richtete, der zweite Spot für Cracker aufgrund der spezifischen Umsetzung nur wenig erkennbare Belohnungsversprechen für Nicht-Kenner bereithielt. Eine Betrachtung des Kaufimpulses diesmal in der Gruppe der Produktverwender erbrachte dann auch, dass die beiden zunächst nicht erfolgreichen Spots in der eigentlichen Zielgruppe der Kommunikation durchaus wirkten und im Mittel über beide Spots eine Kaufimpulssteigerung von gut 11 Prozent bewirkten (vgl. Abb. 10).

Radiowerbung setzt also implizit verstärkende Kaufimpulse, selbst beim Nebenbei-Hören. Ein Kontakt kann hierbei bereits ausreichend sein, wie das Beispiel der Radiokampagne für die Nudelmarke Gaggli zeigt. Die Kampagne für Gaggli lief regional nur im Gebiet des Südwestrundfunks, in einem Gebiet, in dem das werbungtreibende Unternehmen seinen Sitz hat und der Schwerpunkt der Distribution liegt, ein Gebiet, in dem keiner der Standorte der sechs eingesetzten Teststudios lag. Das

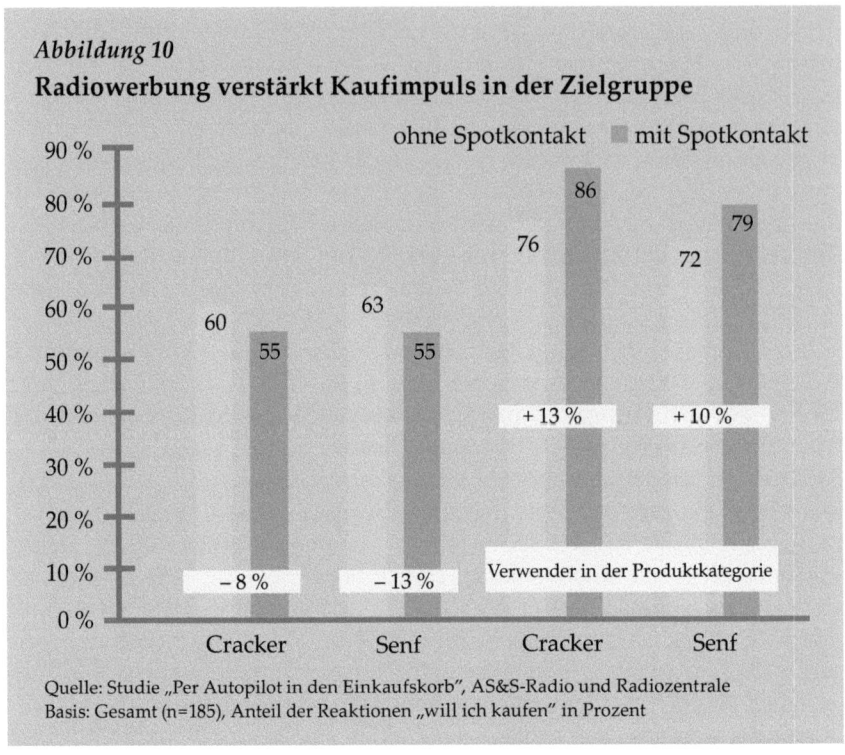

Abbildung 10

Radiowerbung verstärkt Kaufimpuls in der Zielgruppe

ohne Spotkontakt ▪ mit Spotkontakt

Cracker   Senf   Cracker   Senf

Quelle: Studie „Per Autopilot in den Einkaufskorb", AS&S-Radio und Radiozentrale
Basis: Gesamt (n=185), Anteil der Reaktionen „will ich kaufen" in Prozent

heißt, für jeden Probanden musste der implizite Kontakt mit dem Spot also ein Erstkontakt gewesen sein. Trotzdem erzielte der Spot in der Gruppe der Probanden mit implizitem Kontakt Steigerungsraten für den Kaufimpuls im Gesamt von 18 Prozent, bei den Produktverwendern gar von 29 Prozent. Hinter diesem Erfolg steht nach Überzeugung der Forscher die spezifische Machart des Spots mit einer Vielzahl enthaltener Belohnungsversprechen: Innerhalb des Spots gibt es einen Bezug zur italienischen Pasta-Kultur, aber auch einen regionalen Bezug zur Nudeltradition in Schwaben, die Verwendung von Frischeiern wird durch das Krähen eines Hahnes symbolisiert, und es wird darauf hingewiesen, dass es Gaggli in einer 250-Gramm-Packung gibt, die besonders für Zwei-Personen-Haushalte geeignet ist – mehr Belohnungsversprechen kann man von einem ja relativ kurzen Spot nicht erwarten.

Nachdem die Studie also das Pflichtergebnis im Hinblick auf die Steigerung des Kaufimpulses geliefert hatte, galt das weitere Interesse der Forscher nun verstärkt der Hauptfrage, ob denn Radiowerbung nebenbei auch imagebildend, imageverändernd wirken kann. Zunächst sollte hier die Veränderung in der allgemeinen emotionalen Bewertung der Marke, der Marken-/Produkt-Appeal, „gemessen" werden. Auch hier wurde auf die Methode der Reaktionszeitmessung zurückgegriffen. Hierzu sahen die Probanden auf dem Bildschirm zusätzlich zum Markennamen die Aussage „spricht mich an". Wieder wurden nur die Antworten in der Analyse berücksichtigt, die innerhalb des Zeitfensters 0,5 bis 2,5 Sekunden eingingen. In der Gruppe der jeweiligen Produktverwender zeigte sich hier eine Steigerung von knapp 12 Prozent über alle Spots: 12 Prozent mehr Probanden mit Spotexposition fühlten sich von der beworbenen Marke angesprochen als Probanden ohne Spotexposition (vgl. Abb. 11).

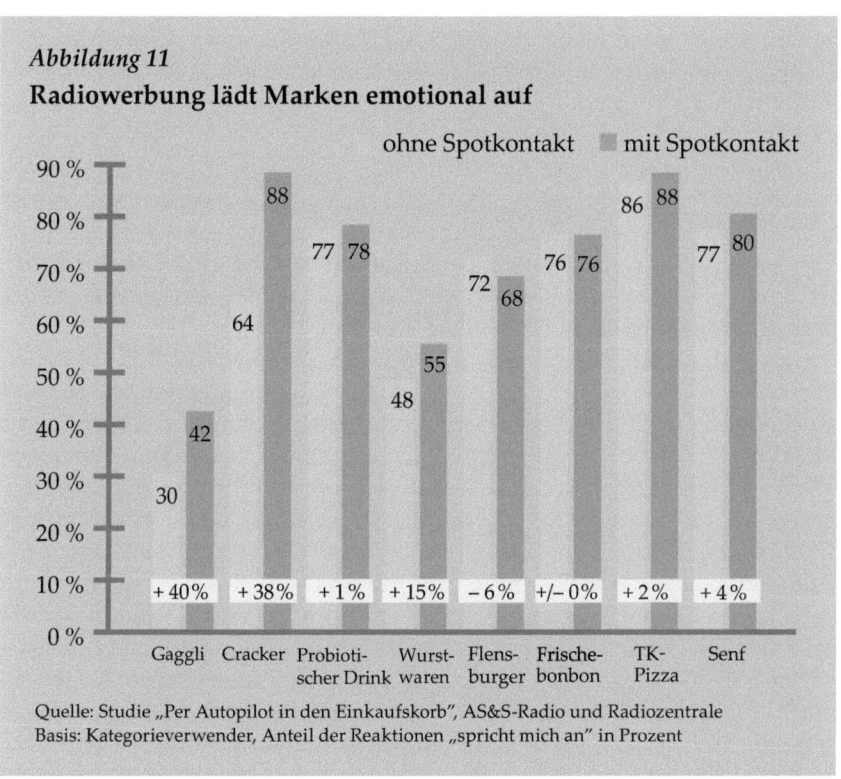

Abbildung 11
Radiowerbung lädt Marken emotional auf

Quelle: Studie „Per Autopilot in den Einkaufskorb", AS&S-Radio und Radiozentrale
Basis: Kategorieverwender, Anteil der Reaktionen „spricht mich an" in Prozent

Da in der Gruppe der Kategorieverwender die beworbenen Marken per se stärker emotional positiv aufgeladen sind, zeigen sich die stärksten Effekte bei den „kleineren" Marken. Beiläufige Radiokontakte machen die beworbenen Produkte also implizit attraktiver.

Allgemeine positive Reaktionen auf Marken (impliziter Appeal) sind wichtig, aber die wirklichen Verhaltenstreiber sind wie bereits erwähnt Belohnungserwartungen. Können auch diese durch Radio gestärkt werden? Lassen sich auch bestimmte Facetten eines Markenbildes über nebenbei gehörte Radiowerbung verändern?

Im Set der acht getesteten Radiospots/Radiokampagnen befanden sich zwei, die im engeren Sinne als Image-Kampagnen bezeichnet werden können. Es handelte sich dabei um eine Kampagne für Wurstwaren und die Flensburger-Kampagne, die im weiteren Verlauf der Studie speziell im Hinblick auf ihr Potenzial zur Markenbildung untersucht wurden. Hier geht es also um die Beantwortung der bereits angedeuteten Frage, welche Markenbelohnungen durch den Spot kommuniziert und wahrgenommen werden. Denn es ist für die Markenführung zentral, Marken nicht nur allgemein positiv aufzuladen, sondern sie mit spezifischen Belohnungen zu verbinden, da diese Kaufentscheidungen und Kundenloyalität treiben.

Die Neuropsychologie postuliert, dass das Gehirn nur sechs Belohnungsdimensionen kennt, die implizit angesprochen werden können. Es handelt sich hierbei um die Dimensionen Erregung, Abenteuer, Autonomie, Genuss, Sicherheit und Disziplin, die von jeweils acht standardisierten Begriffen beschrieben werden, die dann auch für die Analyse der Brandingwirkung zur Verfügung stehen (vgl. Abb. 12).

Die Teilnehmer wurden zur Analyse der Veränderung der impliziten Markenbelohnungen wiederum nicht direkt befragt. Stattdessen ordneten sie die insgesamt 48 Belohnungsbegriffe spontan den analysierten Marken zu („passt", „passt nicht"). Die Begriffe und Marken erschienen hierbei in rotierender Reihenfolge auf dem Bildschirm. Analog zum bisherigen Vorgehen wurden die Antworten analysiert, die innerhalb des sehr kurzen Zeitfensters abgegeben wurden. (Im Schnitt benötigten die Teilnehmer etwa eine Sekunde, um die Markenbelohnungen zuzuordnen. Diese Belohnungsreaktionen sind somit spontan, ohne explizites Nachdenken entstanden. Dies entspricht der Reaktion am Point of Sale.)

Im Folgenden sind die Ergebnisse zu den Veränderungen der Belohnungserwartungen für die Marke Flensburger dargestellt. Zuvor sei noch angemerkt, dass zwar allgemein der Markenappeal von Flensburger bei

Abbildung 12

Implizite Markenbelohnungen

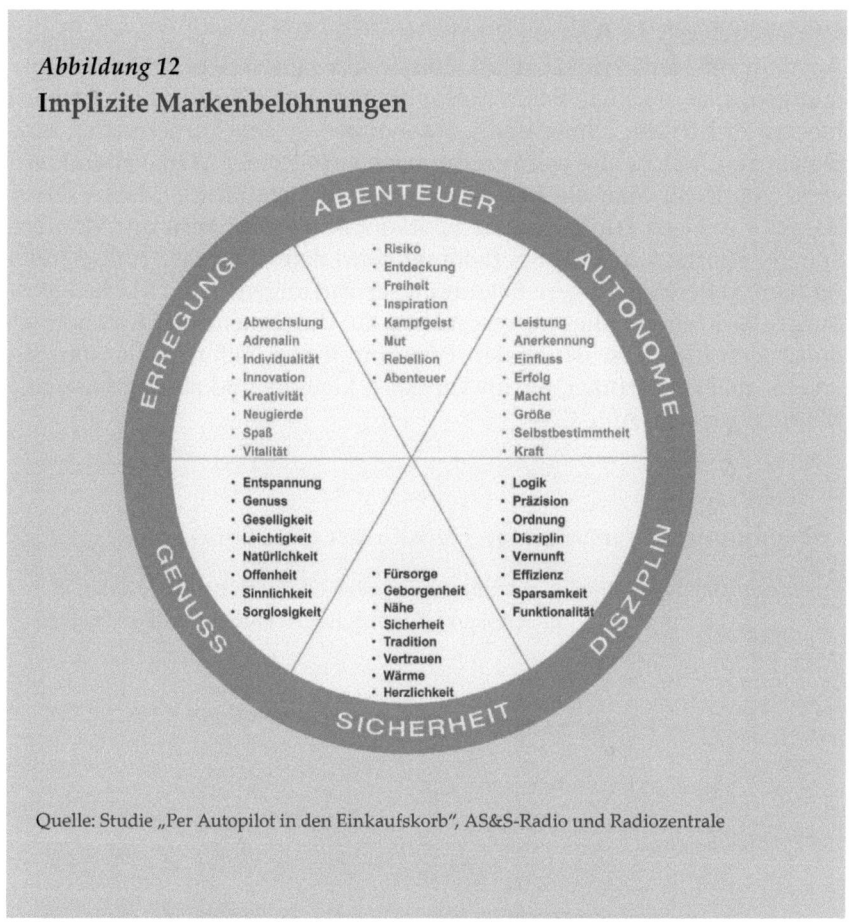

ABENTEUER
- Risiko
- Entdeckung
- Freiheit
- Inspiration
- Kampfgeist
- Mut
- Rebellion
- Abenteuer

AUTONOMIE
- Leistung
- Anerkennung
- Einfluss
- Erfolg
- Macht
- Größe
- Selbstbestimmtheit
- Kraft

ERREGUNG
- Abwechslung
- Adrenalin
- Individualität
- Innovation
- Kreativität
- Neugierde
- Spaß
- Vitalität

GENUSS
- Entspannung
- Genuss
- Geselligkeit
- Leichtigkeit
- Natürlichkeit
- Offenheit
- Sinnlichkeit
- Sorglosigkeit

SICHERHEIT
- Fürsorge
- Geborgenheit
- Nähe
- Sicherheit
- Tradition
- Vertrauen
- Wärme
- Herzlichkeit

DISZIPLIN
- Logik
- Präzision
- Ordnung
- Disziplin
- Vernunft
- Effizienz
- Sparsamkeit
- Funktionalität

Quelle: Studie „Per Autopilot in den Einkaufskorb", AS&S-Radio und Radiozentrale

den Biertrinkern insgesamt, wie gerade gezeigt, nicht gesteigert werden konnte, doch betrifft dies nicht die Flens-Trinker selbst. Hier zeigte sich eine Steigerungsquote von 37 Prozent. Flens-Trinker nehmen nach dem impliziten Hören der Flensburger-Radiowerbung ihre Marke deutlich positiver wahr als ohne impliziten Spotkontakt.

Biertrinker ohne impliziten Spotkontakt erwarten von Flensburger in erster Linie Belohnungen aus dem Bereich „Genuss", hier im Besonderen repräsentiert durch den Begriff „Genuss" selbst sowie durch „Geselligkeit", und in zweiter Linie auch „Erregung" und „Sicherheit", beschrieben durch die Begriffe „Spaß" bzw. „Tradition" und „Herzlichkeit". Auch für die Flens-Trinker selbst sind dies, auf generell höherem Zustimmungsniveau, wichtige Belohnungserwartungen, allerdings schiebt sich hier zusätzlich die Dimension „Autonomie" in den Vordergrund, eine Dimension, welche die wahrgenommene Größe einer Marke charakterisiert. Vergleicht man die Belohnungserwartungen an die Marke Flensburger von Flens-Trinkern ohne Spotkontakt mit Trinkern und Käufern anderer Biermarken ohne Spotkontakt, wird deutlich, dass Trinker anderer Biere generell geringere Belohnungserwartungen an die Marke Flensburger besitzen und dies im Besonderen auf die Dimension „Autonomie" zutrifft: Trinker von nationalen Premium-Bieren nehmen Flensburger, anders als Flens-Trinker, als im Vergleich kleinere und stärker regionale Marke wahr (vgl. Abb. 13).

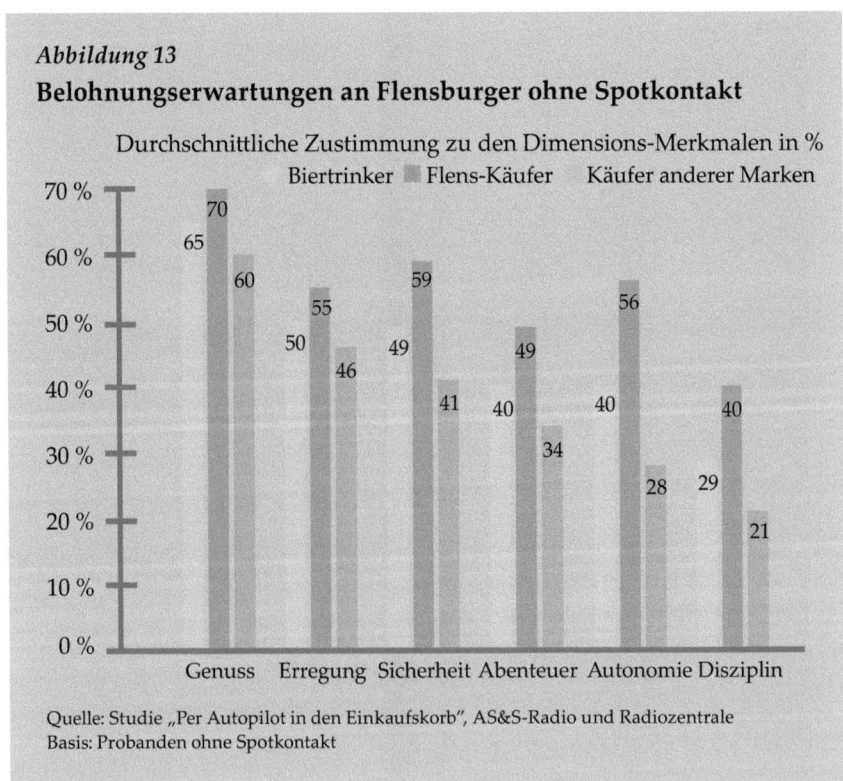

Abbildung 13

Belohnungserwartungen an Flensburger ohne Spotkontakt

Quelle: Studie „Per Autopilot in den Einkaufskorb", AS&S-Radio und Radiozentrale
Basis: Probanden ohne Spotkontakt

158

Verändern sich nun diese Wahrnehmungsmuster aufgrund des Neben-beihörens des Flensburger-Radiospots? Im Spot selbst vermittelt eine männliche Person einer zweiten die Produktvielfalt von Flensburger (un-ter wiederholter Nennung des Markennamens) und die dazugehörigen unterschiedlichen Trinksituationen. Dies geschieht mit dem Flensburger eigentümlichen und trockenen Humor vor dem Hintergrund von Meeres-rauschen und ruhiger, leicht exotischer (Ukulele-)Musik. Selbstverständ-lich fehlt nicht der typische Plop beim Öffnen des Flaschenverschlusses sowie der Claim: „Genuss erleben, Flensburger".

Flens-Trinker mit implizitem Spotkontakt hegen zunächst durchgän-gig höhere Belohnungserwartungen an die Marke als solche ohne Spot-

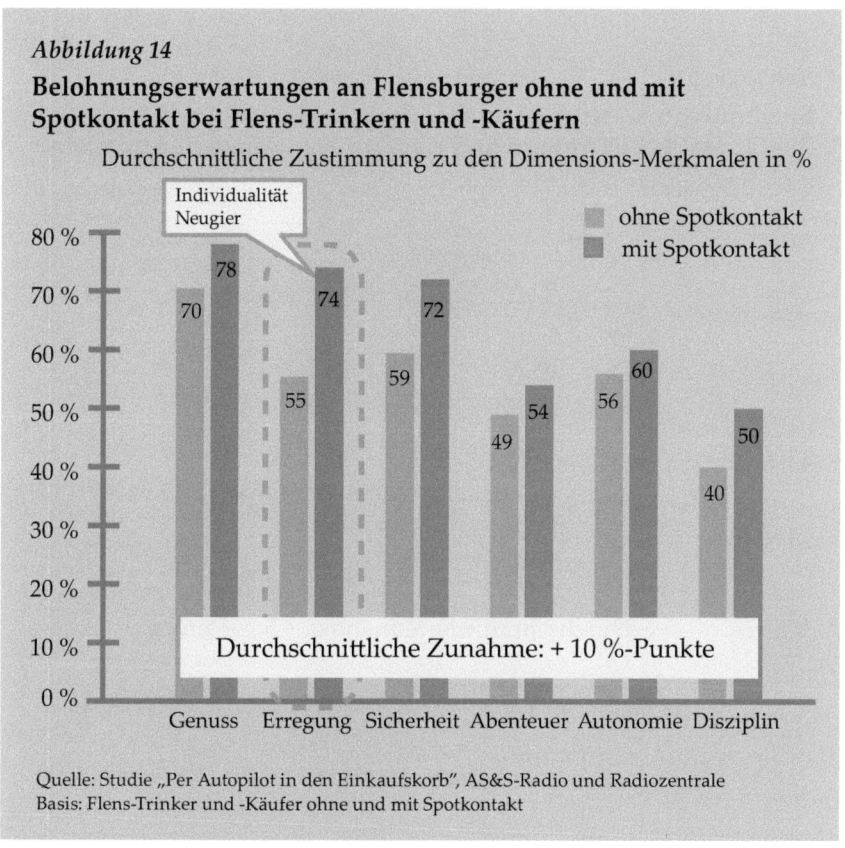

Abbildung 14

Belohnungserwartungen an Flensburger ohne und mit Spotkontakt bei Flens-Trinkern und -Käufern

Durchschnittliche Zustimmung zu den Dimensions-Merkmalen in %

ohne Spotkontakt
mit Spotkontakt

Individualität
Neugier

Durchschnittliche Zunahme: + 10 %-Punkte

Genuss   Erregung   Sicherheit   Abenteuer   Autonomie   Disziplin

Quelle: Studie „Per Autopilot in den Einkaufskorb", AS&S-Radio und Radiozentrale
Basis: Flens-Trinker und -Käufer ohne und mit Spotkontakt

kontakt: Im Durchschnitt lag die Verschiebung bei einem Plus von 10 Prozentpunkten. Besonders profitierte die Dimension „Erregung" von der impliziten Wahrnehmung des Spots. Im Durchschnitt lag hier der Anteil der Probanden mit Kontakt, die die acht einzelnen und die Dimension definierenden Begriffe als passend bezeichneten, 19 Prozentpunkte höher als der entsprechende Anteil bei Probanden ohne Kontakt (vgl. Abb. 14).

Im Speziellen gilt dies für die Begriffe „Individualität" und „Neugier" und macht damit deutlich: Das wesentliche Ziel, die Kommunikation der Produkt-/Angebotsvielfalt, ist bei den Flens-Trinkern voll aufgegangen. Aber auch die Trinker und Käufer von Konkurrenzmarken mit Kontakt zeigten implizit Wirkung – allerdings nicht in jeder einzelnen Dimension und nicht in gleicher Größenordnung (vgl. Abb. 15).

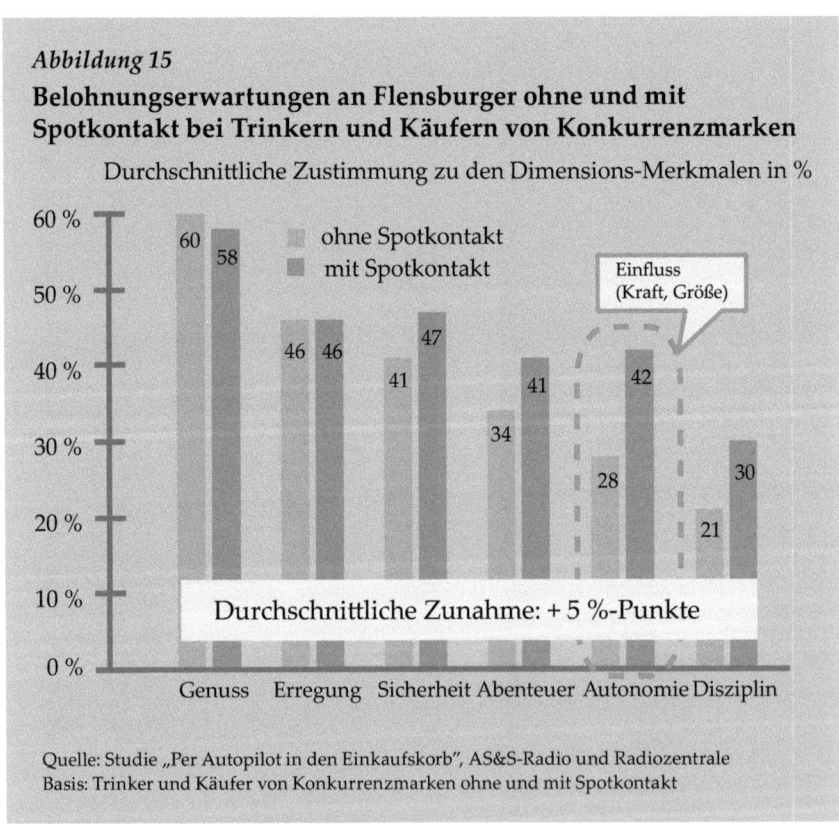

Abbildung 15

Belohnungserwartungen an Flensburger ohne und mit Spotkontakt bei Trinkern und Käufern von Konkurrenzmarken

Durchschnittliche Zustimmung zu den Dimensions-Merkmalen in %

Quelle: Studie „Per Autopilot in den Einkaufskorb", AS&S-Radio und Radiozentrale
Basis: Trinker und Käufer von Konkurrenzmarken ohne und mit Spotkontakt

Aber immerhin betrug die Zunahme der Belohnungserwartung gerade in der Dimension „Autonomie", welche auch die Größe einer Marke beschreibt, überdurchschnittliche 14 Prozentpunkte. Nicht-Flens-Kunden lernten aus den „Vielfaltssignalen" offenbar vorrangig, dass Flensburger mehr Produkte hat als erwartet. Das heißt, dass der Trinker eines Konkurrenzbieres nach Kontakt mit dem Flensburger-Spot Flensburger als eine größere Marke mit höherer (persönlicher) Relevanz wahrnimmt als ohne Kontakt und sich in dieser Dimension dem Flens-Trinker deutlich annähert. Dies birgt mittel- und langfristig die Chance, durch kontinuierliche werbliche Kontakte auch Trinker von Wettbewerbsmarken zu Probierkäufen zu bewegen und für die Marke Flensburger zu gewinnen.

Zusammenfassung der Studienergebnisse

Auch wenn die Radiohörer sich nebenbei mit anderen Tätigkeiten beschäftigen, werden sie effektiv durch Spots im Radio erreicht: Der implizite Kaufimpuls wurde durch die hier untersuchten Spots im Schnitt um 8 Prozent gesteigert. Einzelne Spots konnten aber noch deutlich höhere Werte erreichen (bis zu 24 %). Auch Produktmarken, die bei Kategoriekäufern bereits starke Kaufimpulse auslösten, profitierten deutlich von diesen Effekten – ebenso kleinere Produktmarken (z.B. Gaggli).

Radio wirkt auch auf affektiv-emotionaler Ebene: Der implizite Produkt-Appeal stieg bei Kategorieverwendern im Schnitt um 12 Prozent durch beiläufige Radiokontakte (möglich bis zu 40 %).

Radio bewegt gleichermaßen nebenbei die kaufrelevanten Markenbelohnungswerte im impliziten System. Radio lädt also beiläufig Marken mit Belohnungserwartungen auf. Radio wirkt dabei durchaus spezifisch: Spots bewegen nicht alle Markenbelohnungen gleichermaßen, sondern manche stark, andere schwächer. Dies ist wichtig für Markendifferenzierung und Positionierung. Je nach Machart des Spots können so unterschiedliche Strategien durch Radio unterstützt werden.

Radiowerbung wirkt damit auf entscheidende Prozesse im Gehirn, die letztendlich das Kaufverhalten beeinflussen. Diese Wirkungen treten auch dann auf, wenn Spotkontakte nebenbei passieren und die Hörer abgelenkt sind – Radio wirkt implizit!

Anmerkungen

1 Vgl. Lieberman, Matthew D.: Social Cognitive Neuroscience: A Review of Core Processes. In: Annual Review of Psychology 58/2007, S.259–289.

2 Vgl. Chaiken, Shelley/Yaacov Trope: Dual-process theories in social psychology. New York 1999 sowie Gawronski, Bertram/B. Keith Payne (Hrsg.): Handbook of implicit social cognition: Measurement, theory, and applications. New York 2010.

3 Vgl. Spitzer, Manfred: Das neue Unbewusste oder die unerträgliche Automatizität des Seins. In: Nervenheilkunde 5/2006, S.615–622.

4 Rolls, Edmund T.: The Brain and Emotion. Oxford 1999, S.6.

5 Vgl. Koelsch, Stefan/Elisabeth Kasper/Daniela Sammler/Katrin Schulze/Thomas C. Gunter/Angela D. Friederici: Music, language, and meaning: Brain signatures of semantic processing. Nature Neuroscience 7(3) 2004, S.302–307.

6 Vgl. Bischof, Norbert: Das Rätsel Ödipus. München 2001 sowie Panksepp, Jaak: Affective Neuroscience: The Foundations of Human and Animal Emotions. Oxford 2004.

7 Vgl. Plassmann, Hilke/Tim Ambler/Sven Braeutigam/Peter Kenning: What can Advertisers learn from Neuroscience? In: International Journal of Advertising 26/2007, S.151–175 sowie Scarabis, Martin/Sven Heinsen: Implicit Diagnostics – Die Fenster zum Unbewussten öffnen. In: Marketing Review St. Gallen 6/2008.

8 Vgl. Scarabis, Martin/Arnd Florack: Neue Einsichten durch neue Methoden: Reaktionszeitbasierte Verfahren als Instrument der Marken- und Werbeforschung, In: Florack, Arnd/Martin Scarabis/Ernst Primosch (Hrsg.): Psychologie der Markenführung. München 2007, S.463–485 sowie Scheier, Christian: Das Unbewusste messbar machen. In: Absatzwirtschaft 10/2006, S.42–45.

9 Vgl. Ranganath, Kate A./Colin T. Smith/Brian A. Nosek: Distinguishing automatic and controlled components of attitudes from direct and indirect measurement. In: Journal of Experimental Social Psychology 44/2008, S.386–396.

10 Vgl. Mast, Fred W./Gerald Zaltman: A Behavioral Window on the Mind of The Market: An Application of the Response Time Paradigm. In: Brain Research Bulletin 67/2004, S.422–427.

11 Ein Teil der Spots war zuvor mittels des AS&S-eigenen Werbemitteltests SARA (Spotanalyse Radio) bewertet worden.

Die Kraft auf die Straße bringen: Wie man Radiospots wirksam gestaltet

Hans-Peter Gaßner

Eine Werbekampagne ist so erfolgreich wie die Spots, auf die sie baut. Dies gilt für Radio genauso wie für alle anderen Werbeträger. Nur mit einem gut gestalteten Spot kann das Medium seine volle Kraft entfalten. Gut heißt dabei vor allem: gemäß den Wirkungsbedingungen des Radios! Denn eine Kreation, die im Fernsehen funktioniert, kann im Radio völlig verfehlt sein. Einer Studie des britischen Radio Advertising Bureau zufolge kann die Variation kreativer Faktoren Unterschiede von bis zu 500 Prozent bei klassischen Wirkungsparametern wie der Markenbekanntheit ausmachen.[1] Eine intensive Beschäftigung mit dem Thema Kreation macht sich also bezahlt.

Von Seiten der Forschung sind Werbemitteltests wie der IMAS-Psycho-Meter das bewährte Instrument, um den Erfolg von Radiospots zu ermitteln. Bei Tests dieser Art hören Versuchspersonen im Studio Radiospots und beantworten anschließend Fragen zur Erinnerung und Bewertung. Ähnliche Tools werden auch von anderen Forschungsinstituten angeboten (z. B. IPSOS – Real Radio Spot Test).

ARD-Werbung SALES & SERVICES hat mit der Spot-Analyse Radio (SARA) ein Tool entwickelt, mit dem die Performance von Radiospots „on air" gemessen werden kann. Dazu werden Hörern eines Senders Spots vorgespielt, die dort geschaltet waren, und gleichfalls Fragen zu Erinnerung und Bewertung gestellt. Die genannten Forschungsinstrumente werden im Folgenden näher vorgestellt. Im Anschluss daran werden Tipps zur effektiven Spotgestaltung präsentiert, die auf den entsprechenden Forschungsergebnissen beruhen.

Der Klassiker: Werbemitteltests

Von den Werbemitteltests ist der IMAS-PsychoMeter, dank einer Kooperation mit der Fachzeitschrift „werben&verkaufen", mit Sicherheit der bekannteste. Der IMAS-PsychoMeter ist ein standardisierter Pre- und Posttest, der außer für Radio auch für Fernsehen, Anzeigen und Plakate verwandt wird. Die Radiospots werden in Blöcken von 20 Beiträgen mittels Studiotests in vier deutschen Städten überprüft. Befragt werden insgesamt 200 Testpersonen, davon je 100 Männer und Frauen sowie je zur Hälfte in der Altersgruppe 16 bis 29 Jahre und 30 bis 50 Jahre. Der Testblock wird einmal vorgespielt, danach werden die Fragen aus der Erinnerung beantwortet. Auf diese Weise wurden bislang rund 3.500 Radiospots getestet. Die Ergebnisse stehen als Benchmarks zur Verfügung und können nach unterschiedlichen Gesichtspunkten analysiert werden. Die Messungen werden vom Institut in Eigenregie durchgeführt und den jeweiligen Werbungtreibenden zum Kauf angeboten.[2]

Der IPSOS – Real Radio Spot Test funktioniert ähnlich wie der Psychometer, mit einem bedeutenden Unterschied. Die Rezeptionssituation ist kaschiert, d.h. die Versuchspersonen hören den Spot, während sie glauben, auf den eigentlichen Test zu warten (Wartezimmersituation).[3]

Messung der Performance on air: Spot-Analyse Radio (SARA)

Einen Schritt weiter als die Werbemitteltests geht die Spot-Analyse Radio (SARA). Das Tool wurde von der ARD-Werbung SALES & SERVICES (AS&S) als Service für Werbungtreibende und Agenturen entwickelt. Es dokumentiert die Wirksamkeit des Mediums Radio und gibt zugleich Hinweise, wie gut ein bestimmter Spot funktioniert bzw. wo Optimierungsbedarf besteht. Die Spot-Analyse Radio ermittelt die Performance von Radiospots „on air". Es werden Hörer des Senders befragt, auf denen die zu testenden Spots ausgestrahlt wurden (vgl. Abb. 1). Dazu werden ihnen ausgewählte Spots am Telefon vorgespielt, und es wird gefragt, ob sie den betreffenden Spot schon einmal gehört haben und wie er ihnen gefällt. Die Befragung wird mit 300 Hörern des Senders in dessen Sendegebiet durchgeführt. Ausgehend von einer repräsentativen Bevölkerungsstichprobe werden in einem Screeningprozess Personen identifiziert, die den Sender innerhalb der letzten 14 Tage gehört haben, also zum Weitesten Hörerkreis zählen. Durch dieses Vorgehen sind die Ergebnisse repräsentativ für die Hörerschaft des Senders. Dies ist ein wesentlicher Unterschied gegenüber den Werbemitteltests. Dort werden weder Hörer eines bestimmten Senders befragt, noch wird die Performance unter realen Nutzungsbedingungen bzw. die Erinnerung an reale Kampagnenkontakte ermittelt. Die SARA-Interviews werden in der Regel in einem Zeitraum von zwei bis drei Tagen durchgeführt (Stichtagsbefragung). Die Befragung findet möglichst zeitnah zum Kampagnenzeitraum, also der Ausstrahlung der Spots statt. Die Interviews werden telefonisch mit Hilfe der CATI-Technik durchgeführt. Das Telefon bietet sich als Befragungsinstrument an, weil es genau den Kanal nutzt, über den Radio rezipiert wird: das Ohr. Auch für die Präsentation der Originalspots am Telefon ist die CATI-Technik bestens geeignet. Die Spots liegen digitalisiert vor und sind in das Frageprogramm integriert. Das Vorspielen erfolgt auf Knopfdruck, die aus methodischen Gründen notwendige Rotation der Reihenfolge übernimmt die Software.[4]

Abbildung 1

Steckbrief Spot-Analyse Radio (SARA)

Stichprobe:
- 300 Hörer des Senders im Zeitsegment mit Werbung innerhalb der letzten 14 Tage (= Weitester Hörerkreis)
- Screening der Hörer aus einer repräsentativen Random-Stichprobe der Gesamtbevölkerung
- Durchführung der Interviews an 2 bis 3 Tagen (= Stichtagsbefragung)

Befragung:
- Telefoninterviews (CATI – Computer Assisted Telephone Interviewing)
- Integration der digitalisierten Spots in das Frageprogramm
- Vorspielen in rotierter Reihenfolge
- ca. 15 bis 20 Minuten Interviewdauer

Der zentrale Kennwert für den Werbeerfolg ist bei SARA die Spoterinnerung. Die entsprechende Schlüsselfrage lautet: „Haben Sie diesen oder einen ähnlichen Spot schon einmal im Radio gehört?" Im Interview wird sie den Befragten direkt nach dem Vorspielen des Originalspots gestellt. Die Spoterinnerung basiert damit auf dem Wiedererkennen von tatsächlich gehörter Werbung. Es handelt sich also um einen Recognition-Wert, analog zum Anzeigen-Copytest für Zeitungen und Zeitschriften.

Ergänzend zur Spoterinnerung wird jeweils die Bewertung des Spots erfasst. Dabei wird sowohl die globale Bewertung (Gefallen) als auch die differenzierte Bewertung anhand von 14 Eigenschaften ermittelt. Diese Eigenschaften bilden die relevanten Dimensionen für die Beurteilung von Radiospots ab. Sie reichen von formalen Kriterien („verständlich" etc.) über Anmutungsmerkmale („lebendig" etc.) bis zu Impactkomponenten („regt zum Kauf an").

Flankierend zu den rein auf den Spot bezogenen Fragen wird die Kampagnenerinnerung mittels des gestützten Recalls erhoben. Dieser klassische Tracking-Wert dient als Vergleichsgröße und Interpretationshilfe. Die Spot-Analyse Radio wird von der ARD-Werbung SALES & SERVICES (AS&S) seit dem Jahr 2000 eingesetzt. Sie steht für Werbekunden und Agenturen als kostenloser Service zur Verfügung. SARA-Untersuchungen werden in regelmäßigen Abständen mit Hörern verschiedener Sender durchgeführt (vgl. Abb. 2).

Radiospots im Vorfeld online testen: SARApre

Als „kleine Schwester" des SARA-Tools steht seit einiger Zeit die SARApre zur Verfügung. Mit ihr können Radiospots vor der Kampagne auf ihre Leistungsfähigkeit getestet werden. Für den Einsatz als Pretest wurde bewusst der Weg der Onlinebefragung gewählt, weil bei dieser Befragungsart eine Ablenkung zwischen Vorspielen des Testmaterials und Beantwortung der Fragen zur Werbeerinnerung am einfachsten zu realisieren ist.

Konkret hört eine Stichprobe von in der Regel 120 Befragten einen Werbeblock mit ca. sechs Spots, in dem der Testspot enthalten ist. Bei den Befragten handelt es sich um Personen, die innerhalb der letzten Woche Radio gehört haben. Die Rekrutierung erfolgt aus einem Onlinepanel. Nach dem Hören des Werbeblocks wird zur Ablenkung („visuelle und

Abbildung 2
Instrumente im Vergleich

	Spot-Analyse Radio (SARA)	SARApre	IMAS-PsychoMeter	IPSOS– Real Radio Spot Test
Kurz-charakte-ristik	Ermittlung der Spoterinnerung (Recognition) und Bewertung bei Hörern eines Senders, auf dem die Spots on air waren	Vorspielen eines Werbeblocks mit ca. 6 Spots, anschließend Ermittlung der Werbeerinnerung (ungestützt, gestützt)	Vorspielen eines Werbeblocks mit 20 Spots, anschließendes Interview zur Ermittlung der Wirkungs-parameter	Vorspielen eines Radioprogramms mit Werbeblock in simulierter Wartesituation (6 Spots, davon 2 im Test), anschließen-des Interview zur Ermittlung der Wir-kungsparameter
Art der Unter-suchung	Telefonische Befragung (CATI)	Online-befragung	Studio-Test	Studio-Test
Zeit-punkt	Posttest	Pretest	Pre-/Posttest	Pretest (i.d.R.)
Stich-probe	300 Hörer eines ausgewählten Senders ab 14 Jahren (repräsentativ für Hörerschaft des Senders)	120 Hörer (letzte Woche Radio gehört)	200 Personen, quotiert nach Geschlecht und Alter	ca. 250 Personen, quotiert nach Geschlecht und Alter
Anzahl der Spots pro Be-fragung	1 bis maximal 6 Spots	ca. 6 Spots, davon i.d.R. 1 Testspot	ca. 20 Spots	ca. 6 Spots, davon 2 im Test
Dauer der Befragung	ca. 20 Minuten	10–15 Minuten	ca. 20 Minuten	ca. 30 Minuten
Involve-ment	Normales Involvement, da Spots zum Wiedererkennen, aber nicht als Stimulusmaterial vorgespielt werden	Erhöhtes Involvement, Distraktion zwischen Präsentation des Stimulusmate-rials und Ermittlung der Wirkungs-indikatoren	Hohes Involvement durch bewusstes Vorspielen der Spots	Geringes Involvement durch verdeckten Ansatz (Wartezimmer-situation)

167

kognitive Distraktion") eine Fotoserie gezeigt, mit dem Hinweis, dass danach eine Frage zu diesen Bildern gestellt wird. Im Anschluss daran folgen die Fragen zur Erinnerung an die gehörten Spots. Nach abermaligem Vorspielen des Testspots wird die Bewertung des Spots abgefragt (Gefallen, differenzierte Bewertung). Den Abschluss des Interviews bilden kundenspezifische Zusatzfragen zum Produktinteresse sowie zum Konsum des Produkts (z. B. Bier) und der Marke (z. B. Licher) (vgl. Abb. 3).

Die SARApre kann sowohl für ein einzelnes Spotmotiv als auch für zwei oder mehrere Varianten durchgeführt werden. Bei konkurrierenden Spotmotiven liefert der Test die Entscheidungsgrundlage dafür, welches später gesendet wird und welches nicht. Er kann zugleich aber noch Optimierungsmöglichkeiten für den „Gewinner-Spot" aufzeigen.

Abbildung 3
Interviewdramaturgie SARApre

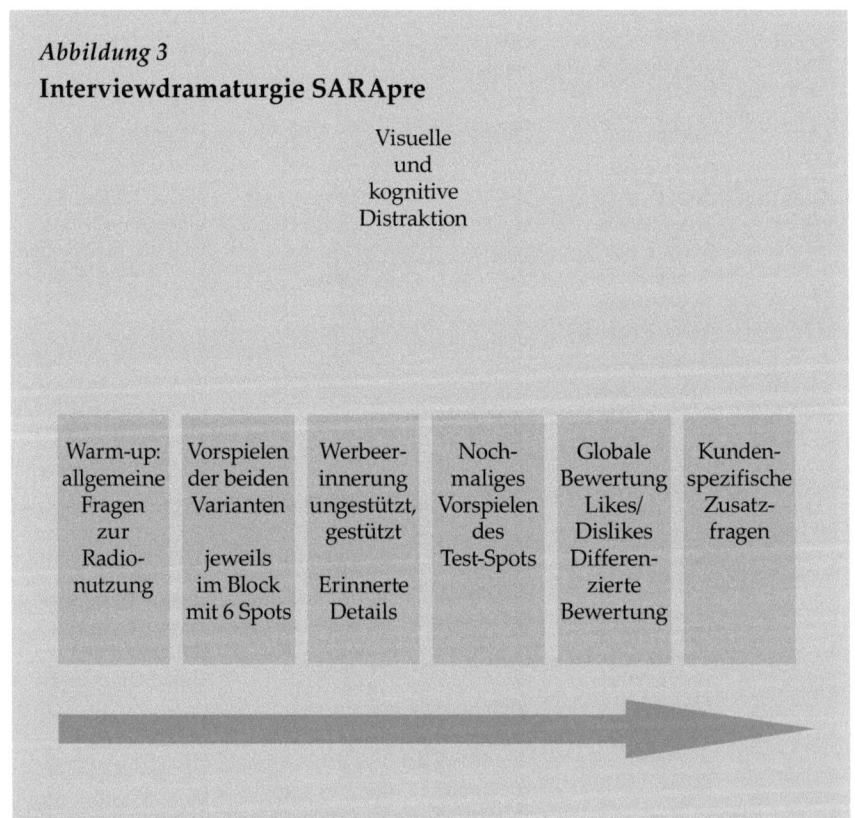

168

SARA-SAFE: Benchmarks und Einflussfaktoren

Die Ergebnisse der bislang durchgeführten SARA-Untersuchungen werden kontinuierlich in einer Datenbank „SARA-SAFE" gespeichert. Dieser Datenbestand liefert Benchmarks, um Leistungswerte aktuell getesteter Spots mit denen von Spots der gleichen Branche zu vergleichen. In der Regel geschieht dies in anonymisierter Form (vgl. Abb. 4). Die Benchmarks sind für Werbungtreibende eine wichtige Orientierungsgröße, um die Leistung ihres Spots insgesamt und im Vergleich zu den Mitbewerbern einordnen zu können. Eingang in die Datenbank finden neben Leistungswerten auch formale und inhaltliche Merkmale der getesteten Spots bzw. der Kampagne. Dazu gehört die ganze Bandbreite wirkungsrelevanter Eigenschaften wie Spotlänge, Einsatz von Musik, Jingles etc. sowie Informationen zur Art des beworbenen Produktes bzw. der Dienstleistung (Branche). Durch die Kombination der Leistungswerte mit den Spot- bzw.

Abbildung 4

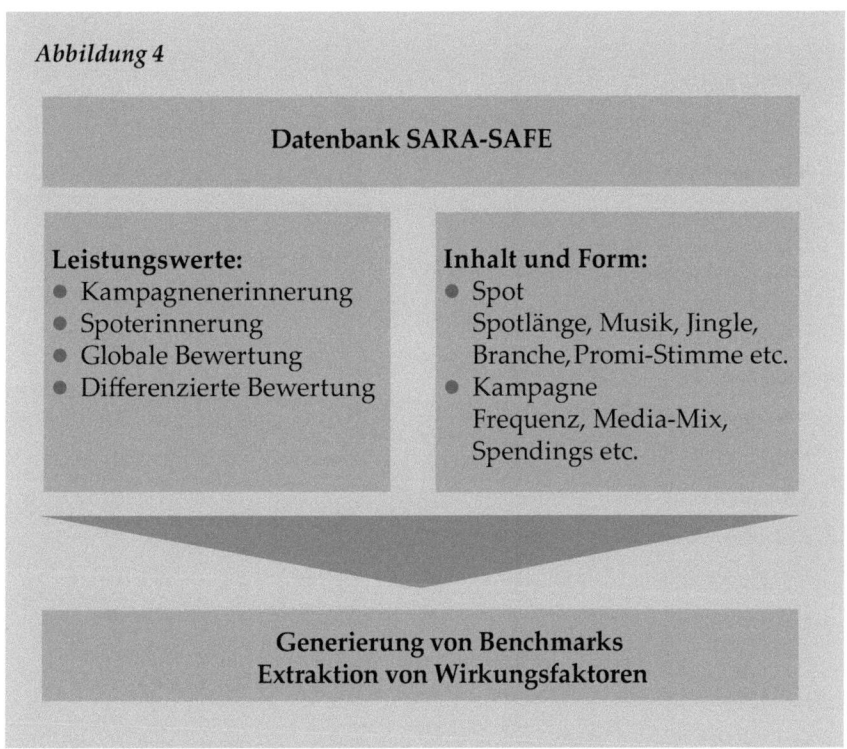

Datenbank SARA-SAFE

Leistungswerte:
- Kampagnenerinnerung
- Spoterinnerung
- Globale Bewertung
- Differenzierte Bewertung

Inhalt und Form:
- Spot
  Spotlänge, Musik, Jingle,
  Branche, Promi-Stimme etc.
- Kampagne
  Frequenz, Media-Mix,
  Spendings etc.

Generierung von Benchmarks
Extraktion von Wirkungsfaktoren

Kampagnenmerkmalen sind systematische Analysen zum Einfluss der verschiedenen Merkmale auf die Performance der Spots möglich. In der Datenbank sind derzeit Informationen zu über 500 getesteten Spots gespeichert (Stand: Sommer 2010).

Die Branchenstruktur der im SARA-SAFE vertretenen Spots bietet einen realistischen Querschnitt über die im Radio beworbenen Produktgruppen.[5] Die Top-Fünf bilden die Branchen Handel (17%), Dienstleistungen (Tourismus, Gewinnspiele, Tankstellen, Schnellrestaurants etc. 16%), Versicherungen/Banken (11%), Lebensmittel (11%) und Alkoholische Getränke (7%) (vgl. Abb. 5).

Die durchschnittliche Anzahl der Schaltungen im untersuchungsrelevanten Zeitraum (= vier Wochen vor der Befragung) lag bei 53 Frequenzen (vgl. Abb. 6). Die durchschnittliche Länge der Spots im SARA-SAFE betrug 23 Sekunden. Damit liegen die Test-Spots etwas über der durchschnittlichen Spotlänge von 21 Sekunden, wie sie Nielsen Media Research für das Jahr 2009 ausweist. Auffällig, wenn auch wenig über-

Abbildung 5
Branchen der getesteten Spots

Branche	Anzahl	Anteil in %
Handel	87	17,1
Dienstleistungen (Tourismus, Gewinnspiele, Tankstellen, Schnellrestaurants etc.)	82	16,1
Versicherungen, Banken	56	11,0
Lebensmittel	55	10,8
Alkoholische Getränke	37	7,3
Alkoholfreie Getränke	35	6,9
PKW	33	6,5
Telekommunikation/E-Commerce	26	5,1
Elektrogeräte	18	3,5
Drogerieprodukte	14	2,8
Pharma	13	2,6
Sonstige	53	10,4
Gesamt	509	100,0

Quelle: SARA-SAFE

raschend ist, dass die meisten Spots eine „runde" Spotlänge haben. Der klassische 20-Sekünder kommt auf einen Anteil von 34 Prozent, 25-Sekünder stellen 13 Prozent und 30-Sekünder 17 Prozent. Die Verwendung standardisierter Spotlängen ist sicherlich der Konvention geschuldet, zwingend erforderlich ist sie nicht, da die Kalkulation der Mediakosten sekundengenau erfolgt. Mit Blick auf die Wirkung deuten qualitative Studien darauf hin, dass jede Spotkreation ein jeweils individuell auszutarierendes „Maß" hinsichtlich Informationsdichte und Geschwindigkeit, ähnlich dem Goldenen Schnitt in der Kunst, halten sollte.[6] Dies richtet sich natürlich nicht nach konventionellen Spotlängen. Deshalb erscheint es ratsam, einem Radiospot die Zeit zu geben, die er „braucht", losgelöst von vorgegebenen Rastern.

Die Mediastrategie der im SARA-SAFE erfassten Kampagnen stellt sich schließlich wie folgt dar: Acht von zehn Spots (80 %) liefen in Mix-Kampagnen, der Rest (20 %) waren reine Radio-Kampagnen. In den Mix-Kampagnen wurde Radio am häufigsten gemeinsam mit TV (64 %), Tageszeitungen (70 %) oder Zeitschriften (72 %) eingesetzt. Gemeinsam mit Plakat (46 %) und Internet (52 %; erst seit 2008 erfasst) wurde bei jeder zweiten Kampagne geworben.

Abbildung 6
Formale Merkmale der getesteten Spots

Durchschnittliche Anzahl der Schaltungen im Untersuchungszeitraum (max. 4 Wochen vor Befragung)	53
Durchschnittliche Spotlänge	23 Sekunden
Media-Mix	
Radio Mono	20 %
Mix-Kampagnen	80 %
davon:	
mit TV	64 %
mit Tageszeitung	70 %
mit Zeitschriften	72 %
mit Plakat	46 %
mit Online (seit 2008 erfasst)	52 %
Quelle: SARA-SAFE (509 Spots)	

Tipps zur Spotgestaltung

Wie immer, wenn es um kreative Fragen geht, gibt es auch für die Gestaltung eines Radiospots keine magische Formel. Die vorliegenden Ergebnisse liefern aber sehr wohl einige deutliche Hinweise, die im Folgenden zusammengefasst sind. Die Tipps zur Spotgestaltung stützen sich auf die bislang mit der Spot-Analyse Radio getesteten Kampagnen (vgl. Abb. 7).[7]

Der Einfluss von Musik, Signaltönen und Jingles

- Der Einsatz von Musik ist nicht zwingend. Ein Spot kann mit Musik arbeiten, sich aber auch allein auf Sprache beschränken. Weder hinsichtlich Beachtung (Kampagnenerinnerung, Spoterinnerung) noch hinsichtlich der Bewertung („gefällt") zeigen sich Unterschiede in Abhängigkeit vom Musikeinsatz.
- Die Verwendung von Musik mit Gesang gegenüber Instrumentalmusik hat einen positiven Einfluss auf die Leistungswerte des Spots. Dies gilt für Erinnerung und Bewertung gleichermaßen. Offensichtlich weckt die menschliche Stimme mehr Aufmerksamkeit und Sympathie als Musikinstrumente allein.
- Hat man sich einmal für Musik entschieden, dann lohnt es, auf etwas Vertrautes zurückzugreifen. Spots mit bekannten Melodien werden deutlich besser erinnert und besser bewertet als Spots mit unbekannter Musik. Es macht sich also bezahlt, dass Werbespots immer wieder auf Ohrwürmer wie „We will rock you" (OBI) zurückgreifen.
- Kampagnen mit spannender, dynamischer Musik werden deutlich besser erinnert als Kampagnen, die mit ruhiger Musik arbeiten. Die Erinnerung des einzelnen Spots bleibt von der Art der Musik allerdings unbeeinflusst. Interessant ist, dass Spots mit ruhiger Musik aber etwas besser bewertet werden.
- Vergleicht man Spots mit Signaltönen mit solchen ohne entsprechende Effekte, so gibt es keine Unterschiede in der Leistung. Rein quantitativ betrachtet braucht Radiowerbung demnach keine akustischen Schlüsselreize, um erfolgreich zu sein. Qualitative Untersuchungen deuten jedoch darauf hin, dass es auf die Art des Signaltons ankommt. Handelt es sich um ein positiv besetztes Geräusch, das noch dazu eine persönliche Relevanz hat (z.B. Ansage des Anrufbeantworters „Sie haben eine neue

Nachricht"), ist mit hoher Aufmerksamkeit zu rechnen. Ist hingegen ein störendes Geräusch (nervendes Telefonklingeln, Knallen, Schüsse, Sirenengeheul etc.) zu hören, ist Reaktanz auf Seiten des Hörers die Folge.[8]

• Spots mit Jingles werden deutlich besser erinnert und auch besser bewertet als Spots ohne dieses akustische Erkennungsmerkmal. SARA-SAFE bestätigt damit den positiven Effekt von Tonfolgen, wie sie von der Telekom und anderen eingesetzt werden.[9]

Bringen Power: Prominente und Dialekt

• Die Stimmen von Prominenten schaffen Aufmerksamkeit. Die Analyse zeigt, dass Kampagnen mit Testimonials deutlich besser erinnert werden. Die Bewertung der Promi-Spots („Gefallen") hängt aber in starkem Maße von der Einstellung zu dem jeweiligen Star ab. Einige, wie zum Beispiel Dieter Bohlen, polarisieren sehr stark. Das wirkt sich auf die Bewertung des Spots aus, die dann bei Fans und Gegnern sehr unterschiedlich ausfällt.

• Emotionale Spots werden besser bewertet als informative (37 % vs. 32 %). Bei der Erinnerung lassen sich jedoch keine Unterschiede hinsichtlich der Tonalität feststellen. Natürlich gibt es einen Zusammenhang zwischen Branche und Tonalität. So ist der Anteil emotionaler Spots bei Erfrischungsgetränken und Bier (68 % bzw. 78 %) höher als bei Banken und Versicherungen (42 % bzw. 33 %). Grundsätzlich dürfte aber nichts gegen eine emotionale Ansprache in Spots „seriöser" Branchen sprechen.

• Dialekt ist ein Stilmittel, das Sympathien weckt. Spots in Mundart werden im Durchschnitt deutlich besser bewertet als solche in Hochdeutsch (41 % vs. 34 % „gefällt"). Und die Kampagne insgesamt wird auch besser erinnert (30 % vs. 26 %). Auffällig ist, dass nur relativ wenige Kampagnen Dialekt einsetzen, nämlich gerade einmal 42 der über 500 getesteten Spots.

• In punkto Dialekt ist zu beachten, dass bei überregionalen Kampagnen die Hörer im Sendegebiet zwangsläufig nicht nur den eigenen Dialekt zu hören bekommen. Hier zeigt sich, dass Spots mit „einheimischem" Dialekt klar besser erinnert (47 % vs. 40 %) und bewertet werden (45 % vs. 34 %). Kampagnen mit „fremdem" Dialekt schneiden allerdings nicht schlechter ab als Motive in Hochsprache. Zudem ist hier natürlich auf die Affinität zum Produkt zu achten: Eine Bergbauern-Milch lässt sich auch in Hamburg vermutlich nur schwer mit norddeutschem Platt verkaufen.

Persönliche Ansprache ist Trumpf: Storytelling und Dialog

- Radiospots mit Story, also einer kleinen Geschichte zum beworbenen Produkt, schneiden besser ab als solche, die nur Fakten auflisten. Sie werden sowohl besser erinnert als auch besser bewertet.
- Eine ähnliche Tendenz zeichnet sich bei der Anzahl der Sprecher ab. Spots mit mehreren Sprechern im Dialog erzielen bessere Leistungswerte als solche, die sich auf reine Monologe beschränken.

Abbildung 7

Der Einfluss kreativer Faktoren

	Kampagnenerinnerung „Werbung für ... im Radio gehört" in %	Spoterinnerung „Spot schon einmal gehört" in %	Positive Bewertung „gefällt" / Skalenpunkte 1 und 2 in %
Musik			
mit Musik (n=283)	26	45	36
ohne Musik (n=216)	27	44	34
Art der Musik			
instrumental (n=201)	24	43	35
mit Gesang (n=82)	29	49	38
Musik bekannt			
Ja (n=46)	31	50	40
Nein (n=236)	25	44	35
Art der Musik			
spannend (n=74)	30	44	34
beruhigend (n=126)	24	45	37
Signalton			
ja (n=167)	26	43	35
nein (n=332)	26	45	35
Jingle			
ja (n=343)	28	47	36
nein (n=156)	22	39	32
Testimonial			
Prominenter, Kunstfigur (n=39)	36	52	37
Nein (n=457)	25	44	35
Tonality			
informativ (n=166)	25	45	32
emotional (n=252)	27	45	37

Fortsetzung nächste Seite

• Anders gefasst: Persönliche Ansprache ist bei Radiowerbung extrem wichtig, allerdings nicht im Sinne von Aufmerksamkeit heischender Marktschreierei. Vielmehr sollte gute Radiowerbung durch kleine Geschichten, originelle Typen, eingängige Lieder und Ähnliches beim Hörer ein Bild, eine Vorstellung vom Produkt, von der Situation, vom Verwender erzeugen. Die quantitativen Daten des SARA-SAFE deuten dies an vielen Stellen an. Bestätigt wird dies durch qualitative Befunde aus tiefenpsychologischen Interviews.[10]

Abbildung 7 Fortsetzung
Der Einfluss kreativer Faktoren

	Kampagnenerinnerung „Werbung für ... im Radio gehört" in %	Spoterinnerung „Spot schon einmal gehört" in %	Positive Bewertung „gefällt"/ Skalenpunkte 1 und 2 in %
Dialekt			
ja (n=42)	30	44	41
nein (n=457)	26	44	34
Passung Dialekt			
Dialekt aus Sendegebiet (n=20)	30	47	45
fremder Dialekt (n=20)	28	40	34
Story im Spot			
ja (n=189)	27	45	37
nein (n=291)	25	44	34
Sprecher			
Monolog (n=317)	26	44	34
Dialog (n=153)	27	46	37
Nennung konkretes Angebot			
ja (n=199)	27	46	33
nein (n=300)	25	43	36
Nennung Preis			
ja (n=97)	31	48	34
nein (n=402)	25	43	35

Die Addition der Kategorien ergibt nicht immer die Gesamtzahl der getesteten Spots, da eine eindeutige Zuordnung nicht in jedem Fall möglich war.
Quelle: SARA-SAFE (509 Spots)

Preis und Angebot wecken Aufmerksamkeit

- Die Nennung eines konkreten Angebots oder eines Preises weckt die Aufmerksamkeit der Hörer. Tendenziell werden Spots mit Angebots- oder Preisnennung aber etwas schlechter bewertet. Hier dürfte sicherlich die handwerkliche Umsetzung entscheidend sein, d. h. wenn die Angebotsnennung stimmig in die Gesamtkreation eingebunden ist, muss sie sich nicht zwangsläufig negativ auf die Bewertung auswirken.

Längere Spots gefallen besser

- Neben den gestalterischen Faktoren spielen selbstverständlich die formalen Merkmale eines Spots eine entscheidende Rolle für seinen Erfolg. Von zentraler Bedeutung sind hier die Anzahl der Schaltungen, die Spotlänge und der Media-Mix (vgl. Abb. 8).
- Die Wirkung einer Kampagne steigt mit zunehmendem Werbedruck. Sowohl die Kampagne insgesamt als auch der einzelne Spot werden umso besser erinnert, je mehr Schaltungen on air waren. Damit bestätigt SARA – wenig überraschend – die Wirkungskurven klassischer Werbetrackings. Zusätzlich erlaubt sie jedoch einen Blick auf originäre Merkmale des Spots und ihren Einfluss auf den Werbeerfolg, wie beispielsweise die Spotlänge.
- Lange Spots werden besser erinnert als kurze Spots. Bei Spots unter 20 Sekunden und Spots mit 20 bis 24 Sekunden Dauer liegt die Erinnerung jeweils bei 43 Prozent, Spots mit 25 bis 29 Sekunden werden im Schnitt von 47 Prozent der Hörer erinnert und Spots über 30 Sekunden von 45 Prozent. Auch dies entspricht den Erwartungen, obwohl sich bei Spots von einer halben Minute und länger ein Deckeneffekt einstellt. Bemerkenswert erscheint jedoch, dass bereits mit kurzen Spots im Schnitt vier von zehn Hörern erreicht werden. Allerdings ist auch das „Fassungsvermögen" eines Spots zu beachten. Will man eine Vielzahl von Informationen unterbringen, reicht ein kurzer Spot einfach nicht aus. Dann wird der Spot zwar erinnert, man hat aber nur einen Teil der Botschaft untergebracht.
- Aufschlussreich ist die Entwicklung der Bewertung (Gefallen) in Abhängigkeit von der Spotlänge. Spots ab 20 Sekunden werden nämlich nicht nur besser erinnert – sie gefallen auch besser! Dies dürfte darauf

Abbildung 8

Der Einfluss formaler Faktoren

	Werbeerinnerung „Werbung für ... im Radio" gehört	Spoterinnerung „Spot schon einmal gehört"	Positive Bewertung „gefällt" / Skalenpunkte 1 und 2
Anzahl der Schaltungen*			
bis 40 (n=216)	22	40	34
41 bis 60 (n=148)	24	42	34
über 60 (n=137)	35	52	38
Spotdauer in Sekunden			
unter 20 (n=103)	26	43	31
20-24 (n=206)	24	43	35
25-29 (n=89)	29	47	36
über 30 (n=110)	28	45	36
Media-Mix			
Mix (n=384)	27	46	36
Mono Radio (n=97)	22	39	32

*Schaltungen im untersuchungsrelevanten Zeitraum (vier Wochen vor Befragung)

Quelle: SARA-SAFE (509 Spots)

zurückzuführen sein, dass man in einem kurzen Spot einfach keine gute Story erzählen oder eine angenehme Atmosphäre aufbauen kann. Deshalb ist die Länge des Spots von besonderer Bedeutung, wenn nicht nur Aufmerksamkeit erzielt, sondern auch Emotionen und Image transportiert werden sollen.

- Radio ist ein klassisches Mix-Medium. Das spiegeln auch die Daten aus dem SARA-SAFE. Bei Mix-Kampagnen sind Erinnerung und Bewertung der Spots deutlich besser. Allerdings werden auch Spots aus reinen Radio-Kampagnen durchschnittlich von vier von zehn Hörern (39 %) erinnert.

Anmerkungen

1 Franz, Gerhard: Radiowerbung als Absatzmultiplikator. Ergebnisse einer britischen Studie. In: Media Pespektiven 10/2005, S.505–510.
2 http://www.imas-international.de/meth_radio.pdf, http://www.imas-international.de/html/psychometer.html
3 www.ipsos.de.
4 Zur Spot-Analyse Radio vgl. Gaßner, Hans-Peter: Die Wirkung von Radiospots messen. Werbeerfolgskontrolle mit der Spot-Analyse Radio. In: Media Perspektiven 2/2003, S.86–92; sowie Radiospots mit Power. Erfolgreich werben mit kreativen Spots. Radio-Wissen Nr. 8. ARD-Werbung SALES & SERVICES, Dezember 2005.
5 Vgl. den Beitrag von Michael Heffler in diesem Band.
6 Praktischer Leitfaden zur Radiowerbung. Studie von emsulting, Köln, im Auftrag der ARD-Werbung SALES & SERVICES, Sommer 2010 (noch nicht veröffentlicht).
7 Die folgenden Ergebnisse decken sich weitgehend mit den in der 1. Auflage dieses Bandes präsentierten Befunden. Abweichungen bei einzelnen Wirkungsfaktoren sind in der unterschiedlichen Datenbasis begründet. Standen damals nur 250 Spots zur Verfügung, so liegen nunmehr Testergebnisse für über 500 Spots vor. Für eine systematische Analyse der IMAS-PsychoMeter-Daten vgl. Werbewirkung unterschiedlicher Spotformate. Formale und gestalterische Einflussfaktoren. Radio Marketing Service 2001.
8 Praktischer Leitfaden zur Radiowerbung (noch nicht veröffentlicht) (Anm. 6).
9 Zum Thema Jingles und Soundlogos vgl. http://www.rms.de/forschung/forschung/kreation/soundlogo-check/.
10 Vgl. Praktischer Leitfaden zur Radiowerbung (noch nicht veröffentlicht) (Anm. 6).

Der Stellenwert des Radios im Medienvergleich
Ergebnisse der ARD/ZDF-Langzeitstudie Massenkommunikation 2010

Christa-Maria Ridder

Mediennutzung und Medienwandel

Schon seit Anfang der 1960er Jahre steht in nahezu jedem Haushalt in der Bundesrepublik Deutschland mindestens ein Radiogerät. Und dank der Ablösung der Röhren-Radios durch kleinere und leichtere Transistorgeräte fand das Radio in den 1960er Jahren via Zweit- und Drittgeräten auch schnell den Weg in diverse Zimmer der Wohnung oder des Hauses und natürlich auch hinaus ins Freie. Radiohören in unterschiedlichen Nutzungskontexten gehörte also schon seit Jahrzehnten zum Medienalltag der Bundesbürger, noch bevor das Fernsehen in den 1970er Jahren endgültig die Wohnzimmer der Deutschen erobern konnte.

Seitdem hat sich viel verändert, sowohl in der Gerätetechnik und Haushaltsausstattung als auch bei den Medien-Nutzungsgewohnheiten und Medienpräferenzen der Menschen. Die Langzeitstudie Massenkommunikation dokumentiert seit mehr als 45 Jahren solche mit der Medienentwicklung und dem sozialen Wandel zusammenhängenden Veränderungen. Sie ist weltweit die einzige über einen so langen Zeitraum regelmäßig durchgeführte Repräsentativstudie zu Mediennutzungsgewohnheiten im Intermedia-Vergleich.

Die Studie wurde erstmals 1964 durchgeführt. Anlass war die mit dem Aufkommen des Fernsehens wieder neu entbrannte Wettbewerbsauseinandersetzung zwischen Print- und elektronischen Medien, diesmal wegen des Fernsehens. Im Mittelpunkt stand die Frage, ob ein neues Medium (das Fernsehen) die alten Medien verdrängt oder lediglich ergänzt. Diese Frage ist in ihrer allgemeinen Form bis heute der zentrale Untersuchungsgegenstand der Studie Massenkommunikation geblieben.

Die Untersuchung wurde danach in regelmäßigen Abständen von ungefähr fünf Jahren wiederholt, bis zur jüngsten Welle 2010 (vgl. Abb. 1).

Abbildung 1

**Methodensteckbrief der ARD/ZDF-Studie
Massenkommunikation 2010**

Auftraggeber: ARD/ZDF-Medienkommission

Methode: CATI (Computer Assisted Telephone Interview)

Institute: Enigma GfK Medienforschung (Wiesbaden)
                   Media Markt Analysen (Frankfurt a.M.)

Fallzahl: n = 4.503 (MK 2005: n = 4.500)

Grundgesamtheit: Deutschsprachige Wohnbevölkerung ab 14 Jahren
                   (Neu – analog ma 2010 Radio I)
                   (MK 2005: D 14+)

Feldzeit: 11.01.2010 – 21.03.2010
                   (Feldpause 12.–28.02. wegen Olympischer
                   Winterspiele)

Die Studie Massenkommunikation ist eine klassische Zeitbudgetstudie mit der Erfassung relevanter Aktivitäten am gestrigen Tag in einem Raster von 15 Minuten. Im Mittelpunkt steht die Nutzung der tagesaktuellen Medien Fernsehen, Radio, Tageszeitung und Internet. Neben diesen tagesaktuellen Medien werden auch weitere Medien wie Zeitschriften, Bücher, Tonträger und Videos/DVDs erfasst.

Ergänzend zur Mediennutzung sind Alltagsaktivitäten wie beispielsweise Schlafen, Essen, Erwerbs- und Hausarbeit Bestandteil der Untersuchung. Aktivitäten und Mediennutzung können danach unterschieden werden, ob sie zu Hause oder außer Haus stattgefunden haben.

Weitere zentrale Aspekte der Studie sind subjektive Einstellungen zu den Medien, insbesondere auch die unterschiedliche Positionierung von öffentlich-rechtlichem und privatem Rundfunk sowie Einschätzungen zur zukünftigen Medienentwicklung.

Mediennutzung 1964 bis 2010 in der Langzeitstudie Massenkommunikation

Der zentrale Befund der 1964er Welle der Studie Massenkommunikation lautete, dass zwischen den Medien kein Substitutionsverhältnis besteht, sondern dass sie sich in hohem Maße ergänzen, wobei aber ein Anpassungsprozess stattfindet. Seitdem gehört diese These von der Komplementarität der Medien zum Grundbestand medienwissenschaftlicher Erkenntnisse. Sie wurde von allen Wellen der Langzeitstudie bis heute bestätigt.[1]

Parallel hat die Studie die konkreten Anpassungsprozesse der einzelnen Medien an die jeweils veränderte Medienumgebung dokumentiert. Bestes Beispiel dafür ist die Entwicklung des Radios zum Tagesbegleiter. 1964, als erst gut die Hälfte aller bundesdeutschen Haushalte über ein Fernsehgerät verfügte, hatte das Radio durchaus noch eine hohe Bedeutung im Rahmen der abendlichen Mediennutzung. Damals wurden 89 Minuten Radio gehört und 70 Minuten ferngesehen.[2] Im Jahr 2000 wurde immer noch mehr Radio gehört als ferngesehen.[3] Die Radionutzung fand jetzt aber überwiegend über den Tag verteilt bis zum späten Nachmittag statt, während am Abend das Fernsehen dominierte. Hörfunk und Fernsehen haben sich also miteinander im Tagesablauf „arrangiert", ohne dass eines der beiden Medien aus dem Alltag der Bundesbürger verschwand. Es fand vielmehr, wie hier deutlich wird, eine „funktionale Reorganisation" der Mediennutzung[4] statt.

Betrachtet man vor diesem Hintergrund das Internet, das 2000 in die Erhebung aufgenommen wurde, so muss man konstatieren: Nach dem Aufkommen des Fernsehens hat es kein anderes Medium mehr gegeben, das sich so rasant verbreitet hat wie das Internet. Wird das Internet, das Plattform- und Medienfunktionen in sich vereint, nun also das „alte" Medium Radio doch verdrängen oder ist es nur ein zusätzlicher Verbreitungsweg? Oder konkurriert es vielleicht mit ganz anderen Funktionen um die Zeit der Mediennutzer? Diesen Fragen wird hier anhand der Ergebnisse der „Massenkommunikation 2010" nachgegangen.

Voraussetzung für die Nutzung von Medien ist eine entsprechende Ausstattung mit Geräten. Eingangs wurde festgestellt, dass schon vor 50 Jahren praktisch jeder Haushalt mindestens ein Radioempfangsgerät besaß (vgl. Abb. 2). Das ist, wie die aktuelle Welle der Massenkommunikation ermittelt, heute weiterhin der Fall. Radios sind zusammen mit den Fernsehern, bei denen es seit Mitte der 1970er Jahre Vollversorgung gibt, auch heute noch die einzigen Geräte, die tatsächlich in so gut wie jedem bundesdeutschen Haushalt stehen.[5]

Die Computer-Ausstattung hat aufgeschlossen, mittlerweile besitzen rund drei Viertel aller Haushalte einen PC oder Laptop. Das Internet wird mehr und mehr über schnelle Breitbandanschlüsse empfangen, denn bereits 64 Prozent der Haushalte verfügen über einen DSL- oder VDSL-Anschluss.

Auch Geräte zur zeitautonomen Wiedergabe von Bewegtbild und Ton sind in der weit überwiegenden Anzahl von Haushalten verfügbar, wobei hier mit Videorecordern, Kassettenrecordern, DVD- und Festplattenrecordern, CD-Playern und MP3-Playern unterschiedliche Technikgenerationen parallel eine weite Verbreitung haben. Die technologische Entwicklung ist dabei so rasch, dass Zeitreihen für bestimmte Gerätetypen kaum über einen längeren Zeitraum fortgesetzt werden können. Allerdings sieht man, dass CD- und MP3-Player ihren Zenit offenbar überschritten haben – was sicher an den wachsenden Möglichkeiten liegt, Audioinhalte via Internet zu nutzen. Man braucht jetzt nicht mehr unbedingt ein spezielles Gerät dafür, der Computer kann alles.

Abbildung 2
Ausstattung der Haushalte mit Medien

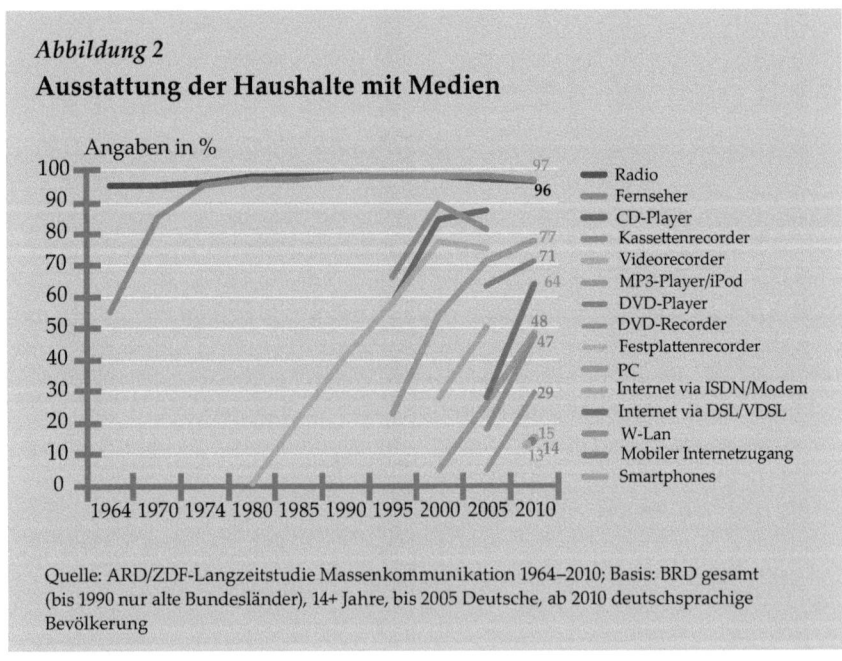

Quelle: ARD/ZDF-Langzeitstudie Massenkommunikation 1964–2010; Basis: BRD gesamt (bis 1990 nur alte Bundesländer), 14+ Jahre, bis 2005 Deutsche, ab 2010 deutschsprachige Bevölkerung

182

Reichweite und Nutzungsdauer der Medien im Vergleich

Laut Studie Massenkommunikation 2010 werden 78,7 Prozent der Bevölkerung täglich vom Radio erreicht; mehr Menschen erreicht nur das Fernsehen mit 86 Prozent (vgl. Abb. 3). Im Zeitverlauf ist die Reichweite von Radio ebenso wie die des Fernsehens seit 2000 relativ stabil geblieben, während das dritte „klassische" tagesaktuelle Medium im Bunde, die Tageszeitung, an Reichweite verliert. Die Tageszeitung hat mit 44,3 Prozent nur noch einen geringen Reichweitenvorsprung vor dem Internet, das seit 2000 einen rasanten Aufstieg verzeichnen kann und 2010 auch schon fast von der Hälfte der Bevölkerung (43,3 %) täglich genutzt wird.

Radio und Fernsehen bleiben damit die täglich am meisten genutzten Medien. Dies gilt selbst dann noch, wenn man die unterschiedliche Ausstattung mit Radio- und Fernsehgeräten bzw. die Möglichkeit des Internetzugangs mit der täglichen Reichweite in Beziehung setzt. Von 100 Haushalten, die ein Fernsehgerät besitzen, schalten es 89 auch ein, beim Radio sind es 82, bei den Internetnutzern via DSL sind es nur 68.

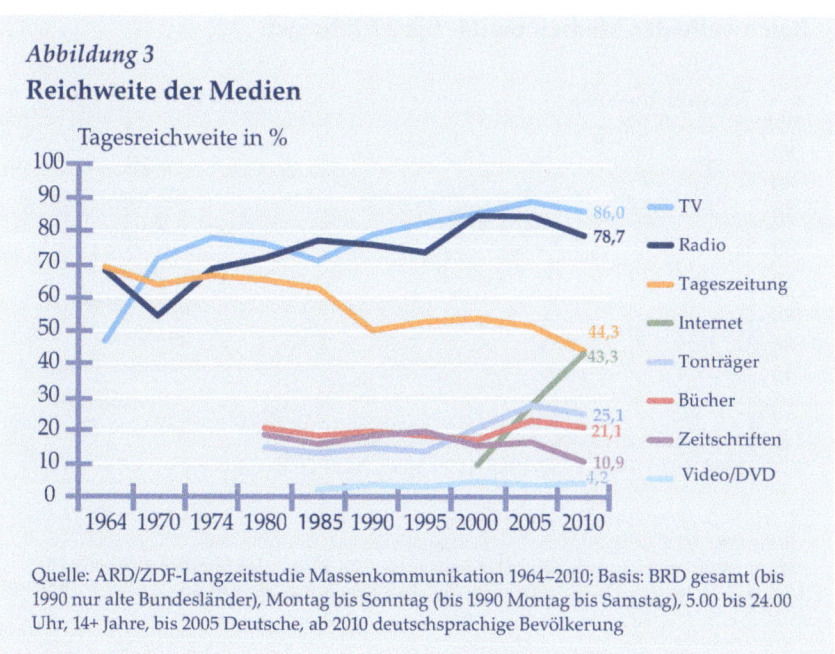

Abbildung 3
Reichweite der Medien

Quelle: ARD/ZDF-Langzeitstudie Massenkommunikation 1964–2010; Basis: BRD gesamt (bis 1990 nur alte Bundesländer), Montag bis Sonntag (bis 1990 Montag bis Samstag), 5.00 bis 24.00 Uhr, 14+ Jahre, bis 2005 Deutsche, ab 2010 deutschsprachige Bevölkerung

Das Internet ist vor allem ein Medium der jüngeren Bevölkerungssegmente, der so genannten „Digital Natives", die das Internet häufiger und länger nutzen als die Gesamtbevölkerung und möglicherweise mit den Medien allgemein ganz anders umgehen als der Durchschnittsbürger. Um dies zu untersuchen, wurde ein getrennter Blick auf die 14- bis 29-Jährigen geworfen (vgl. Abb. 4). Sie verfügen zu knapp 85 Prozent über einen schnellen Internetzugang via DSL oder VDSL. In dieser Gruppe hat das Internet beim täglichen Zugriff zu Radio und Fernsehen aufgeschlossen – wobei das Internet ein extrem starkes Wachstum ausweist, während die Tagesreichweiten von Radio und Fernsehen seit 2005 gesunken sind. Die Tagesreichweite von Tonträgern aller Art ist in dieser Altersgruppe mehr als doppelt so hoch wie in der Gesamtbevölkerung, stagniert allerdings seit 2005.

Was bedeuten diese Befunde für die tägliche Nutzungsdauer? Hier geht es in erster Linie um den Vergleich der Medien, um ihre Positio-

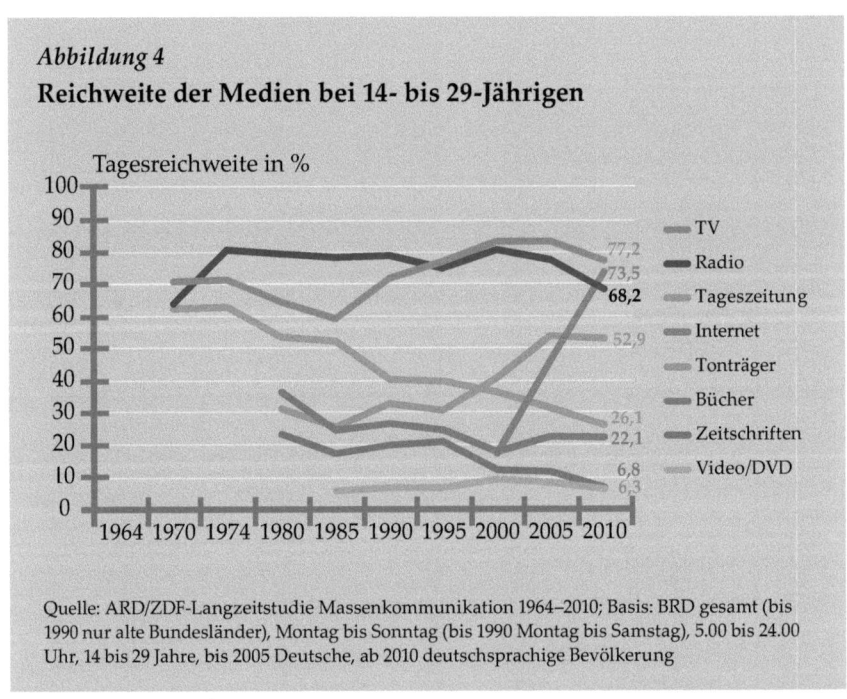

Abbildung 4
Reichweite der Medien bei 14- bis 29-Jährigen

Tagesreichweite in %

- TV
- Radio
- Tageszeitung
- Internet
- Tonträger
- Bücher
- Zeitschriften
- Video/DVD

77,2
73,5
68,2
52,9
26,1
22,1
6,8
6,3

1964 1970 1974 1980 1985 1990 1995 2000 2005 2010

Quelle: ARD/ZDF-Langzeitstudie Massenkommunikation 1964–2010; Basis: BRD gesamt (bis 1990 nur alte Bundesländer), Montag bis Sonntag (bis 1990 Montag bis Samstag), 5.00 bis 24.00 Uhr, 14 bis 29 Jahre, bis 2005 Deutsche, ab 2010 deutschsprachige Bevölkerung

nierung im gesamten Medienzeitbudget der Nutzer. Danach liegen Radio und Fernsehen bezüglich der Nutzungsdauer mit weitem Abstand vor den anderen Medien (vgl. Abb. 5). Die Fernsehnutzung ist in den letzten fünf Jahren mit 220 Minuten am Tag konstant geblieben. Die Radionutzung (187 Min./Tag) ist zurückgegangen, wobei anzumerken ist, dass die Radionutzung im Jahr 2005 in der Studie Massenkommunikation überdurchschnittlich eingesammelt worden ist. Im Vergleich zur Währungsstudie Media-Analyse (ma) lag der Wert um etwa eine halbe Stunde höher. Allerdings hat sich gezeigt, dass die Daten korrekt erhoben wurden. Es handelt sich wohl um einen statistischen Ausreißer, wie ihn auch die Media-Analyse mit ihren zehnmal höheren Fallzahlen bei regionalen Betrachtungen gelegentlich kennt. Für die Massenkommunikation 2010 gilt jedenfalls: 2010 liegt die Radionutzung wieder auf ma-Niveau. Die Internetnutzung folgt inzwischen mit 83 Minuten täglicher Nutzung auf Platz 3. Alle anderen Medien halten ihr Niveau oder sind leicht rückläufig.

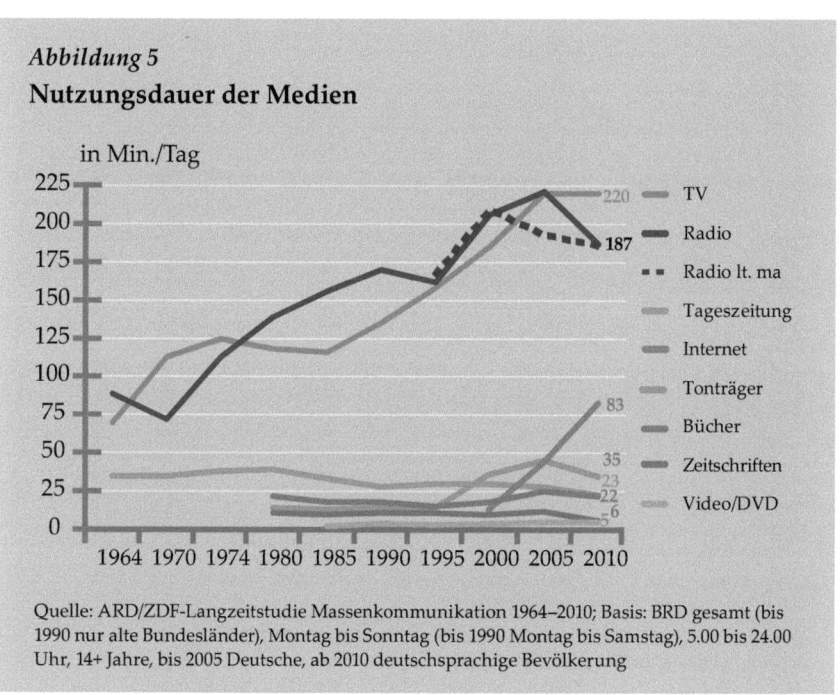

Abbildung 5
Nutzungsdauer der Medien

Quelle: ARD/ZDF-Langzeitstudie Massenkommunikation 1964–2010; Basis: BRD gesamt (bis 1990 nur alte Bundesländer), Montag bis Sonntag (bis 1990 Montag bis Samstag), 5.00 bis 24.00 Uhr, 14+ Jahre, bis 2005 Deutsche, ab 2010 deutschsprachige Bevölkerung

Bei den 14- bis 29-Jährigen zeigt sich ein deutlich anderes Bild (vgl. Abb. 6). Wie bei der Tagesreichweite liegen Radio, Fernsehen und auch Internet in der täglichen Nutzungsdauer fast gleichauf – bei Verlusten für Radio und Fernsehen und einem starken Gewinn für das Internet. Die Nutzung von Tonträgern ist im Zeitraum zwischen 2005 und 2010 deutlich zurückgegangen und liegt nunmehr bei 80 Minuten pro Tag. Die Video-/DVD-Nutzung ist mit 8 Minuten täglich zwar etwas höher als in der Gesamtbevölkerung, bleibt aber auch in der jüngeren Zielgruppe ein Randphänomen.

Welche Radionutzung steckt hinter der Internetnutzung?

Die entscheidende Frage lautet nun: Was wird eigentlich im Internet genutzt? Ist ein Teil der Internetnutzung nicht in Wirklichkeit Radionutzung? Lässt sich dieser Teil quantifizieren? Erstmals mit der Studie Mas-

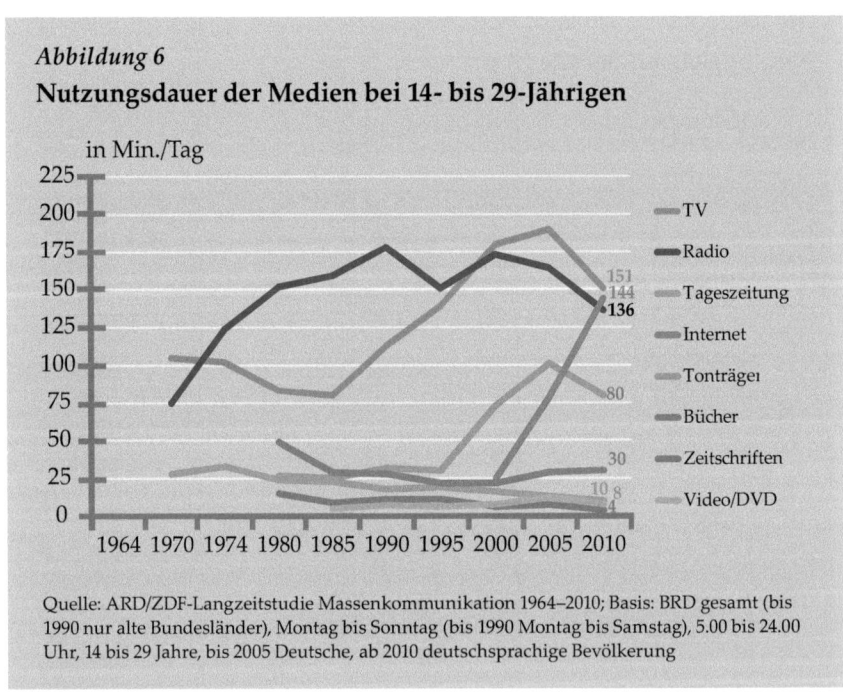

Abbildung 6
Nutzungsdauer der Medien bei 14- bis 29-Jährigen

Quelle: ARD/ZDF-Langzeitstudie Massenkommunikation 1964–2010; Basis: BRD gesamt (bis 1990 nur alte Bundesländer), Montag bis Sonntag (bis 1990 Montag bis Samstag), 5.00 bis 24.00 Uhr, 14 bis 29 Jahre, bis 2005 Deutsche, ab 2010 deutschsprachige Bevölkerung

senkommunikation 2010 ist es möglich zu analysieren, welche Art von Inhalten im Internet am gestrigen Tag genutzt wurde. Hierzu wurde im Anschluss an den Tagesablauf bei den Nutzern des Internets nachgefragt, was im Einzelnen wie lange genutzt wurde. Die Nutzung von Inhalten der Medien Radio, Fernsehen und (mit Einschränkungen) auch von Tageszeitungen sind damit als Teil der Internetnutzung ausweisbar.

Anders als bei Radio und Fernsehen sind die Nutzungsmöglichkeiten im Internet sehr vielfältig. Am weitesten verbreitet ist bekanntlich die personale Kommunikation per E-Mail, Instant Messaging in Chats, Foren oder Onlinecommunitys. Zu diesem Ergebnis kommt auch die Studie Massenkommunikation 2010 (vgl. Abb. 7). An zweiter und dritter Stelle stehen die Nutzung von Suchmaschinen und das eher unspezifi-

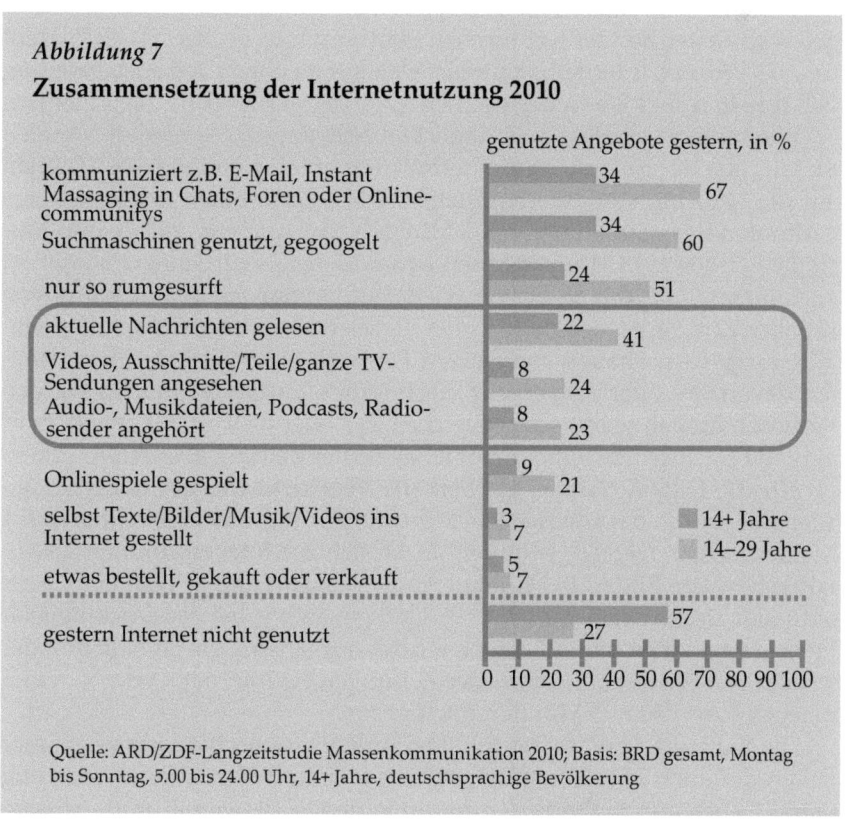

Abbildung 7

Zusammensetzung der Internetnutzung 2010

Quelle: ARD/ZDF-Langzeitstudie Massenkommunikation 2010; Basis: BRD gesamt, Montag bis Sonntag, 5.00 bis 24.00 Uhr, 14+ Jahre, deutschsprachige Bevölkerung

sche Surfen im Internet. Mit deutlichem Abstand folgt die Nutzung von Medieninhalten, hierbei am häufigsten das Lesen von Nachrichten vor der Nutzung bewegter Bilder und vor der Nutzung von Audio-/Musikdateien. Ähnlich verbreitet sind noch Onlinespiele. E-Commerce und die Gestaltung eigener Medieninhalte werden dagegen nur von einer kleinen Minderheit genutzt.

In der jüngeren Zielgruppe der 14- bis 29-Jährigen ergibt sich für diese Aktivitäten ein weitgehend gleiches Ranking, wenn auch auf einem sehr viel höheren Niveau. Insbesondere bei der Nutzung von bewegten Bildern und Audiodateien ist das Niveau in der jüngeren Zielgruppe dreimal so hoch wie in der Gesamtbevölkerung.

Fasst man dieses Ergebnis zusammen, so beträgt die Tagesreichweite der Mediennutzung im Internet im Durchschnitt der Bevölkerung 28 Prozent und in der jüngeren Zielgruppe 57 Prozent. Die Reichweite der übrigen Aktivitäten auf der technischen Plattform Internet beträgt 43 Prozent bzw. 73 Prozent. Internetnutzung ist also nur zu einem Teil auch Nutzung von Inhalten der klassischen Medien Radio, Fernsehen und Tageszeitung.

Wie schlägt sich das in der täglichen Nutzungsdauer nieder? Von den 83 Minuten der gesamten Internetnutzung am Tag entfallen 24 Minuten auf die Nutzung von Medieninhalten. Diese 24 Minuten setzen sich aus 4 Minuten Bewegtbildnutzung, 7 Minuten Nutzung von Audio- und Musikdateien sowie 13 Minuten Lesen von aktuellen Nachrichten im Internet zusammen (vgl. Abb. 8). Davon wiederum ist nur ein Teil Nutzung von Inhalten von Fernsehen, Radio oder Tageszeitung: 1 Minute pro Tag entfällt auf das Anschauen von ganzen Fernsehsendungen oder Ausschnitten davon live oder zeitversetzt via Internet. Jeweils 3 Minuten werden Radiosendungen (ganz oder teilweise) live oder als Podcast gehört bzw. aktuelle Nachrichten auf der Homepage einer Zeitung gelesen.

Für die Digital Natives gilt beinahe Vergleichbares auf höherem Niveau: Sie nutzen das Internet 144 Minuten pro Tag, davon 53 Minuten für Medieninhalte. Diese 53 Minuten setzen sich wie folgt zusammen: 13 Minuten bewegte Bilder, 19 Minuten Audio-Content und 21 Minuten Lesen aktueller Nachrichten (vgl. Abb. 9). Und genau wie bei der Gesamtbevölkerung ist auch in dieser Gruppe wieder nur ein Teil davon Nutzung der Inhalte von Fernsehen, Radio oder Zeitungen via Internet. Diese Nutzung macht 3 bzw. 7 bzw. 5 Minuten pro Tag aus.

Die Nutzung von Medieninhalten online ist durchaus ein relevanter Faktor der Internetnutzung. Der weitaus größere Teil der Internetnutzung entfällt aber auf Individualkommunikation, Zeitvertreib und Alltags-

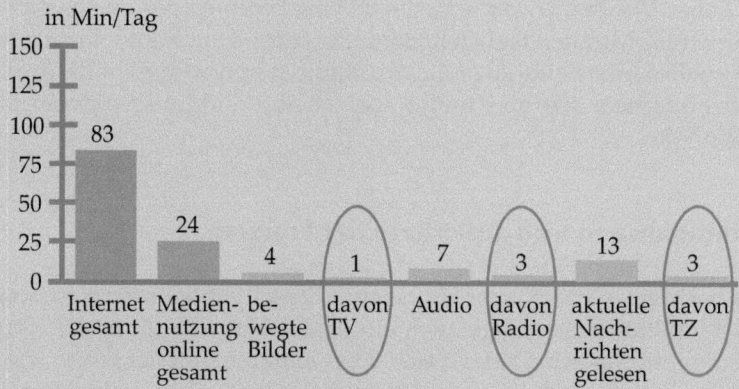

Abbildung 8

Nutzungsdauer von Medieninhalten im Internet 2010

Quelle: ARD/ZDF-Langzeitstudie Massenkommunikation 2010; Basis: BRD gesamt, Montag bis Sonntag, 5.00 bis 24.00 Uhr, 14+ Jahre, deutschsprachige Bevölkerung

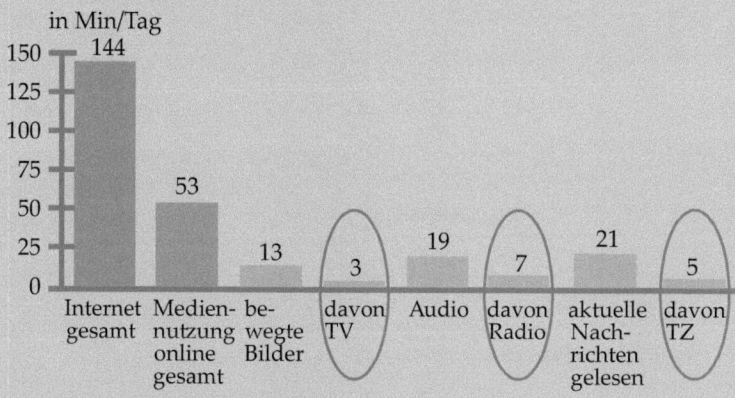

Abbildung 9

Nutzungsdauer von Medieninhalten im Internet bei 14- bis 29-Jährigen 2010

Quelle: ARD/ZDF-Langzeitstudie Massenkommunikation 2010; Basis: BRD gesamt, Montag bis Sonntag, 5.00 bis 24.00 Uhr, 14 bis 29 Jahre, deutschsprachige Bevölkerung

handeln. Für die tagesaktuellen Medien, auch für das Radio, ist die Nutzung ihrer Inhalte über das Internet derzeit (noch) gering. Auch die speziellen Internet- oder Webradiogeräte mit ihrem zusätzlichen Programmangebot haben bisher nur wenig Gewicht. Nur 1 Minute der im Tagesablauf erhobenen 187 Minuten täglicher Hördauer entfällt auf Radionutzung über ein spezielles Internetradiogerät. Wer Radio hören will, geht dafür nicht extra ins Internet – wer aber im Internet ist, hört dort unter anderem auch Radio(inhalte).

Radionutzung in und außerhalb der Freizeit

Radio begleitet seine Nutzer in vielen Alltagsituationen und ist wegen seiner Mobilität schon lange auch ein Außer-Haus-Medium. Die Studie Massenkommunikation befasst sich unter anderem mit der Frage, wie die Mediennutzung innerhalb und außerhalb der Freizeit aussieht. Hier stellt

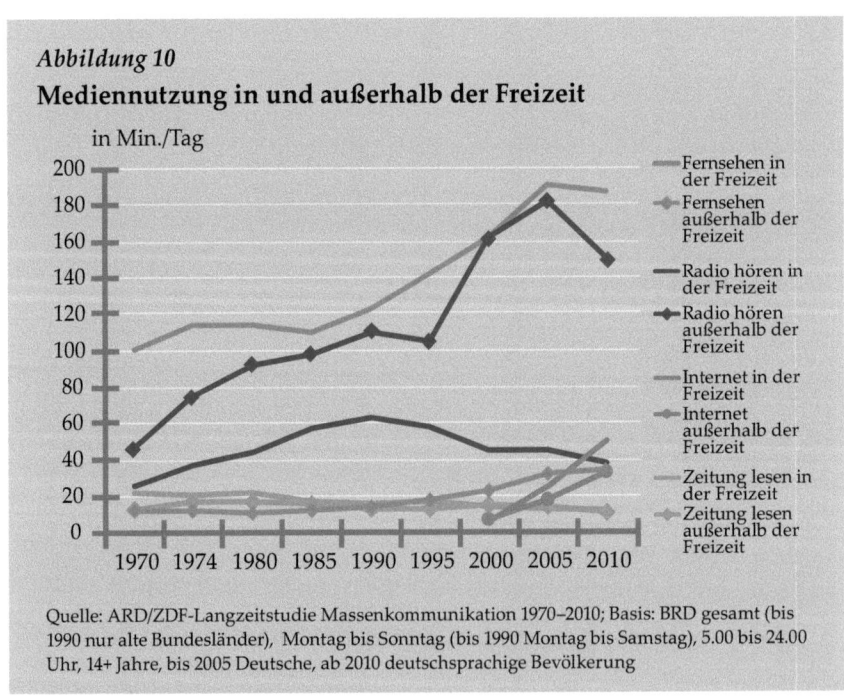

Abbildung 10
Mediennutzung in und außerhalb der Freizeit

in Min./Tag

Fernsehen in der Freizeit
Fernsehen außerhalb der Freizeit
Radio hören in der Freizeit
Radio hören außerhalb der Freizeit
Internet in der Freizeit
Internet außerhalb der Freizeit
Zeitung lesen in der Freizeit
Zeitung lesen außerhalb der Freizeit

Quelle: ARD/ZDF-Langzeitstudie Massenkommunikation 1970–2010; Basis: BRD gesamt (bis 1990 nur alte Bundesländer), Montag bis Sonntag (bis 1990 Montag bis Samstag), 5.00 bis 24.00 Uhr, 14+ Jahre, bis 2005 Deutsche, ab 2010 deutschsprachige Bevölkerung

das Radio seine Eignung zur freizeitunabhängigen Nutzung im Kontext vielfältiger Tätigkeiten erneut unter Beweis. Radio wird 2010 als einziges von den vier in diesem Zusammenhang untersuchten Medien signifikant überproportional außerhalb der Freizeit genutzt (vgl. Abb. 10). Es liegt außerhalb der Freizeit auf einem ähnlich hohen Niveau wie umgekehrt das Fernsehen innerhalb der Freizeit. Fernsehen bleibt damit weiterhin ein ausgesprochenes Freizeitmedium. Das Internet wird sowohl zu Hause als auch am Arbeits- oder Ausbildungsplatz – und damit auch über den ganzen Tag hinweg[6] – genutzt. Es weist noch keine eindeutige Positionierung in die eine oder andere Richtung auf, allerdings öffnet sich die Schere zugunsten der Nutzung innerhalb der Freizeit.

Motive für die Nutzung des Radios

Radio und Fernsehen dominieren das Zeitbudget der Menschen für Mediennutzung vor allen anderen Medien. Warum? Die Erforschung der Gründe, warum man Medien nutzt, gehört seit Beginn zum Untersuchungsdesign der Studie Massenkommunikation. Damit lässt sich die Frage beantworten, welche publizistischen Funktionen die Medien für ihre Nutzer haben.

Die Ergebnisse zeigen: Die Leitmedien Radio und Fernsehen erfüllen für ihre Nutzer durchaus ähnliche Funktionen. Für das hier im Mittelpunkt der Betrachtung stehende Radio sind Spaß, Information und Entspannung (wie auch beim Fernsehen, nur in etwas anderer Reihenfolge) die drei meistgenannten Nutzungsmotive. Das gilt für die Gesamtbevölkerung, während in der Zielgruppe der 14- bis 29-Jährigen die Informationsfunktion hinter der gewohnheitsmäßigen Nutzung rangiert (vgl. Abb. 11 und 12, S. 192f.).

Die gewohnheitsmäßige Nutzung ist beim Radio auch in der Gesamtbevölkerung deutlich stärker ausgeprägt als beim Fernsehen. Dieser Befund verweist auf den hohen Stellenwert des Radios als Tagesbegleiter und seine Einbindung in den Medienalltag der Menschen. Der größte Unterschied zwischen der Gesamtbevölkerung und den jüngeren Menschen ist beim Radio – ähnlich wie beim Fernsehen – in Bezug auf das Nutzungsmotiv „Denkanstöße bekommen" sichtbar. Diese Funktion wird für die Jüngeren offenbar in hohem Maße vom Internet erfüllt.

Um die Nutzungsmotivationen für die tagesaktuellen Medien deutlicher voneinander abzugrenzen, wurde auch gefragt, für welches Medium ein Nutzungsmotiv am ehesten zutrifft (vgl. Abb. 13, S. 194). In dieser Fragestellung bedient das Fernsehen die Mehrzahl der Nutzungsmotive. Das Radio ist aber in Bezug auf Stimmungsmanagement (Entspannung, nicht alleine fühlen, Ablenkung, Spaß) nach wie vor breit aufgestellt und zugleich ein guter Vertrauter (Gewohnheit). Die Tageszeitung hat ihren besonderen Schwerpunkt im informierenden Bereich. Das Internet hat trotz weiterhin ausstehender „Vollversorgung" einen hohen Informations- und Gebrauchswert, wird aber bei keinem Nutzungsmotiv am häufigsten genannt. Das Internet macht gleichzeitig viel Spaß, eignet sich jedoch in nur geringem Umfang zur Entspannung und Ablenkung. Im Vergleich zu den Leitmedien Radio und Fernsehen fällt auch die gewohnheitsmäßige Nutzung beim Internet noch nicht so stark ins Gewicht.

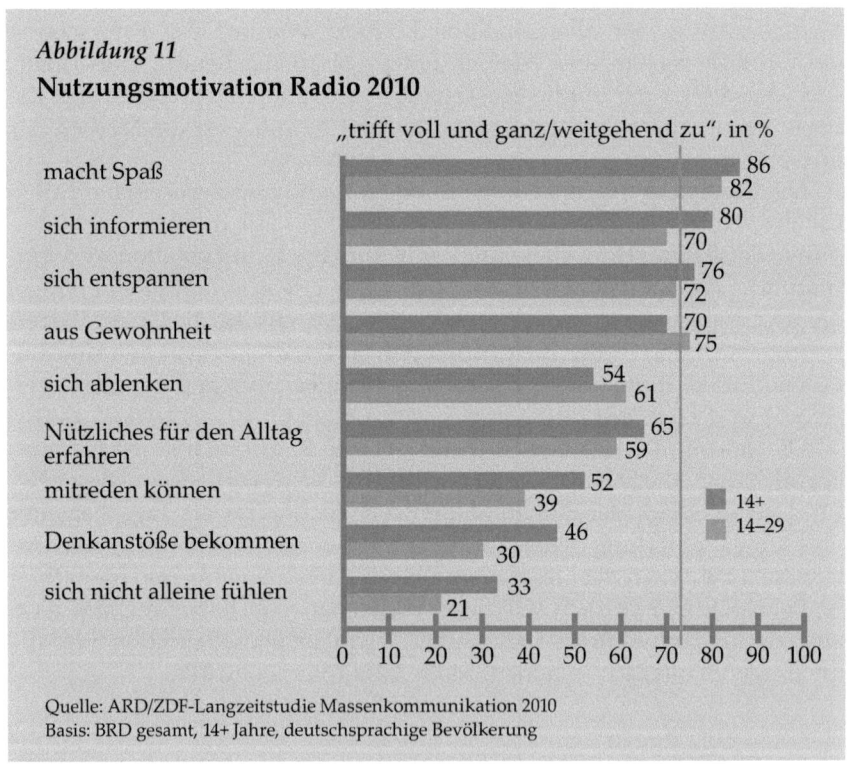

Abbildung 11
Nutzungsmotivation Radio 2010

Quelle: ARD/ZDF-Langzeitstudie Massenkommunikation 2010
Basis: BRD gesamt, 14+ Jahre, deutschsprachige Bevölkerung

Ein Blick in die Medienzukunft aus der Sicht der Nutzer

Wie stellen sich die Menschen die Medien in Zukunft vor, was ist für sie persönlich wichtig und welche Rolle spielt Radio dabei? Um diese Fragen zu beantworten, wurde in der Massenkommunikation 2010 eine Batterie von zehn Statements zur zukünftigen Medienentwicklung abgefragt (vgl. Abb. 14, S. 195). Dahinter steht die Überlegung, dass die Zukunftsentwicklungen insbesondere im Bereich der Medien nicht nur von objektiven technologischen oder ökonomischen Faktoren bestimmt werden. Entscheidend sind vielmehr auch die eher subjektiv-psychologischen Bewertungen durch die Nutzer: Gibt es inhaltliche Interessen und sonstige individuelle, auch immaterielle, Nutzenerwartungen (Spaß, Orientierung, Bequemlichkeit, Komfort, Prestige, Kompetenz, Anerkennung etc.), die eine neue Technik erfüllt oder nicht erfüllt? Ein Beispiel für einen

Abbildung 12
Nutzungsmotivation Fernsehen 2010

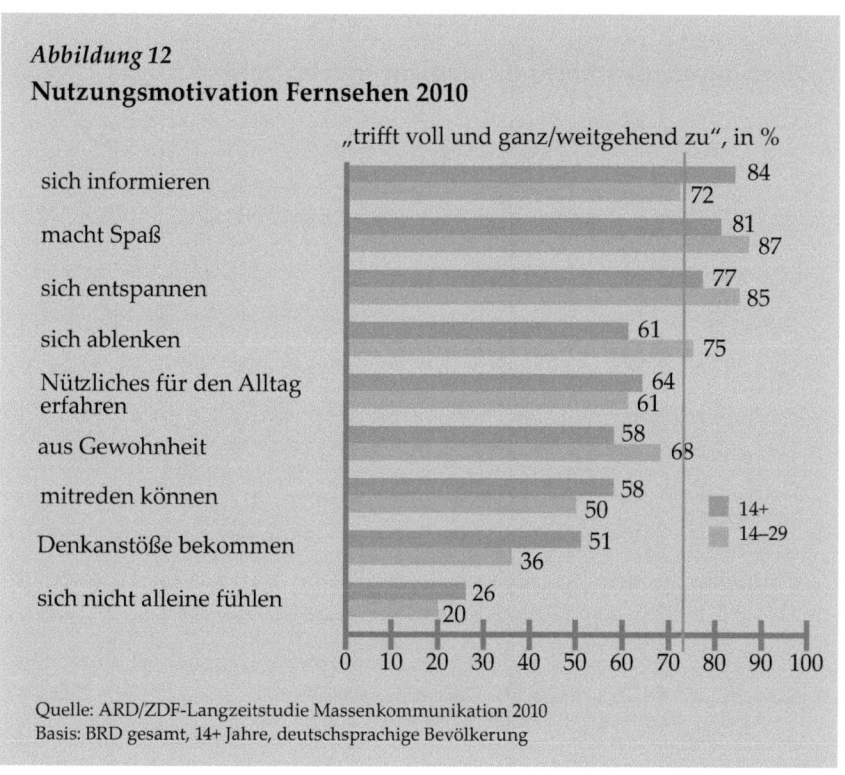

Quelle: ARD/ZDF-Langzeitstudie Massenkommunikation 2010
Basis: BRD gesamt, 14+ Jahre, deutschsprachige Bevölkerung

relativ unerwarteten Siegeszug eines neuen elektronischen Dienstes sind die SMS-Mitteilungen auf dem Handy. Diese Technik war eher als ein Nebenprodukt entwickelt und mit ins Handy „eingebaut" worden. Niemand hatte damit gerechnet, dass daraus eine der beliebtesten Kommunikationsmöglichkeiten junger Leute werden würde.

Der vorgegebene Zeithorizont der Statements beträgt zehn Jahre, reicht also bis 2020. Da die Statementbatterie seit 2000 vor dem Hintergrund tatsächlicher Entwicklungen immer wieder überarbeitet worden ist, ist ein Vergleich zu früheren Wellen nur zum Teil möglich.

Für 95 Prozent der Befragten und damit ganz oben als Zukunftsthema ist ein großer Fernsehbildschirm und gute Qualität das wichtigste Zukunftsthema. Dass das Radio in Zukunft seine Bedeutung behalten wird, glauben mit 91 Prozent ähnlich viele Menschen wie in Bezug auf

Abbildung 13
Nutzungsmotivationen im Medienvergleich 2010

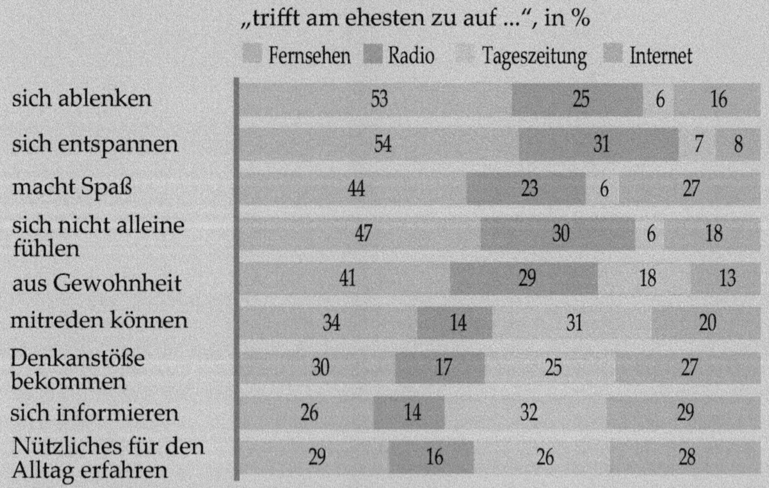

„trifft am ehesten zu auf …", in %

	Fernsehen	Radio	Tageszeitung	Internet
sich ablenken	53	25	6	16
sich entspannen	54	31	7	8
macht Spaß	44	23	6	27
sich nicht alleine fühlen	47	30	6	18
aus Gewohnheit	41	29	18	13
mitreden können	34	14	31	20
Denkanstöße bekommen	30	17	25	27
sich informieren	26	14	32	29
Nützliches für den Alltag erfahren	29	16	26	28

Quelle: ARD/ZDF-Langzeitstudie Massenkommunikation 2010
Basis: BRD gesamt, 14+ Jahre, deutschsprachige Bevölkerung

das Fernsehen (94 %). Gegenüber 2005 sind hier die Zustimmungswerte noch gestiegen. Und vier von fünf Befragten teilen die Einschätzung, dass öffentlich-rechtliches Radio und Fernsehen unverzichtbar bleiben. An das zukünftige Vorhandensein zeit- und ortsunabhängiger Mediennutzung glauben 93 Prozent der Befragten. Deutlich weniger erwartet wird dagegen der Nutzer als sein eigener Programmdirektor, der seine Programme selbst zusammenstellt. Dieser Befund deutet darauf hin, dass die Menschen bei ihrer Mediennutzung trotz höherer Mobilität und Zeitsouveränität nicht unbedingt erheblich mehr Aktivität entfalten wollen. Auch das Scheitern des Mitmachkonzepts im Web 2.0[7] kann als Indiz dafür herangezogen werden. Radio als Lean-back-Begleiter durch den Tag hat also im Medienszenario der Zukunft eine gute Chance, seinen festen Platz zu behalten.

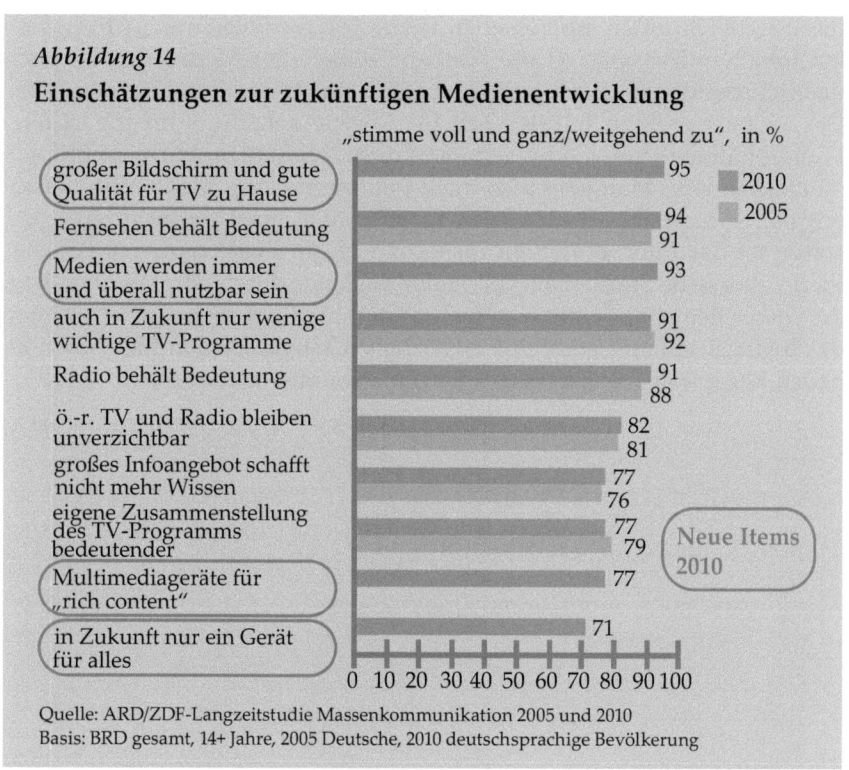

Abbildung 14

Einschätzungen zur zukünftigen Medienentwicklung

„stimme voll und ganz/weitgehend zu", in %

großer Bildschirm und gute Qualität für TV zu Hause	95
Fernsehen behält Bedeutung	94 / 91
Medien werden immer und überall nutzbar sein	93
auch in Zukunft nur wenige wichtige TV-Programme	91 / 92
Radio behält Bedeutung	91 / 88
ö.-r. TV und Radio bleiben unverzichtbar	82 / 81
großes Infoangebot schafft nicht mehr Wissen	77 / 76
eigene Zusammenstellung des TV-Programms bedeutender	77 / 79
Multimediageräte für „rich content"	77
in Zukunft nur ein Gerät für alles	71

2010
2005

Neue Items 2010

0 10 20 30 40 50 60 70 80 90 100

Quelle: ARD/ZDF-Langzeitstudie Massenkommunikation 2005 und 2010
Basis: BRD gesamt, 14+ Jahre, 2005 Deutsche, 2010 deutschsprachige Bevölkerung

Fazit

Radio ist zusammen mit dem Fernsehen auch 2010 dominierendes Medium, wie die jüngste Welle der Langzeitstudie Massenkommunikation ausweist. Beide Medien verfügen mit Tagesreichweiten um die 80 Prozent über die höchste Durchdringung in der Gesamtbevölkerung. Das Internet ist zwar stark gewachsen, erreicht aber täglich immer noch weniger als die Hälfte der Gesamtbevölkerung. Auch im Medienzeitbudget aller Bundesbürger liegt das Radio hinter dem Fernsehen an der Spitze – mit deutlichem Abstand vor allen anderen Medien.

Im Bevölkerungssegment der 14- bis 29-Jährigen zeigt sich allerdings ein anderes Bild. Hier hat das Internet zu den beiden „alten" Medien Radio und Fernsehen aufgeschlossen und bildet mit ihnen ein Spitzentrio bei der Tagesreichweite wie bei der täglichen Nutzungsdauer.

Technische Verfügbarkeit und neue Nutzungsmöglichkeiten machen das Internet zu einem universellen Träger von medialen und nichtmedialen Inhalten. Dennoch ist die Nutzung klassischer Medieninhalte über das Internet derzeit noch gering, sogar bei den jüngeren Internetusern. Der weitaus größere Teil der Zeit für Internetnutzung wird für andere Funktionalitäten verwendet, nämlich für Individualkommunikation und Alltagshandeln. Man geht also nicht ins Internet, um Medieninhalte zu nutzen, ist man aber im Internet, so nutzt man auch solche Inhalte. Insofern ist das Internet derzeit insbesondere ein Zeitkonkurrent für das Radio, das seine Stärken als vertrauter Begleiter durch den Medienalltag der Menschen aber weiter ausspielen kann. Auf der anderen Seite bietet das Internet seinen Usern eine zusätzliche Chance, Radioinhalte auch in neuen Rezeptionsformen (orts- und zeitsouverän) zu nutzen.

Anmerkungen

1   Vgl. Ridder, Christa-Maria/Bernhard Engel: Massenkommunikation 2000: Images und Funktionen der Massenmedien im Vergleich. Ergebnisse der 8. Welle der ARD/ZDF-Langzeitstudie zur Mediennutzung und -bewertung. In: Media Perspektiven 3/2001, S.124.

2   Vgl. Berg, Klaus/Marie-Luise Kiefer (Hrsg.): Massenkommunikation V. Eine Langzeitstudie zur Mediennutzung und -bewertung 1964–1995. Schriftenreihe Media Perspektiven, Bd. 14. Baden-Baden 1996, S.49.

3   Vgl. Ridder/Engel (Anm. 1), S.105.

4   Vgl. dazu Kiefer, Marie-Luise: Entwicklungen der Mediennutzung und des Nutzungsverhaltens im Bereich der aktuellen Medien. In: Wirtz, Bernd W. (Hrsg.): Handbuch Medien- und Multimediamanagement. Wiesbaden 2003, S.46. Die Hypothese von der funktionalen Reorganisation der Mediennutzung besagt, dass das Auftreten eines neuen Mediums, sofern es ähnliche Funktionen wie die bestehenden Medien effizienter erfüllt, diese zumindest partiell aus bestimmten Nutzungskontexten drängt und sich die Muster der Mediennutzung reorganisieren.

5   Zur aktuellen Ausstattung der Haushalte mit unterschiedlichen Geräten für den Radioempfang vgl. den Beitrag von Karin Gattringer in diesem Band.

6   Zu den Details der Mediennutzung im Tagesverlauf vgl. ebenda.

7   Vgl. Busemann, Katrin/Christoph Gscheidle: Web 2.0: Nutzung steigt – Interesse an aktiver Teilhabe sinkt. Ergebnisse der ARD/ZDF-Onlinestudie 2010. In: Media Perspektiven 7–8/2010, S.259–368.

Zukünftige Funktionen des Radiohörens
Die Sicht der morphologischen Trendforschung

Matthias Kiefer

An der medienübergreifenden Multiclient-Studie „Future Media Trend 2015" des Forschungsinstituts Rheingold hat sich die ARD-Werbung Sales & Services mit dem Schwerpunktthema Radio beteiligt. Auf Basis der Analysen des Rheingold Instituts zu diesem Thema[1] werden im Folgenden die wesentlichen Trendaussagen für Radio in einer „sich verflüssigenden Gesellschaft" aus morphologischer Sicht dargestellt.

Die Kernfragen an die Studie „Future Media Trend 2015" beziehen sich auf die möglichen Veränderungen der Nutzungsanforderungen an das Radiohören. Daraus leitet sich einerseits die Fragestellung ab, welche bisherigen Funktionen für den Radiohörer das gute alte Radio auch in den kommenden Jahren weiterhin erfüllen soll und kann. Darüber hinaus versucht die Studie perspektivische Entwicklungsmöglichkeiten des Radiohörens in einer sich verändernden Gesellschaft aufzuzeigen.

Liquid Modernity und Rolle der Medien

Die Ausformung der Mediennutzung ist immer auch abhängig von Entwicklungen der gesamtgesellschaftlichen Alltagskultur. Vor dem Hintergrund des von Zygmunt Bauman geprägten Begriffs der „Liquid Modernity"[2] entwickelte Rheingold ein Erklärungsmodell zur Verflüssigung des Medienalltags. Dieses Modell ist Ausgangsbasis für die Einordnung der antizipierten Entwicklungen des Mediums Radio innerhalb eines morphologischen Trendforschungsansatzes.

Demnach umfasst die Verflüssigung der Gesellschaft alle Lebensbereiche. Der Alltag ist immer weniger strukturiert und die Abhängigkeiten von Raum und Zeit lösen sich zunehmend auf: Kommunikation ist immer weniger ortsgebunden, von fast jedem beliebigen Ort der Welt aus kann man telefonieren, über E-Mail oder Soziale Netzwerke kommunizieren oder im Internet surfen. Trends etwa der Musik, der Mode, der Ernährung, der Gesundheit oder des Sports setzen sich immer schneller durch und wechseln gleichsam immer schneller und weniger überschaubar. Feste Strukturen und planbare Verläufe in der Lebens-, Berufs- und Beziehungsbiografie gehen zunehmend verloren. Und auch gesellschaftlich zerfließen Werte und machen klare und verlässliche Einordnungen Tag für Tag schwieriger. Immer mehr Bereiche des Lebens werden durch eine Werteoptionalität gekennzeichnet.

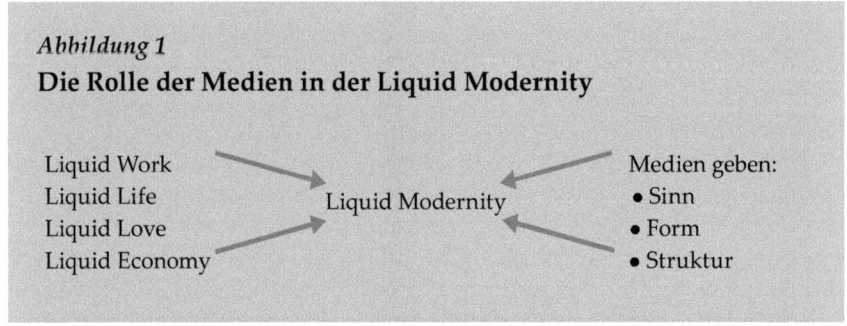

Abbildung 1
Die Rolle der Medien in der Liquid Modernity

Liquid Work
Liquid Life
Liquid Love
Liquid Economy

Liquid Modernity

Medien geben:
• Sinn
• Form
• Struktur

Diese Entwicklung hat zwei Seiten: Einerseits öffnete sie Räume, in denen Entwicklungen und Freiheitsgrade möglich werden, die innerhalb fester Strukturen kaum möglich gewesen wären. Andererseits gehen aber Orientierungspunkte verloren, Beliebigkeit, Sinn- und Strukturlosigkeit nehmen zu.

Klassische Medien und neue (mobile) Kommunikationsgeräte spielen in der verflüssigten Gesellschaft dabei eine doppelte Rolle: Sie sind einerseits Katalysator und Treiber der Verflüssigung und bieten gleichzeitig eine Art von Halte- und Ankerpunkten, formen und strukturieren das Leben und können darüber selbst wiederum Sinn stiften.

Morphologischer Trendforschungsansatz

Von Rheingold wurde ein qualitativ analytischer Trendforschungsansatz gewählt. Insgesamt wurden dafür im September 2008 100 Mediennutzer im Alter von 14 bis 54 Jahren aus den Großräumen Frankfurt, Hamburg, Köln und München befragt. 40 von ihnen unterzogen sich einer Schwerpunktanalyse zur Radionutzung. Um in solch einer qualitativ angelegten Studie keine Überschätzungen von eventuellen Entwicklungstrends durch Early Adopters und Technik-Freaks zu erhalten, wurde in einer sehr detaillierten Rekrutierung neben der Einhaltung der soziodemografischen Variablen darauf geachtet, dass nur so genannte „trendige Normalos" in die Untersuchung einbezogen wurden. Für das Subsample zum Themenschwerpunkt Radio wurden die Radionutzungs- und Senderaffinitäten ausgesteuert. Darüber hinaus wurde sichergestellt, dass Radio-Livestreams, Podcasts und Audiobeiträge von einem Teil der Befragten genutzt wurden.

Methodisch wurden neben gut zweistündigen morphologischen Tiefeninterviews bei 30 Befragungsteilnehmern zusätzlich und bei weiteren 30 Befragten exklusiv über eine Woche hinweg moderierte Online-Mediendiarys zur täglichen Mediennutzungssituation erhoben. Neue Erkenntnisse aus der Diaryerhebung flossen in die Hypothesenbildung bei den Tiefeninterviews ein.

Der thematische Leitfaden umfasste medienübergreifende Bereiche wie „Lebenswelten der Befragten" (u. a. typischer Tagesablauf, Analyse einzelner Tagesabschnitte, Lebensziele), „Bedeutung von Medien im eigenen Alltag" (u. a. Mediennutzungssituationen, mögliche Bedeutungsveränderungen einzelner Medien, Stimmungen und Verfassungen, in denen man Medien nutzt), „Künftige Entwicklungsrichtungen von Medien" (u. a. Wünsche an Mediennutzung, Bewertung unterschiedlicher Szenarien neuer Mediennutzungsmöglichkeiten) und radiospezifische Bereiche (u. a. Rolle der Sender beim Radiohören, Radionutzung im Tagesablauf, Bedeutung unterschiedlicher Radioangebote).

Für die Prognosenbildung wurden die Aussagen der Befragten nicht 1 : 1 übernommen, sondern tiefenpsychologischen Analyseverfahren unterzogen.

Meta-Medien-Verfassungen

Als Konsequenz aus der Verflüssigung des Medienalltags leitet sich folgende psychologisch relevante Frage für Prognosen zur Mediennutzung ab: Wie gelingt es (u. a. auch mit Hilfe der Medien), dem Alltag und Leben wieder Sinn, Form und Struktur zu geben, ohne die gewonnene Bewegungs- und Wahlfreiheit aufzugeben bzw. sie zu verkleinern? Auf diese Frage geben die Meta-Medien-Verfassungen Antwort.

Der Spielfilm „Waterworld" versinnbildlicht die heutige verflüssigte Situation ein Stück weit. Der Film beginnt mit den Worten: „The future. The polar ice caps have melted covering the earth with water. Those who survived have adapted to a new world."[3]

Wir alle leben in einer „Waterworld" und haben den festen Boden unter den Füßen verloren. Feste Formen, Rituale und Strukturen sind „geschmolzen". Die im Folgenden beschriebenen sechs verschiedenen Meta-Verfassungen sind unterschiedliche Formen, mit dieser neuen Situation umzugehen. Einige sehnen sich zurück nach „Dryland", andere haben sich riesige schwimmende Trutzburgen in Form von Atollen aus Metall gebaut, wieder andere sind beweglicher mit einem Katamaran unterwegs und haben sich durch eine Mutation bereits an das neue Element angepasst (Digital Natives).

Es lassen sich nach Rheingold sechs Meta-Medien-Verfassungen unterscheiden:

- Durch den Tag navigieren.
- Schutzräume einrichten.
- Auf den Wellen surfen.
- In einen Sog geraten.
- Virtuell-bewegliche Gemeinschaften herstellen.
- Sich eingrenzen.

Diese Meta-Medien-Verfassungen sind als mehr oder weniger gelungener Versuch zu verstehen, dem Alltag Sinn, Form und Struktur zu geben und zugleich die Bewegungsfreiheit zu erhalten bzw. zu vergrößern. Sie sind in unserer verflüssigten Kultur nicht eindeutig an bestimmte Medien und an Tageszeiten oder Orte gebunden. Es lassen sich jedoch Affinitäten zu bestimmten Medien formulieren und Prognosen anstellen, welche neuen Medien diese Formen künftig auch bzw. sogar besser bedienen.

Meta-Medien-Verfassung: Durch den Tag navigieren

Ausgangslage für diese Meta-Verfassung ist ein Alltag, in dem man die Medien gezielt zur Strukturierung und Lebensbewältigung einsetzt, um aktiv und selbstbestimmt durch den Tag zu navigieren und Form in seinen Alltag zu bringen. Dadurch geben Medien dem Alltag Ausrichtung und schaffen „Ziele", man organisiert und rhythmisiert seinen Alltag über Medien.

Typisch für diese Meta-Verfassung ist eine vielfältige Mediennutzung: Radiohören verleiht dem eigenen Alltag Struktur, das Internet dient dem Suchen nach Information und der Aufnahme von Bindungen, das TV schafft Highlights, Orientierungs- und Ankerpunkte und gibt Sinn-Vorbilder. Das regelmäßige Lesen von Printmedien wie Zeitungen und Zeitschriften gibt dem Alltag Rhythmus. Handhelds wie Smartphones mit mobiler Internetnutzung fungieren zudem als „Alltags-Navigatoren". Radio spielt in dieser Verfassung eine wichtige Rolle, denn es bietet durch feste Sendezeiten per se einen klaren Rhythmus und setzt Orientierungs- und Ankerpunkte im Alltag. Das bietet dem Hörer Sicherheit und emotionale Verlässlichkeit. Hörer stellen sich auf feste Zeiten von Sendungen und Beiträgen ein, so dass das Radiohören die Funktion einer Stundenuhr bekommen kann.

Eine weitere wichtige Funktion des Radios in dieser Meta-Verfassung ist die Ausgestaltung von Übergängen im Tageslauf: Das Hören am Morgen stellt den Bio-Rhythmus ein; das kann der Radiowecker sein, das Radiohören am Frühstückstisch oder unter der Dusche bis hin zum Radiohören im Auto auf dem Weg zur Arbeit. Der zweite zentrale Übergang im Tageslauf, der durch Radiohören gestaltet wird, ist der Feierabend, häufig im Auto. Dort ist das Radio auch wegen seiner Verkehrsnachrichten eine wichtige Alltags-Navigationshilfe.

Radio steht (immer noch) für größtmögliche Aktualität. Die Aktualität des Radios kommt dabei neben aktuellen Meldungen zum Tagesgeschehen und der Vermittlung von neuen Musiktrends nicht zuletzt auch durch die Übertragung von Events, Konzerten und anderen Ereignissen zum Ausdruck. Auf einer ganz anderen Ebene dient die Regionalität der Radiosender als seelische Standortbestimmung, um durch den Tag zu navigieren: Aktuelles aus der Heimat hilft hier, eine Orientierung zu finden. Mediennutzer bringen das auch zum Ausdruck, indem sie von „meinem Radiosender" sprechen – eine Bezeichnung, die man in Bezug auf Fern-

sehen und Internet so nicht findet. Dabei spielen Moderatoren-Persön-
lichkeiten eine große Rolle, die als alte Bekannte oder gar gute Freunde
Orientierung bieten.

In der Meta-Verfassung „Durch den Tag navigieren" hat Radio zusammengefasst also folgende Funktionen:

- Radio gibt durch klaren Rhythmus Orientierungs- und Ankerpunkte.
- Regionale Sender und feste Sendezeiten geben Sicherheit und emotio-
  nale Verlässlichkeit.
- Radio hilft Tagesübergänge zu gestalten.
- Moderatoren bieten eine Orientierungsfunktion im Alltag.

Meta-Medien-Verfassung: Schutzräume einrichten

Eine andere Art, mit der verflüssigten Alltagswirklichkeit umzugehen,
ist das zeitweise Aufsuchen von Schutzräumen über Medien. Man begegnet damit den alltäglichen Anforderungen und Belastungen, die mit der
Auflösung Halt gebender Strukturen einhergehen. Die verflüssigte Welt
schlägt dann wie Wellen über und neben einem zusammen, während
man sich selbst wie in einer Luftblase temporär abkapseln und beruhigen
kann.

Typisches Medium für diese Verfassung ist in erster Linie das Fernsehen, zu Hause lässt sich der Schutzraum am besten einrichten. Beim
Fernsehen kapselt man sich in einer eigenen Welt ab – man errichtet einen
Schutzraum, die reale Welt wird draußen gelassen. Radiohören bedeutet eine Anbindung an die Welt, keine Abschirmung von der Welt – die
Welt soll ja beim Einrichten von Schutzräumen gerade draußen gehalten
werden. Trotzdem spielt Audionutzung in Form von Radio-Podcasts und
zeitversetzt gehörten Audiobeiträgen in dieser Meta-Verfassung eine Rolle. Aus rein psychologischer Sicht handelt es sich dabei nicht um Radiohören, sondern um eine Nutzung ähnlich wie bei MP3s. Schutzräume unterwegs lassen sich daher mit MP3-Playern einrichten, mit Kopfhörern im
Ohr kann man sich von der Welt abschotten. „Normale Radionutzung"
findet in der Regel nicht statt, da sie das Bedürfnis nach Abgrenzung
verfehlt. Attraktive Podcastinhalte sind solche, mit denen man sich gut
abschirmen kann – wie zum Beispiel „zeitlose" Hörspiele, Comedy, Konzerte und „anspruchsvolle" Sendungen mit Wortbeiträgen. Anders als
bei „echtem" Radio sind diese Beiträge nicht auf Aktualität angewiesen

und bleiben zeitlos bzw. zeitunabhängig interessant. Mit zunehmendem Angebot und zunehmender Individualisierung von radioähnlichen Internetangeboten wird Radio in dieser Verfassung an Bedeutung gewinnen. Für die Meta-Medien-Verfassung „Schutzräume einrichten" gilt:

- Normale Radionutzung schafft Anbindung an die Welt und keine Abschottung.
- Beim Hören von Radio-Podcasts oder zeitversetzten Audiobeiträgen kann in Konkurrenz zur MP3-Nutzung auch mit Radio Abschottung erfolgen.
- Diese Audionutzung bietet die Chance, „halboffene" Schutzräume zu schaffen.

Meta-Medien-Verfassung: Auf den Wellen surfen

Diese Verfassung kann man als Steigerung der oben beschriebenen Verfassung „Durch den Tag navigieren" betrachten. Man navigiert allerdings nicht „vernünftig und zielgerichtet" durch den Alltag, sondern reitet immer auf der höchsten Welle – das macht Spaß und hat mit dem Reiz des Abenteuers zu tun. Der Umgang ist virtuos, verlangt eine gewisse Kompetenz und ein hohes Aktivitätsniveau.

Für diese Meta-Verfassung ist die Nutzung vielfältiger Medien typisch, sie werden permanent genutzt: Es wird ferngesehen, telefoniert, Radio gehört und online gespielt, und das oftmals auch noch gleichzeitig. Die mobile Nutzung von Handhelds und Smartphones ist selbstverständlich. Generell kann man sagen, dass in dieser Meta-Verfassung das Surfen im Internet eine besonders große Rolle spielt. Radio dient in dieser „Auf den Wellen surfen"-Verfassung als Erdung und Stabilisierung im Hintergrund: Das fängt bei den Alltagstätigkeiten an. Radio „trägt" und hält den Hörer bei Hausarbeiten, beim Frühstücken, beim Autofahren etc. im Fluss. Diese Rolle als Erdung und Stabilisierung wird insbesondere bei parallelen und überlappenden Tätigkeiten und Mediennutzungen „tragend". In dem Bild der Verflüssigung lässt sich sagen, dass die Erdung durch Radio dann besonders wichtig wird, wenn auf besonders hohen Wellen gesurft, vieles gleichzeitig gemacht wird. Denn die Anbindung durch Radiohören wird umso wichtiger, je mehr man droht, auf hohen Wellen abzuheben oder sich zu verlieren. Diese „tragende" Rolle des Radios zeigt sich bei Medien gerade bei der Nutzung des Internets. Da wird gleichzeitig ein Instant Messenger genutzt, online gespielt und dabei geguckt, was gerade in der Social Community passiert. Wird dabei Radio gehört, hat der User das Gefühl, in der verflüssigten Medialisierung nicht verloren zu gehen. Die Chance des Radios besteht in dieser Meta-Verfassung darin, dass Radiosender eine verlässlich hohe Qualität anbieten, und zwar in allen Aspekten, vor allem bei den Beiträgen und den Moderatoren. Verlässlichkeit und hohe Qualität sind Garanten dafür, Stabilität und Erdung kontinuierlich zu gewährleisten.

In der Meta-Medien-Verfassung „Auf den Wellen surfen" übernimmt Radio folgende Rollen:

- Radio dient als Erdung und Stabilisierung im Hintergrund.
- Radio hält Tätigkeiten im Fluss und zusammen.
- Radio punktet durch Verlässlichkeit und hohe Qualität.

Meta-Medien-Verfassung: In einen Sog geraten

Diese Meta-Verfassung ist durch eine umfassende und zum Teil exzessive Mediennutzung gekennzeichnet. Die Vielfalt an (medialen) Möglichkeiten wirkt verführerisch und anziehend. Ausgangslage ist ein Blick auf die Wirklichkeit, die schwierig und problematisch erscheint. Intensive Mediennutzung avanciert immer auch zur Lebenssimulation und -kompensation: Man sucht sein Glück und sein Heil in den Medien. Man lässt sich bereitwillig in einen Sog ziehen – in der Medienwirklichkeit funktioniert alles schneller, einfacher und erfolgreicher. Das kann so weit gehen, dass man in einen Rausch gerät, obsessiv Medien „nutzt".

Da die Attraktivität einer intensiven Mediennutzung auch darin begründet ist, Defizite aus anderen Lebensbereichen zu kompensieren, wird diese Meta-Verfassung dann an Dominanz gewinnen, wenn sich die sozialen und ökonomischen Rahmenbedingungen massiv verschlechtern sollten. In dieser Verfassung werden insbesondere Internet, Fernsehen und Onlinespiele genutzt. Mit Radio besteht keine Gefahr, in diesen Strudel zu geraten, da Radio Orientierungs- und Ankerpunkte im Alltag setzt.

Zusammengefasst heißt das für Radio in der Meta-Medien-Verfassung „In einen Sog geraten":

- Radio bietet Orientierungs- und Ankerpunkte im Alltag.
- In dieser Verfassung spielt Radio keine Rolle.
- Es besteht keine Gefahr, obsessiv Radio zu nutzen und in einen Sog zu geraten.

Meta-Medien-Verfassung:
Virtuell-bewegliche Gemeinschaften herstellen

In der Verflüssigung werden virtuelle Gemeinschaften hergestellt, die durch ihren „losen" Zusammenhalt oder ihre Beweglichkeit gekennzeichnet sind. Ausgangspunkt dieser Meta-Verfassung ist das Gefühl, in der verflüssigten Wirklichkeit kaum mehr verlässliche Bindungen zu haben. In virtuellen Gemeinschaften lässt sich der Tag besser meistern, gemeinsam ist man stärker und kann sich unterstützen. Dabei ist für diese Gemeinschaften charakteristisch, dass sie nicht so einschränken wie „echte, analoge" Verbindungen zu Menschen. Vielmehr sucht man ein Gefühl von Aufgehobensein und Geborgenheit in der Gemeinschaft, ohne seine Freiheit einschränken zu müssen.

Typisch für diese Meta-Verfassung sind neben Messenger-Systemen vor allem Social Communitys, aber auch gemeinschaftlich gespielte Onlinespiele. Dieses Gefühl des Aufgehobenseins in einer virtuell-beweglichen Gemeinschaft entsteht auch bei „öffentlichen Events" wie einer Fußball-WM oder bei Konzerten. Für die Bildung einer virtuell-beweglichen Gemeinschaft ist es nachrangig, ob das Ereignis im Radio, Fernsehen oder Konzertsaal erlebt wird. Zentral ist die gefühlte Teilhabe an der überall verfügbaren Gemeinschaft.

Radio spielt in dieser Verfassung eine große Rolle, denn Radio bedeutet eine unmittelbare zeitliche und räumliche Anbindung an die Umgebung. Virtuell-bewegliche Gemeinschaften kann Radio zunächst durch die Wahl des Senders, der für eine Heimat im regionalen Sinne wie auch für eine „ideelle Heimat" steht, erzeugen. Sender, die für eine spezifische Musikrichtung oder eine bestimmte „Lebenshaltung" stehen, bieten die Möglichkeit der Identifikation und des Eintauchens in diese Welt sowie ein Gefühl der Anbindung an eine „ideelle Heimat"– so bindet man sich zum Beispiel durch das zielgenaue Auswählen seiner (Musik-)Sender und Musikstile und das Wünschen seiner Lieblingssongs an eine virtuelle Community. Durch Radioclubs wird die Bildung virtuell-beweglicher Gemeinschaften weiter unterstützt.

Radio hat in der Meta-Medien-Verfassung „Virtuell-bewegliche Gemeinschaften herstellen" also folgende Funktionen:

- Radio stellt unmittelbare zeitliche und räumliche Anbindung her.
- Radiosender bilden „ideelle Heimat" für Radiohörer.
- Hören bestimmter Musikrichtungen, öffentliche Events und Radio-Clubs unterstützen das Gefühl der virtuellen Gemeinschaft.

Bei dieser Meta-Verfassung möchte man sich am liebsten der Verflüssigung entziehen, indem man sich eingrenzt und seine Mediennutzung beschränkt. Ausgangslage bei dieser Meta-Verfassung ist eine vielfältige und umtriebige Alltags- und Lebensgestaltung. Bei dieser Nutzungsform steht noch deutlich das reale, „analoge" Leben im Vordergrund, während die Mediennutzung bewusst eingegrenzt wird. Medien werden nur ganz gezielt genutzt und sind viel stärker an das reale Leben angedockt. Im Jahr 2015 wird es (noch) schwieriger, sich der Nutzung von Medien völlig zu entziehen. Denn wenn man zu sehr auf diese Verfassung setzt, droht man ein digitaler Analphabet zu werden. Mit Radio kann man sich bewusst eingrenzen, indem man sich zeitweise der Verflüssigung verweigert bzw. sie punktuell ausblendet.

Dabei kommt Radio in dieser Meta-Verfassung zugute, dass es den Charakter eines „alten und vertrauten, analogen Mediums" aufweist – man kann sich am Radio „festhalten" und die Verwicklungen einer verflüssigten Medialisierung gering halten. Dabei fokussiert man beispielsweise auf ganz bestimmte Radioangebote, „seinen" Sender, spezielle Informationssendungen oder individuelle Angebote von Webradios. Diejenigen, die für (neue) Medien aufgeschlossen sind, können für bestimmte Zeiträume – wie im Urlaub – mal „die Schotten dicht machen" und Radio hören. Nach einem gewissen Zeitraum muss man sich jedoch auch wieder aufs Wasser trauen, da sich die Reduktion auf Radio über einen längeren Zeitraum für diese Verfassung kaum durchhalten lässt. Die Chance des Radios in dieser Verfassung besteht darin, auf Altbewährtes und Vertrautes zu setzen – im Grunde genommen die Tugenden weiterzuverfolgen, die das Radio schon seit Langem auszeichnen.

In der Meta-Medien-Verfassung „Sich eingrenzen" gilt für die Rolle von Radio:

- Mit Radio kann man sich ganz bewusst der Verflüssigung entziehen.
- Man hört „seinen" Sender.
- Man hört bestimmte Informationssendungen.
- Man hört spezialisierte Musikangebote, zum Beispiel im Webradio.

Abbildung 2

Meta-Medien-Verfassungen im Überblick

Verfassung	Auswirkung	Medien-nutzung	Radio
Durch den Tag navigieren	Medien vergrößern unsere Freiheitsgrade und bieten zugleich Tages-strukturierung und Hilfe zur Selbstbewältigung. Aktive und selbstbe-stimmte Navigation durch den Tag	Radio, Internet, mobile End-geräte	Radio gibt Orientierungs- und Anker-punkte im Alltag
Schutzräume einrichten	Medien bieten eskapis-tische Fluchtpunkte auf Zeit	TV, Radio	Radio bietet halboffene Schutzräume durch digitale Angebote auch unterwegs
Auf den Wellen surfen	Virtuose Parallelnutzung verschiedener Medien. Entkoppelung von Gerät und Medium. Keine zielgerichtete Navigati-on, sondern Suche nach Steigerung der eigenen Virtuosität	Alle Medien	Radio als Stabilisierung im Hintergrund
In einen Sog geraten	Intensive bis obsessive Mediennutzung. Kom-pensation von Defiziten anderer Lebensbereiche	TV, Online-spiele, Internet	Radio spielt keine Rolle
Virtuell-bewegliche Gemein-schaften her-stellen	Bildung von virtuellen Gemeinschaften in und mittels der Medien	Radio, Internet, TV	Radio als „ide-elle Heimat", schafft Gemein-schaft durch Re-gionalität, Events und Radio-Clubs
Sich eingrenzen	Sehr gezielte und bewusst reduzierte Mediennut-zung und Fokussierung auf wenige Gattungen	Radio, TV, Internet	Fokussierung auf einen Sender, bestimmte (Info-) Sendungen im Radio

Perspektiven des Zukunftsradios für halboffene Schutzräume

Mit den erweiterten digitalen Verbreitungsmöglichkeiten eröffnen sich neue Nutzungsformen und -verfassungen, nämlich halboffene Schutzräume. Entscheidend dabei ist, dass „neue" empfangbare Sender nicht primär Teilhabe und Anbindung an die ummittelbare räumliche und zeitliche Umgebung bieten, sondern die Möglichkeit des Rückzugs in eine sehr spezielle „Welt", wie sie durch eine Musikrichtung (Jazz, Reggae, Folkmusik etc.) oder eine „Musikszene" gegeben ist. Wichtig für diese Nutzungsverfassung in halboffenen Schutzräumen ist, dass man sich überraschen lassen kann – das kann das Radio. Im Zuge der allgemeinen Verflüssigung lässt sich nun die Prognose aufstellen, dass diese neuen, halboffenen Radio-Schutzräume künftig mobil werden.

Charakteristisch ist eine Beweglichkeit und Durchlässigkeit dieser Schutzräume. Auf der einen Seite bieten sie wie eine Käseglocke einen hermetisch abgeschlossenen Schutz. Auf der anderen Seite sind sie durchlässig für andere Tätigkeiten, wie parallele Mediennutzungen und Anbindungen nach „draußen", zum Beispiel Chatten in Communitys. Außerdem wird die zunehmende mobile Verfügbarkeit digitaler Audioangebote halboffene Schutzräume unterwegs ausbilden – das ist eine radiogenuine Verfassung. Internetfähige Handhelds bzw. Smartphones werden sich noch weiter verbreiten – via www werden damit auch mobil unzählige Sender empfangbar sein. Um es auf einen anderen Nenner zu bringen: Es ist eine „separierende Anbindung" an kleine individualisierte Gruppen, die sich abgrenzen. Halboffene Schutzräume unterwegs sind hochattraktiv. In dieser neuen Verfassung wird Radio die aktuelle MP3-Nutzung in Form von purer Musiknutzung angreifen können.

Fazit: Zukünftiger Stellenwert des Radiohörens

Derzeitige Kernfunktionen des Radios wie Erdung, Orientierung und Stabilisierung werden auch künftig im Mittelpunkt des Nutzungsinteresses stehen. Darüber hinaus werden folgende Faktoren in der Zukunft für die psychologische Funktion von Radio an Bedeutung gewinnen:
- die weitere Stärkung der „ideellen Heimat" für den Hörer;
- die Einbindung von Hörern, zum Beispiel über Lieblingssongs;
- öffentliche Events oder Radio-Clubs der Sender zur Schaffung von virtuellen Gemeinschaften;

- Moderatorenpersönlichkeiten mit Orientierungsfunktionen;
- die Schaffung digitaler Angebote mit neuen Rückzugsmöglich-keiten.

Die Chance des Radios in der Zukunft besteht demnach zuerst darin, auf Altbewährtes und Vertrautes zu setzen – im Grunde genommen die Tugenden weiterzuverfolgen, die qualitativ hochwertiges Radio schon seit Langem auszeichnen. Die psychologischen Kernfunktionen von Radio werden auch in der Liquid Modernity der Zukunft in der emotionalen Erdung, Orientierung und Stabilisierung liegen. Schon aus der heutigen Entwicklung lässt sich ableiten, dass der Wunsch nach Stabilisierung mit dem Grad steigt, wie die Verflüssigung weiter zunimmt. Zugleich hat Radio künftig auch Chancen, über seine Kernfunktionen hinaus auch noch weitere Bereiche der Mediennutzung zu bedienen. Das liegt darin begründet, dass dem Hörer mit dem Internetradio ein Plus an Möglichkeiten zur Verfügung steht, um Alltagsabläufe zu stabilisieren. Die zunehmende Mobilität der Webradios ermöglicht darüber hinaus den Rückzug in spezielle (Musik-)Welten, ohne sich total von der Umwelt abzuschotten. Neue Angebote und alte Stärken machen Radio zu einem Medium der Zukunft.

Anmerkungen

1 Vgl. Müller, Dieter K./Esther Raff (Hrsg.): Wie hören wir Radio in 2015? Radio in der verflüssigten Medienkultur. Frankfurt a.M. 2009. Die Studie wurde erstmals vorgestellt auf der AS&S Media Akademie München, Dezember 2008. Studienleiter waren Michael Schütz (Rheingold), Thomas Windgasse (WDR) und Matthias Kiefer (AS&S).
2 Vgl. Bauman, Zygmunt: Flüchtige Moderne. Frankfurt am Main 2003.
3 Waterworld, USA 1995, Regie: Kevin Reynolds, Kevin Costner; Drehbuch: Peter Rader, David Twohy.

Radio der Zukunft*
Forschungsergebnisse zu Chancen des digitalen Hörfunks

Walter Klingler und Albrecht Kutteroff

Der Hörfunk erreicht heute (Basis: ma 2010 Radio II) einen Weitesten Hörerkreis (mindestens einmal in 14 Tagen Radio gehört) von 93,3 Prozent der Bevölkerung ab zehn Jahren (deutschsprechende Bevölkerung). Dies entspricht 68,7 Millionen Menschen.[1] Gemessen an der Tagesreichweite erreicht Radio im Wochendurchschnitt von Montag bis Sonntag 76,7 Prozent, also rund drei Viertel der Bevölkerung. In absoluten Zahlen bedeutet dies 56,5 Millionen Menschen. Durchschnittlich liegt die Hördauer – Basis Gesamtbevölkerung – bei 186 Minuten, d.h. rund drei Stunden. Gemessen an der Gesamtmediennutzung sind dies zwischen 25 und 30 Prozent.[2] Radio kann ortsunabhängig und über verschiedene Wege genutzt werden, im Auto, im und außer Haus, über das Handy oder das Internet.

Allerdings dürfen diese Nutzungsdaten nicht darüber hinwegtrügen, dass sich dahinter Reichweitenrückgänge im mittelfristigen Vergleich verbergen. Gemessen an der Gesamtbevölkerung ab 14 Jahren (Trendbasis D 14+)[3] ist die Radionutzung im Zeitraum 2001 bis 2010 um insgesamt 3 Prozentpunkte (Tagesreichweite) bzw. 7 Minuten Hördauer zurückgegangen. Und bei den Jüngeren sehen die Zahlen noch deutlicher aus. Dieser Rückgang steht in enger Beziehung mit dem in dieser Zielgruppe hohen Zeitbudget für das Internet.

Allerdings gilt trotz der Reichweitenrückgänge: Nach wie vor ist Radio ein starkes Medium, gibt es vielfältige inhaltliche und emotionale Gründe, Radio zu hören. Stichworte aus einschlägigen Untersuchungen zum Thema sind beispielsweise Radio als Informationsmedium[4], Taktgeber für den Alltag, Stimmungskontrolle[5], Überraschung und Zuverlässigkeit sowie Begleitmedium[6.]

* Kurzfassung des gleichnamigen Beitrags in Media Perspektiven 4/2010, S.195–204.

Hörfunk steht vor Herausforderungen

Radio kann also auf viele positive Aspekte und Seiten verweisen. Gleichzeitig steht das Medium vor zunehmenden Herausforderungen:

Auf den Reichweitenrückgang bei den Jüngeren ist schon verwiesen worden (wenn Jugendliche beispielsweise mehr Zeit mit Communitys verbringen, bleibt weniger Zeit für andere Tätigkeiten), auch wenn die letzten Media-Analysen – bis zur aktuellsten ma – hier wieder Stabilität vermitteln.[7]

Eine weitere Herausforderung für den Hörfunk und seine Macher ist, dass (klassische) Kompetenzfelder des Hörfunks auf andere Medien und/ oder Plattformen übergehen oder zumindest mit diesen in Konkurrenz treten. Dies gilt zum Beispiel für Verkehrsnachrichten via Navigationssysteme oder für Newsdienste via Handy als Konkurrenz zu klassischen Medien.[8]

Bei der Verlängerung der Radioprogramme ins Internet sind Kreativität und Knowhow gefragt. Wie kann man diese Plattform nutzen, wie Kontakt und Bindung zu seinen Hörerinnen und Hörern realisieren, wie seine Inhalte möglichst optimal präsentieren?[9]

Eine besondere Herausforderung für das UKW-Radio ist der Aspekt, dass Radio als Medium für junge Leute nicht so „sexy" wie beispielsweise das Internet ist. Zu einem Medium gehören heute vor allem aus der Sicht der jungen Nutzerinnen und Nutzer Elemente der zeitsouveränen Nutzung, Personalisierungsoptionen und Interaktivität – Elemente, die sich über UKW nicht realisieren lassen.[10]

Ein weiterer Punkt ist keineswegs nachrangig. Verzichtete Radio bei seiner weiteren Entwicklung auf einen eigenen digitalen Versorgungsweg und bliebe im digitalen Bereich auf das Internet als technische Verbreitungsplattform angewiesen, so verlöre Radio mittelfristig in der digitalen Welt – also jenseits von UKW – viele Alleinstellungsmerkmale, würde in der heutigen Form gar als eigenständiges Medium wohl kaum weiter existieren.

Aus Sicht der Hörer sind die von ihnen genutzten Hörfunksender heute schon in der Regel weit mehr als nur Radioprogramme. Beispielsweise sagen heute bereits 52 Prozent aller Personen ab 14 Jahren, dass für sie persönlich von ihrem Sender veranstaltete Konzerte, Partys und Feste sehr wichtig oder wichtig sind. Für 51 Prozent dieser Altersgruppe ist das Internetangebot ihres Radioprogramms ohne/mit Community sehr wichtig oder wichtig.[11] Hinzu kommen Fernsehübertragungen von Konzerten, CDs, Bücher, zum Teil Reisen und anderes mehr. Und schließlich ist der Bindungsfaktor an Radiomarken über den „persönlichen Faktor" festzuhalten, über Stimmen, Moderatorinnen und Moderatoren, Blicke ins Studio. Von dieser Perspektive ausgehend, müssen Fragen nach der Zukunft des Mediums Hörfunk immer auch eng mit der Frage der Programm-Marken verbunden werden.

Das Projekt Radio der Zukunft/Radio Plus

Die Gemeinschaft aus Landesmedienanstalt (LFK), öffentlich-rechtlicher Landesrundfunkanstalt (SWR) und privatrechtlichen Radioanbietern aus Baden-Württemberg fand sich unter diesen Rahmenbedingungen zusammen, um die Diskussion über zusätzliche oder neue Verbreitungswege des Radios und damit auch die langjährige Diskussion über Digitalradio aus inhaltlicher Sicht nach vorne zu bringen. Ziel war es, eine nutzerorientierte Diskussion zu eröffnen und damit die Frage aufzuwerfen, wie die Gattung Radio zukunftsfähig bleibt. Das Projekt fand einen (vorläufigen) Abschluss mit einer Veranstaltung in Karlsruhe im Dezember 2009.[12]

Insgesamt zog sich die Begleitforschung für das Gemeinschaftsprojekt über rund eineinhalb Jahre hin, beginnend mit kleinen explorativen SWR-internen Studien (Gruppendiskussionen) zum Thema Erwartungen an ein Radio der Zukunft und zu den Anforderungen an ein Handling.

Auf dieser Basis wurde dann die Forschung verbreitert. Es folgten explorative Interviews mit insgesamt 76 Teilnehmern in Stuttgart und Mannheim (Stichwort „Lobster", siehe unten). Die Altersspanne reichte von 14 bis 39 Jahren, je zur Hälfte Frauen und Männer. Dieses Teilprojekt wurde im Zeitraum November/Dezember 2008 realisiert.

Anschließend wurden in fünf einzelnen qualitativen Studien insgesamt 94 Personen befragt. Auch hier bestand die Stichprobe wieder aus der Altersgruppe 14 bis 39 Jahre, je zur Hälfte Frauen und Männer, diesmal aber jeweils mit spezifischer Programmaffinität („meistgehörtes Programm"). Im Fokus standen hierbei die Hörerinnen und Hörer von SWR3, von Hitradio ANTENNE 1 und von bigFM. Die Hörerinnen und Hörer dieser Sender standen exemplarisch für die Nutzer unterschiedlicher Markenprofile von Radio insgesamt und daraus entwickelte, spezifische und zielgruppenspezifische Fragestellungen.

Um nicht allein im qualitativen Bereich (mit 170 Fällen allerdings schon mit hoher Fallzahl) zu verbleiben, wurde im November 2009 schließlich eine repräsentative Befragung von 1.000 Personen über ein Onlinepanel realisiert. Auswahlbedingung waren hier: Internetzugang, Handynutzung und (zumindest) gelegentliche Radionutzung. Diese repräsentative Befragung sollte dazu dienen, die qualitativ eruierten Ergebnisse noch einmal gegenzuprüfen und gegebenenfalls zu unterfüttern. Zentrale Fragestellung war: Der Markt entscheidet. Was sagt ein repräsentativer Querschnitt zum Grundkonzept von Radio Plus? Die Realisierung dieser Projekte lag beim Institut result GmbH/Köln, im Auftrag der Projektträger.

Spezielle Eigenschaften der Testprogramme

- Im „Elchradio" von SWR3 standen unter anderem Audio-on-Demand- und Text-Zusatzangebote im Mittelpunkt, zum Beispiel aktuelle Informationen über Titel und Interpret, Text-Zusatzangebote in den Bereichen News, Verkehr, Wetter; Audio-on-Demand-Angebote aus unterschiedlichen Sendungen sowie jeweils die aktuellen Nachrichten; zum Beispiel auch Livebilder aus dem Studio.
- Bei „Mein ANTENNE 1" war – neben vergleichbaren Angeboten – ein Fokus auf der Perspektive integrierte Werbung und Sponsoring. So waren für die Hörerinnen und Hörer des Programms beispielsweise verfügbar: aktuelle Informationen zur Musik, Textzusatzangebote zu den Themen News, Staus und Blitzer, Wetter, Veranstaltungstipps, „Die Besten der Besten" (Feature) als Text plus Audio, Werbung und Sponsoring (inkl. des Angebots eines Zeitungsabonnements).
- Bei bigFM standen neben bereits erwähnten Inhalten Genrekanäle und Titel-Voting mit im Mittelpunkt des Testinteresses. So wurde hier das Interesse an Genre-Musikstreams (reine Musikangebote) getestet (Black, Electronic, Newcomer, Rock/Alternative u.a.). Pro Titel standen für bigFM Informationen zur Künstlerbiografie, Discografie und Lyrics zur Verfügung; außerdem wurde ein Votingsystem getestet (hier wurde das Internet als Rückkanal eingebunden), bei dem die Nutzer ihre Stimme für bestimmte Musiktitel abgeben konnten.

Technische Voraussetzungen

Die Versuche in der ersten Phase mit dem aus Großbritannien stammenden Lobster[13] bewiesen rasch, dass nur ein wirklich funktionstaugliches Gerät (Gerät plus Empfangsmöglichkeit!) einen echten Test möglich machen würde. Und Lobster bzw. die realen terrestrischen Empfangsbedingungen boten diese Gewähr nicht.

Aus diesem Grund wurde in Phase zwei ein iPhone so umgerüstet, dass alle darauf abrufbaren Audios (auch das Programm selbst) zwar über mobiles Internet empfangen wurden, Oberfläche, Handling und das Angebot selbst aber den Standards des digitalen Hörfunks entsprachen. Das iPhone wurde hier also als mobiles Radiogerät eingesetzt mit den Eigenschaften, die auch – wenn es eben technisch schon vorhanden wäre – ein entsprechendes Radiogerät genauso gewährleistet hätte. Mit diesem „Trick" war ein digitaler Radioversuch möglich, ein Test von Radiohandling und -inhalten, eben von Radio der Zukunft.

Jeder der Untersuchungsschritte brachte weitergehende und differenziertere Erkenntnisse, die hier im Folgenden in einer zusammenfassenden Übersicht dargestellt werden.

Spontane Reaktionen und Nutzungsmuster aus den Untersuchungswellen

Exemplarisch für die spontanen Reaktionen der Befragten auf Radio Plus sind folgende Aussagen: „Ach, so was kann man mit Radio machen?", „Das ist ja toll!", „Super, da habe ich alles, was ich brauche", „Das ist ja praktisch", „Da hat sich ja mal jemand richtig gute Gedanken gemacht". Und beispielsweise: „Das ist wirklich ein Schritt in die Zukunft".

Grundsätzlich verbargen sich zwei „Nutzungsmodi" hinter Radio Plus: Die klassische Radionutzung entsprach dabei in etwa einem Zeitstrahl, der kontinuierlich (linear) in allen Tests genutzt wurde. Auf diesem Zeitstrahl – und partiell auch unabhängig davon – setzt die Nutzung von Radio Plus auf. Anders ausgedrückt: Lineare und nonlineare Nutzung sind ineinander verwoben und werden je nach den aktuellen Bedürfnissen der Nutzer und Nutzerinnen gezielt ausgewählt.

News, Musik, Service (Verkehr und Wetter)

Bei den Text-News/Infos wurden von den Befragten in den qualitativen Studien Kommentierungen zu drei verschiedenen Dimensionen abgegeben. Erstens wurden der Stellenwert und die Optionen positiv eingeschätzt, im Sinne eines gezielten und schnellen Informationsaufrufs beispielsweise in kurzen Pausen oder Wartezeiten (Beispielzitat: „Da kann man ganz gut zwischendurch mal reingucken, um zu sehen, ob was passiert ist").

Zweitens schwankte die Bewertung der Textdarstellung zwischen gut bis optimierbar. Diese Kommentierungen machten deutlich, wie abhängig Erfolg und Misserfolg von der Aufbereitung und Gestaltung sind. Dies gilt gleichermaßen für Internetauftritte und Apps.

Schließlich wurde drittens den Angeboten eine hohe „Passung" zur Markenwelt eines Radiosenders attestiert.

Informationen zur gespielten Musik wurden als den Hörerbedürfnissen entsprechend bewertet und konnten via Radio Plus realisiert werden. Auch das Thema Verkehrsservice gehört zum klassischen Kompetenzfeld von Radiomarken und lässt sich so ins digitale Radio „verlängern". Dieser positive Gesamteindruck lässt sich auf den Wetterservice übertragen.

Radio-/Audio-on-Demand, Genrekanäle und Voting

Radio-on-Demand erfuhr eine zweigeteilte Beurteilung bzw. Nutzung. Generell wurde ein solches Angebot positiv beurteilt, die Nutzung erfolgte allerdings punktuell mit erkennbaren Schwerpunkten in den Bereichen Infos und Comedy. Auch hier wurden wieder wie bei News, Musik und Service eine ganze Reihe von Anmerkungen über Optimierungsmöglichkeiten in der Darbietung der Audios geäußert. Sie reichten von der Aussage, reine Auflistungen seien nicht ansprechend („Das ist eine so lange Liste"), über die Notwendigkeit werbender Teaser, ebenso Bilder, Icons oder Grafiken. Schließlich konnten sich die Teilnehmer auch Radio-Plus-Specials vorstellen.

Insgesamt zeigten sich in diesem Bereich für Radio Chancen. Gleichzeitig stellte sich die Frage nach einer möglichst optimalen Präsentation, die das schnelle und neugierige „Zugreifen" erlaubt. Hier müssen sicher noch weitere Projekte Aufschluss über optimale Formen der Präsentation der Radio-/Audio-on-Demand-Welt liefern.

Genrekanäle wurden stark genutzt. Der subjektiv-punktuelle Zugriff erlaubte eine individuelle Abstimmung zwischen Stimmung und Musik („Das ist so ähnlich wie einen Radiosender auswählen. Nur dass ich besser nach meiner Stimmung auswählen kann" oder „Wenn ich eher wütend und aggressiv bin, dann möchte ich Rock hören"). Am Rande sagten viele Testteilnehmer, dass Genrekanäle wegen ihrer hohen aktuellen Stimmigkeit mit der eigenen Laune auch einen höheren Abgrenzungswunsch von der Außenwelt zur Folge hätten und damit besser zu Kopfhörern passen würden.

Personalisierte Genrestreams würden, so ein weiterer Befund, Radiomarken generell im Wettbewerb stärken. Dies gilt auch im Wettbewerb zwischen den Medien. Zwar bieten sie beispielsweise nicht die eigenen Top 10 der Hörer, wohl aber professionell zusammengestellte Musik in einer Musikfarbe, die jeweils bevorzugt wird. Genrekanäle eröffnen also die Möglichkeit, Musikarten gezielt auszuwählen, und bieten trotzdem Abwechslung und Überraschungen („Zur Zeit ist ja der MP3-Player das Maß aller Dinge. Aber das hier könnte den MP3-Player echt schlagen"). Die Untersuchung zeigte auch – bei vielen Vorzügen des MP3-Players – seine Grenzen, wie in folgenden Zitaten deutlich wird: „Ich habe zwar ein Terabyte an Musik, aber trotzdem das Gefühl, dass ich das alles kenne".

Voting wurde ebenfalls getestet, wenn auch nur in kleinem Umfang. Generell zeigte sich hier, dass Voting ein zusätzliches Element sein kann, sich aber vor allem auf der psychologischen Ebene – nicht durch große Beteiligung – bemerkbar macht („Klingt vielleicht blöd, aber so habe ich mehr Macht über das Radio. Ist ein gutes Gefühl"). Ein Mehrwert liegt sicher in dem dadurch initialisierten Anreiz, sich näher mit der Anwendung, mit Radio Plus zu beschäftigen. Insgesamt – und hierzu trägt auch die Möglichkeit des Votings bei – schaffen kontinuierliche Aktualisierungen von Inhalten, ein überschaubarer Handlungsspielraum und Zufallskomponenten einen „Spiel-Raum" im Wortsinne.

Radio ist ein Medium, das in starkem Umfang auch von der Nähe zu den Menschen lebt. Dazu gehören beispielsweise gleichermaßen die emotionale und die räumliche Nähe. Radio Plus bietet, wie oben beschrieben, eine ganze Reihe von Möglichkeiten, diese geografisch-emotionale Komponente zu stärken. Dies kann über die eigene Wohnortangabe führen, die dann Auswirkungen auf die Vorselektion der Verkehrsstaus wie auch auf die Wetterinformationen hat, welche dann allerdings in verstärktem Maße durch die Nutzer überprüfbar werden („Da steht zwar das Wetter genau für meinen Ort, aber das stimmt nicht. Zweimal war Gewitter angesagt, ich habe schon voll Sorge meinen Hund, der immer Panik kriegt, in die Badewanne gelegt, und dann hat es nicht mal geregnet").

Werbung und Werbeformen

Bei Werbung und Werbeformen wurden bei den beteiligten privatrechtlichen Programmen verschiedene Tools eingesetzt und verschiedene Optionen für Nutzerinnen und Nutzer angeboten:

- Werbebanner unter der oberen Navigationsleiste mit kontextualisierten Inhalten, wie beispielsweise die Werbung für Autoversicherungen im Umfeld der Verkehrsnachrichten;
- Werbebanner am Seitenende (nur zu sehen, wenn man ganz herunterscrollte), ebenfalls mit kontextualisierten Inhalten, wie zum Beispiel die Werbung für Fluggesellschaften im Umfeld von Wetter;
- Sponsorlogo am Seitenende mit kontextualisiertem Inhalt, wie zum Beispiel Musikbiografien im Zusammenhang mit Veranstaltungstipps;
- wechselnder, zum Teil nicht kontextualisierter Inhalt;
- die Einbindung von Werbeangeboten im Hauptmenü, wie zum Beispiel die Möglichkeit, ein Probe-/Zeitungsabonnement über ein Codewort zu bestellen;
- Anbindung von Werbung an interaktive Angebote, wie zum Beispiel das „Votingkarussell". Das Votingkarussell in seiner werbefreien Form gab die Möglichkeit, aus vier Musiktiteln einen Titel zum Reinhören zu wählen. In der werblichen Form standen drei Musiktitel zur Wahl, ein viertes Icon leitete zu einem Gutschein, der zum Beispiel freien Eintritt in einen Club in Stuttgart ermöglichte, wenn das iPhone mit entsprechendem Screen vorgezeigt wurde.

Werbeakzeptanz bei Radio Plus ähnlich wie bei Werbung im Internet

Die Ergebnisse zeigen, dass bei der Wahrnehmung auf dem iPhone vergleichbare Regeln der Akzeptanz und der Aktivierung gelten wie bei Werbung im Internet. Werbebanner bei Radio Plus funktionieren nach ähnlichen Prinzipien wie Onlinewerbung generell. Insbesondere in einen Kontext sinnvoll eingebettete Werbung wird akzeptiert. Umgekehrt wirkt nicht in einen Kontext eingebundene Werbung störend und wird abgelehnt oder teilweise nicht wahrgenommen. Dies gilt zum Beispiel auch für die Werbung für das Zeitungsabonnement im Hauptmenü. Im Gegensatz dazu hatte die spielerische Einbindung zum Beispiel in das Votingkarussell sehr positive Erinnerungswerte: „Eins der Bilder in diesem Karussell war Werbung für den Aer Club. Das hat schon gepasst, da geht's ja auch um Musik".

Zusammenfassend kann aus den Ergebnissen der Werbetests geschlossen werden, dass Werbung in Radio Plus eine erkennbare Chance hat. Die Erinnerungswerte waren – bei den gut eingebundenen Werbeformen – hoch, doch kann hier eine qualitative Studie sicher nicht Werbestudien vorgreifen.

Benutzerfreundlichkeit und Handling von Radio Plus

Schon die erste Phase der Begleitforschung hatte deutlich gemacht: Ohne eine hohe Nutzerfreundlichkeit, ohne ein einfaches Handling wird Radio Plus (wie manches andere in der Technikgeschichte) scheitern. Hier erwies sich die gewählte technische Plattform, das iPhone, aber auch die eigens dafür entwickelte Applikation als überaus benutzerfreundlich („Das ist einfach zu bedienen"; „Das ist besser als Internet, weil ich hier alles kompakt an einer Stelle habe"). Hierzu trug auch die Übersichtlichkeit der Angebotsform bei, die SWR-seitig programmiert worden war.

Bei allen inhaltlichen und werblichen Testangeboten wurde aber auch klar, dass die Versuchspersonen sehr gut wahrnahmen, wenn Angebote in ihrer Gestaltung nicht gerätespezifisch aufbereitet waren oder die angebotenen Inhalte nicht ausreichend an die Möglichkeiten bzw. Beschränkungen des Trägermediums angepasst waren.

Teilweise wurden die Präsentation und der Zuschnitt des Audio-on-Demand-Angebots als nicht ausreichend angepasst an Situation und Motive von Radio Plus empfunden, die Darstellung war zu textlastig, Bilder, Grafiken oder Icons als Auflockerungselemente wurden vermisst („Das ist so ein lange Liste!" „Das habe ich mir mal kurz angeguckt, dann aber nur noch Live-Radio und Text-News genutzt.") Bei dem Voting-System führte zum Beispiel die Größe der Icons zu Schwierigkeiten beim Lesen und Bedienen, dadurch auch zu Verständnisschwierigkeiten („Das ist alles so furchtbar klein, da tippt man ja ständig daneben. Das geht ja gar nicht.")

Es zeigte sich, dass die Aufarbeitung von Inhalten immer die Liebe zum Detail braucht, um ausreichende Akzeptanz bei den Nutzern herzustellen. Fehlende orientierende Informationen (z.B. Datumsangaben) erschweren die Zugänglichkeit der Information, reine Textinformationen über eine bestimmte Länge ohne Bilder oder Icons wirken eintönig und wenig ambitioniert (Das sieht alles so gleich aus." „Na ja, es ist halt sehr sachlich gehalten." „Bei den Veranstaltungstipps würde ich gerne nach Datum auswählen können und nicht nur die Tipps für heute sehen".)

Radio Plus im repräsentativen Test

Soweit die Ergebnisse des umfassenden qualitativen Tests. Die quantifizierende Einordnung sollte nun die repräsentative Studie liefern. Insgesamt 1.000 Personen ab 14 Jahren mit den Vorgaben Internetzugang, Handynutzung und (zumindest) gelegentliche Radionutzung wurden online befragt, Radio Plus wurde – soweit möglich – mit Text und Bild von der Konzeption her in der Umfrage mit vorgestellt.

Knapp zwei Drittel aller Befragten zeigten Interesse bzw. großes Interesse an Radio Plus, so das Ergebnis auf die Frage „Inwieweit ist die Anwendung für Sie von Interesse?". Und dieses Ergebnis schreibt sich dann fort, wenn man – zunächst ohne Quantifizierung etwaiger Kosten – fragt: „Würden Sie die Anwendung herunterladen?". Auch hier sind es wieder knapp zwei Drittel, die mit ganz bestimmt oder wahrscheinlich antworteten (vgl. Abb. 1). Beim Kaufpreis zeigte sich ein weit verbreitetes Phänomen. In einer Internetwelt, in der entstehende Kosten wenig, Seitenwerbung dagegen eher akzeptiert werden, erwartet oder erhofft sich der interessierte Kunde eher ein Gratisangebot. In der Präsentationsbefragung gingen 48 Prozent davon aus, Radio Plus kostenlos angeboten zu bekommen. 30 Prozent rechneten mit einem Preis bis 2,99 Euro und 23 Prozent mit mehr als dieser Summe.

Bei einer kostenlosen Anwendung gaben 44 Prozent an, diese ganz bestimmt herunterzuladen und weitere 30 Prozent antworteten mit wahrscheinlich. Die Bereitschaft, die Anwendung Freunden und Bekannten weiterzuempfehlen, lag bei 70 Prozent (ganz sicher/wahrscheinlich). 23 Prozent der Befragten nannten eine tägliche oder mehrmals tägliche Nutzungsabsicht, 36 Prozent meinten mehrmals in der Woche, weitere 10 Prozent einmal in der Woche und 4 Prozent einmal in 14 Tagen.

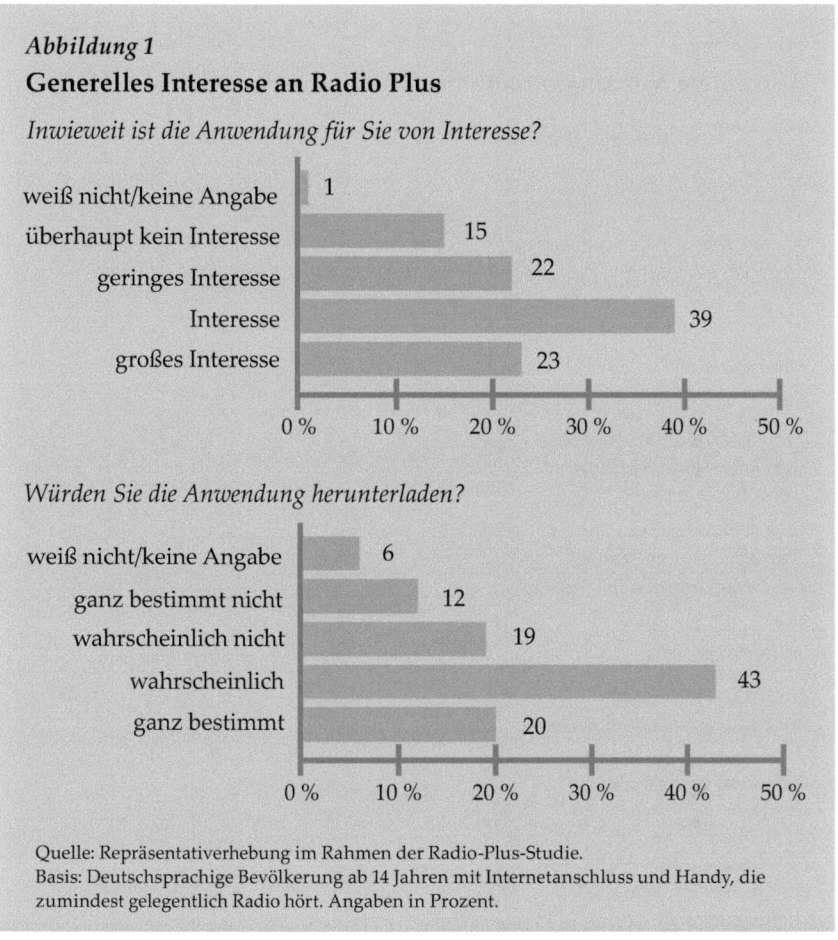

Abbildung 1

Generelles Interesse an Radio Plus

Inwieweit ist die Anwendung für Sie von Interesse?

weiß nicht/keine Angabe — 1
überhaupt kein Interesse — 15
geringes Interesse — 22
Interesse — 39
großes Interesse — 23

0 %   10 %   20 %   30 %   40 %   50 %

Würden Sie die Anwendung herunterladen?

weiß nicht/keine Angabe — 6
ganz bestimmt nicht — 12
wahrscheinlich nicht — 19
wahrscheinlich — 43
ganz bestimmt — 20

0 %   10 %   20 %   30 %   40 %   50 %

Quelle: Repräsentativerhebung im Rahmen der Radio-Plus-Studie.
Basis: Deutschsprachige Bevölkerung ab 14 Jahren mit Internetanschluss und Handy, die
zumindest gelegentlich Radio hört. Angaben in Prozent.

Bei der Frage nach den möglichen Nutzungssituationen wurde der mobile Einsatz besonders betont, zum Beispiel in Wartesituationen, wenn auch der Test selbst immer wieder die hohe häusliche Nutzungsbereitschaft dokumentiert hat (vgl. Abb. 2).

Warum die Werte so positiv ausfallen, wird deutlich, wenn man (wieder mit Vorgaben) nach dem vermuteten Eigenschaftsprofil von Radio Plus fragt. Im Zentrum stehen „verbindet die Stärken von Radio und Internet", „liefert nützliche Zusatzinformationen zu Songs" und „macht einfach Spaß". Spannend ist dabei die Bandbreite der zugeschriebenen

223

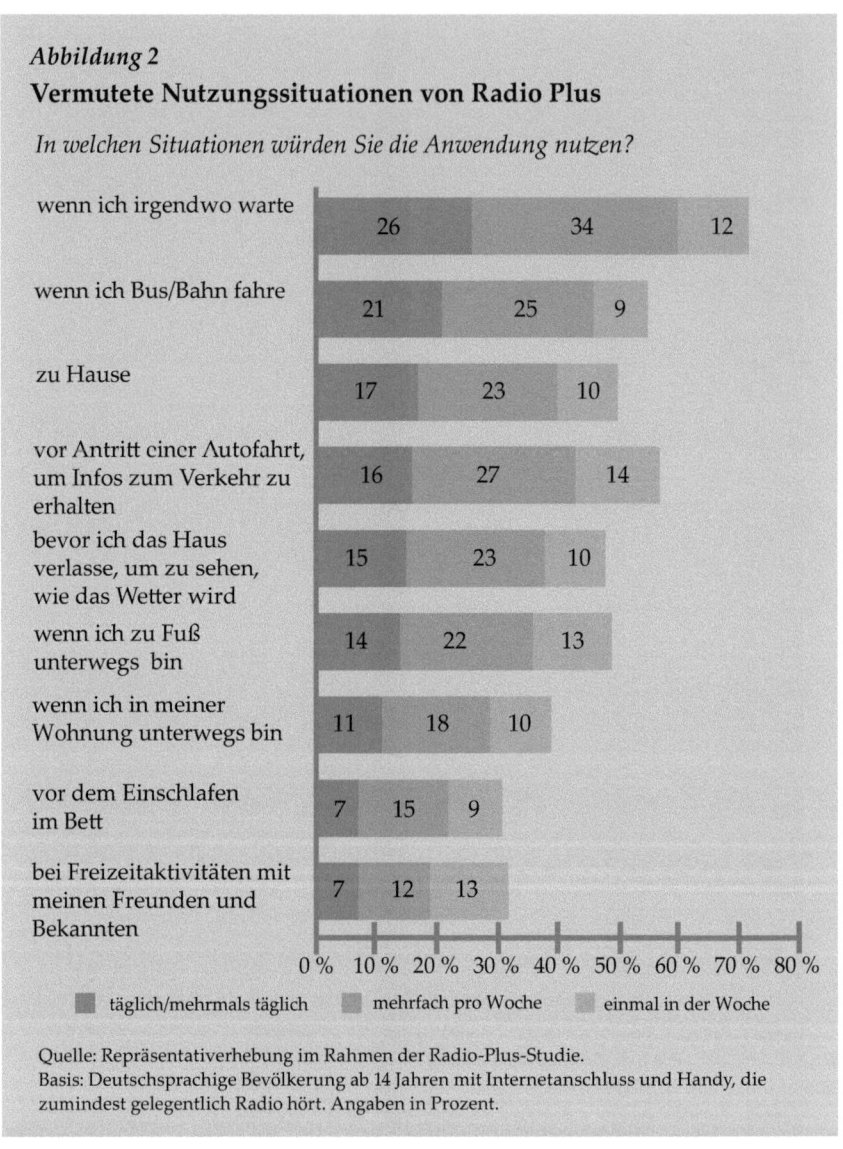

Abbildung 2

Vermutete Nutzungssituationen von Radio Plus

In welchen Situationen würden Sie die Anwendung nutzen?

	täglich/mehrmals täglich	mehrfach pro Woche	einmal in der Woche
wenn ich irgendwo warte	26	34	12
wenn ich Bus/Bahn fahre	21	25	9
zu Hause	17	23	10
vor Antritt einer Autofahrt, um Infos zum Verkehr zu erhalten	16	27	14
bevor ich das Haus verlasse, um zu sehen, wie das Wetter wird	15	23	10
wenn ich zu Fuß unterwegs bin	14	22	13
wenn ich in meiner Wohnung unterwegs bin	11	18	10
vor dem Einschlafen im Bett	7	15	9
bei Freizeitaktivitäten mit meinen Freunden und Bekannten	7	12	13

Quelle: Repräsentativerhebung im Rahmen der Radio-Plus-Studie.
Basis: Deutschsprachige Bevölkerung ab 14 Jahren mit Internetanschluss und Handy, die zumindest gelegentlich Radio hört. Angaben in Prozent.

Eigenschaften, die vielleicht in der Aussage (trifft voll und ganz zu oder trifft zu) von 68 Prozent münden, Radio Plus „ist das Radio der Zukunft" (vgl. Abb. 3).

Abbildung 3

Vermutete Eigenschaften von Radio Plus

Inwieweit treffen folgende Aussagen zu?

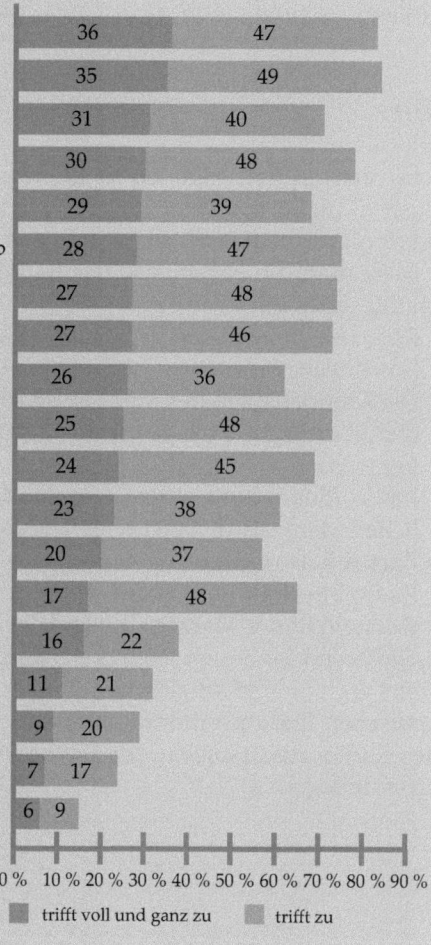

	trifft voll und ganz zu	trifft zu
verbindet die Stärken von Radio und Internet	36	47
liefert nützliche Zusatzinformationen zu Songs	35	49
macht einfach Spaß	31	40
nutzt die Möglichkeiten des mobilen Internets voll aus	30	48
ist das Radio der Zukunft	29	39
deckt alle wichtigen Informationen ab	28	47
deckt alle wichtigen Informationen ab, die man durch den Tag hindurch so benötigt	27	48
ist etwas für Musikfreunde	27	46
ist etwas für mich	26	36
ergänzt das SWR-Programm sinnvoll	25	48
ist gewissermaßen ein ständiger Begleiter	24	45
bügelt die Schwächen aus, die normales Radio hat	23	38
passt das Radio endlich meinen Bedürfnissen an	20	37
ist wie Videotext fürs Radio	17	48
ist letztlich doch nur Schnickschnack	16	22
ist nur für Stauinfos interessant	11	21
ist nur für Wetterinfos interessant	9	20
ist nichts anderes als Radio	7	17
ist langweilig	6	9

0 % 10 % 20 % 30 % 40 % 50 % 60 % 70 % 80 % 90 %

Quelle: Repräsentativerhebung im Rahmen der Radio-Plus-Studie.
Basis: Deutschsprachige Bevölkerung ab 14 Jahren mit Internetanschluss und Handy, die zumindest gelegentlich Radio hört. Angaben in Prozent.

Schließlich wurde in der repräsentativen Studie auch danach gefragt, wie gut dieses Produkt zum jeweils eigenen meistgehörten Programm passen würde. 46 Prozent der Befragten meinten hier sehr gut, weitere 39 Prozent gut. Mit insgesamt 85 Prozent Zustimmung ergibt sich also offensichtlich eine hohe „Passgenauigkeit" von Radio Plus zu den traditionellen Radiomarken.

Fazit

Radio steht in der digitalen Medienwelt vor Herausforderungen. Dabei zeigen aktuelle ma-Daten immer wieder, dass das Medium auf starke und erfolgreiche (UKW-)Marken setzen, auf diesen aufbauen kann.

Fasst man die Ergebnisse der Radio Plus Studien zusammen, ergibt sich folgendes Bild:

- Radio bleibt auch im Zeichen von Radio Plus Markenradio.
- Das lineare Programm ist und bleibt unverzichtbar.
- Die Kompetenzen des Mediums Radio und die der Radiomarken können über Radio Plus gewinnbringend ergänzt und erweitert angeboten werden.
- Radio Plus ist auf einem eigenständigen Versorgungsweg ein deutliches Mehr als das bisherige UKW-Radio, und im Internet ist Radio Plus Teil des Onlineangebots.
- Radio Plus kann nach allen vorliegenden Erkenntnissen ein wichtiger Baustein in der Markenstrategie der Radioprogramme werden.

Resümierend lässt sich festhalten: Radio Plus ist für Radio die Chance, bereits vorhandene inhaltliche Kompetenzen und Stärken zusätzlich zum klassischen Radioprogramm auf anderen Wegen, insbesondere im digitalen Radio, auszuspielen, zur Weiterentwicklung von Radiomarken, die on air sind.

Anmerkungen

1 Vgl. Gattringer, Karin/Walter Klingler: Radionutzung in Deutschland mit leichten Zuwächsen. Ergebnisse, Trends und Methodik der ma 2010 Radio II. In: Media Perspektiven 10/2010, S.442–456.
2 Vgl. Eimeren, Birgit van/Christa-Maria Ridder: Trends in der Nutzung und Bewertung der Medien 1970 bis 2005. Ergebnisse der ARD/ZDF-Langzeitstudie Massenkommunikation. In: Media Perspektiven 10/2005, S.490–504.
3 Durch Veränderungen in der Grundgesamtheit der ma lässt sich nur diese Basis für einen Vergleich 2001 bis 2009 heranziehen.
4 Vgl. Blödorn, Sascha/Maria Gerhards/Walter Klingler: Informationsnutzung und Medienauswahl. Ergebnisse einer Repräsentativbefragung zum Informationsverhalten der Deutschen. In: Media Perspektiven 12/2005, S.638–646.
5 Vgl. Schütz, Michael: Future-Media-Trend. Bedeutung von Radio im Konzert der Medien im Jahr 2015. RadioDay 2009.
6 Vgl. Radiozentrale: Wege und Formen der Radionutzung im digitalen Zeitalter. Frühjahr 2007.
7 In einer SWR-internen Studie wurde nach den Ursachen von Wenigerhören gefragt. In aller Regel wurden in dieser repräsentativen Erhebung keine radiospezifischen Gründe genannt, wohl aber Zeitbudgetgründe und ähnliche.
8 Vgl. Blödorn/Gerhards/Klingler (Anm. 4).
9 Vgl. beispielsweise Windgasse, Thomas: Webradio: Potenziale eines neuen Verbreitungswegs für Hörfunkprogramme. Qualitative Studie zur Nutzung internetbasierten Radios. In: Media Perspektiven 3/2009, S.129–137.
10 Vgl. insbesondere die Ergebnisse der im Weiteren geschilderten qualitativen Startstudie.
11 Vgl. Repräsentative Befragung in Baden-Württemberg und Rheinland-Pfalz im Auftrag von SWR und LFK, 1.000 Befragte, durchführendes Institut ENIGMA/GfK, Herbst 2009.
12 Zu den Eröffnungsrednern gehörten gleichermaßen der Präsident der Landesanstalt für Kommunikation (LFK), Thomas Langheinrich, der SWR-Intendant Peter Boudgoust, Kristian Kropp, Geschäftsführer von bigFM und Achim Voeske, Geschäftsführer Hit-Radio ANTENNE 1. Vgl. http://www.lfk.de/aktuelles/pressecenter/pressemitteilungen/detail/artikel/auf-die-inhalte-kommt-es-an-radio-plus-uebezeugt-testnutzer.html; http://www.mediendaten.de/fileadmin/Hoerfunk/Radio_der_Zukunft/Radio-der-Zukunft.pdf.
13 Vgl. beispielsweise http://www.radioandtelly.co.uk/lobster700tv.html.

Das Radio in der digitalen Welt*
Ergebnisse der ARD/ZDF-Onlinestudie 2010 und einer qualitativen Untersuchung

Annette Mende

Am Anfang der Ereignisse, die zum Rücktritt des Bundespräsidenten Horst Köhler führten, stand ein Radiointerview. Dieses war von seinen Hörern aufmerksam zur Kenntnis genommen worden. Sie wunderten sich, dass die anderen Medien darauf kaum reagierten, und reagierten nun ihrerseits: Das Radiointerview des Bundespräsidenten wurde zum Thema der Bloggerszene. Jetzt interessierten sich auch die anderen Medien. Da das Interview auf den Webseiten des Radiosenders im Netz verfügbar war, begann nun eine intensive mediale Debatte. Dies ist ein markantes Beispiel für die Vernetzung der Medien, aber auch für das Funktionieren des medialen Systems. Es zeigt, welche spezifische Kraft in den verschiedenen Medien liegt, welche Bedeutung ihnen jeweils zugewiesen wird. Die Blogosphäre ist unter quantitativer Perspektive eher eine Randerscheinung des Netzes, unter bestimmten Bedingungen kann sie aber eine außergewöhnliche Wirkung entfalten. Gleichzeitig bedarf es – um wirklich Prozesse auszulösen und außerhalb einer begrenzten Gemeinschaft wahrgenommen zu werden – der Verzahnung mit den traditionellen Medien.

Veränderte Position des Radios im Zusammenspiel der Medien

Welche spezifische mediale Kraft liegt im Radio? Sind seine Beiläufigkeit und Alltäglichkeit eher Schwäche oder seine Stärke? Schafft eine partielle Unterschätzung des Mediums Freiraum für mehr Wahrhaftigkeit und Kontroverse? Können Akteure hier freier agieren? Die Digitalisierung hat auch die Bedeutung des Radios im Zusammenspiel der Medien verändert. Durch die Bereitstellung von Audios im Netz „versenden" sich die

* Überarbeitete Fassung des gleichnamigen Beitrags in Media Perspektiven 7+8/2010, S.369–376.

Inhalte nicht mehr. Das Radio wird zitierfähig. Das Internet ist ein weiterer Distributionsweg für den Hörfunk geworden; es ist auch eine Plattform für Inhalte, die im und für das Radio produziert werden.

Das Radio ist wichtiger Teil des Relevant Set der Mediennutzung. Daran hat sich auch durch die gigantischen Umbrüche in den Medienangeboten und der Mediennutzung nichts verändert. Geringfügig rückläufig ist die tägliche Nutzung des Radios. Schalteten im Jahr 2000 79 Prozent der Deutschen ab 14 Jahren das Radio ein, so sind es 2010 78,9 Prozent. Diese Entwicklung stellt sich in den einzelnen Altersgruppen unterschiedlich dar. Bei den 14- bis 29-Jährigen hat sich die tägliche Radionutzung im vergangenen Jahrzehnt von 79 Prozent (ma 2000) auf 71,5 Prozent (ma 2010 Radio II) reduziert.[1]

Radionutzung nach den Ergebnissen der ARD/ZDF-Onlinestudie 2010

Dies ist – gemessen an der Verbreitung des Internets in der jungen Generation – ein eher moderater Rückgang und kein Grund, das Radio als ein mediales „Auslaufmodell" zu sehen. Die ARD/ZDF-Onlinestudie untersucht seit 1997 die Entwicklung und Nutzung des Internets und seiner verschiedenen Angebote. War vor zehn Jahren im Jahr 2000 rund die Hälfte der 14- bis 29-Jährigen online, so sind es jetzt annähernd 100 Prozent. Radio wird – auch von den Onlinern – vor allem über ein stationäres Gerät zuhause oder aber im Auto genutzt. 79 Prozent der Onliner hören nach den Ergebnissen der ARD/ZDF-Onlinestudie 2010 innerhalb von vier Wochen Radio über ein stationäres Gerät im Haus oder Büro; 75 Prozent nutzen das Autoradio. 13 Prozent der Onliner hören Radio am Computer bzw. Laptop (vgl. Abb.1).

Auch in der jungen Generation hat sich am Ranking der bevorzugten Radiogeräte nichts geändert. Das stationäre Gerät (72 %) sowie das Autoradio (64 %) bleiben der aktuellen Befragung zufolge die meistgenutzten Empfangsgeräte. Deutlich stärker werden hingegen von den 14- bis 29-Jährigen die digitalen Medien zum Radioempfang verwendet. Knapp jeder Fünfte hört über seinen Computer bzw. Laptop Radio. Auch MP3-Player oder Handys, Smartphones und Organizer haben für die Radionutzung einen bestimmten Stellenwert.

Mit der Verbreitung des Internets wird vor allem der Livestream des Radios im Netz stärker nachgefragt. Fast 27 Prozent aller Onliner haben

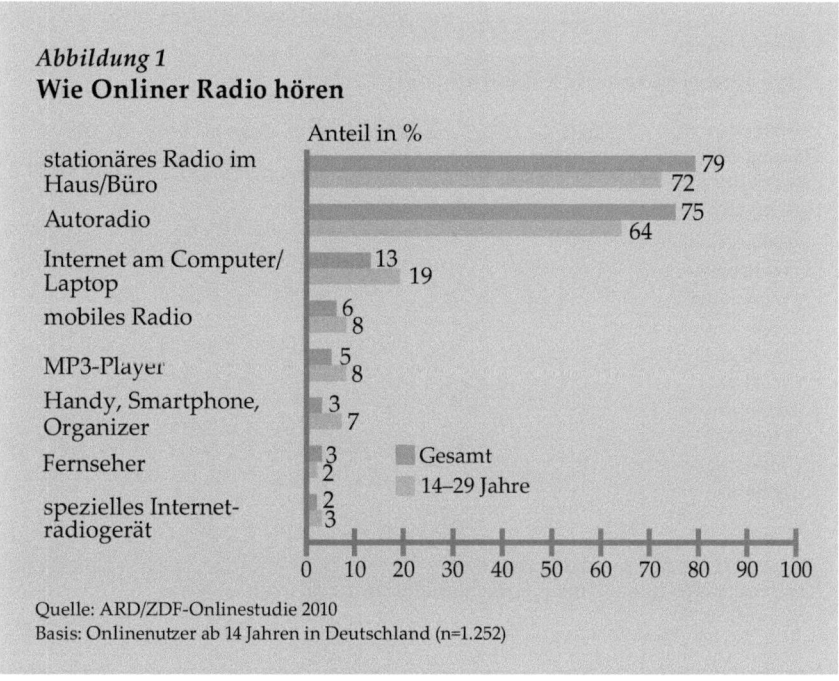

Abbildung 1
Wie Onliner Radio hören

Anteil in %

	Gesamt	14–29 Jahre
stationäres Radio im Haus/Büro	79	72
Autoradio	75	64
Internet am Computer/Laptop	13	19
mobiles Radio	6	8
MP3-Player	5	8
Handy, Smartphone, Organizer	3	7
Fernseher	3	2
spezielles Internetradiogerät	2	3

Quelle: ARD/ZDF-Onlinestudie 2010
Basis: Onlinenutzer ab 14 Jahren in Deutschland (n=1.252)

2010 schon einmal Radio als Livestream gehört (vgl. Abb.2). In den vergangenen Jahren gab es hier leichte Zuwachsraten. Charakteristisch für diesen Verbreitungsweg ist die eher gelegentliche Nutzung. 15 Prozent aller Onliner hören zumindest gelegentlich (monatlich oder seltener) Radio über das Internet. Zur alltäglichen Nutzungsroutine (Nutzung mehrmals täglich/täglich) ist diese Form des Radiohörens nur bei knapp 4 Prozent der Onliner geworden. Eine stärker gewohnheitsmäßige Nachfrage des Radios über das Netz ist in den vergangenen Jahren nicht feststellbar.

Die Entwicklungstendenzen in der jungen Generation gehen in eine vergleichbare Richtung. Mit 33 Prozent haben die 14- bis 29-jährigen Onliner zwar deutlich häufiger schon einmal Radioprogramme live im Internet gehört, aber auch bei ihnen bleibt dieser Distributionsweg in ihrer habitualisierten Radionutzung eher die Ausnahme. Jeder Zehnte dieser Altersgruppe hört 2010 zumindest wöchentlich Radio als Livestream; täglich sind es etwas mehr als 4 Prozent. Auch für die junge Generation sind diese Nutzungszahlen seit Jahren relativ stabil; ein verstärkter Radiokonsum über das Internet ist nicht erkennbar.

231

Abbildung 2
Live Radio hören über das Internet

Nutzungs-häufigkeit Anteil in %	2004		2006		2008		2010	
	Gesamt	14–29 J.	Gesamt	14–29 J.	Gesamt	14–29 J.	Gesamt	14–29 J.
zumindest selten	15,9	23,7	24,0	32,2	23,2	35,5	26,6	33,0
mehrmals täglich/täglich	1,7	2,0	3,8	5,9	2,4	4,0	3,6	4,4
mehrmals wöchentlich/wöchentlich	4,3	6,6	6,8	10,9	7,2	11,0	8,0	9,8
monatlich/seltener	9,9	15,1	13,5	15,4	13,6	20,4	15,0	18,8
nie	84,1	76,3	76,0	67,8	76,8	64,5	73,4	67,0

Quelle: ARD/ZDF-Onlinestudien 2004–2010
Basis: Onlinenutzer ab 14 Jahren in Deutschland (2004: n=1.002; 2006: n=1.084; 2008: n=1.186; 2010: n=1.252)

Trotz der Zunahme von Breitbandanschlüssen und der fast flächen-deckenden Abrechnung über Flatrates zeigte die ARD/ZDF-Onlinestudie in den vergangenen Jahren keine relevante Zunahme der Livestream-nutzung des Radios im Netz auf. Dies bedeutet auch, dass verbesserte technische Rahmenbedingungen nicht zwangsläufig zu mehr Nachfra-ge führen. Radio als Livestream wird bevorzugt auf den Internetseiten der Radioprogramme gehört. 75 Prozent der überhaupt live im Internet Radio hörenden Onliner nutzen 2010 dafür die Internetseiten der Radio-programme; 16 Prozent gehen auf spezielle Portale (wie radio.de oder phonostar) mit ihren Links zu unterschiedlichen Radioprogrammen und Podcasts (vgl. Abb.3). Von gut 9 Prozent werden beide Zugangswege verwendet. Im Vergleich der verschiedenen Verbreitungswege hat in den vergangenen Jahren vor allem die Nutzung des Livestreams direkt im Webangebot der Radiowellen zugenommen. Trotz des 2008 gestarteten Internetportals radio.de mit seinem einfachen und benutzerfreundlichen Zugriff, den dort gelisteten mehr als 4.000 Radiosendern, individuellen

Abbildung 3
Ort der Live-Nutzung des Radios im Internet

„Wo hören Sie live im Internet Radio?" Anteil in %	2006		2008		2010	
	Gesamt	14–29 J.	Gesamt	14–29 J.	Gesamt	14–29 J.
direkt auf Internetseiten der Radioprogramme	57,2	58,5	78,4	78,2	75,0	76,4
bei speziellen Internetportalen	21,1	15,4	12,2	9,3	15,8	16,3
sowohl als auch	20,9	25,0	9,4	12,4	9,3	7,3

Quelle: ARD/ZDF-Onlinestudien 2006–2010
Basis: Befragte, die zumindest selten live über das Internet Radio hören (2006: n=1.084/329; 2008: n=1.186/361; 2010: n=1.252/387)

Favoritenlisten, Musikkategorien, Sprachen, Ländern usw. ist die Nachfrage eher gering. Auch von den 14- bis 29-Jährigen, die überhaupt Livestream nutzen, sind weniger als ein Viertel auf speziellen Internetportalen unterwegs.

Wenn heute über das Internet Radio gehört wird, dann vor allem deshalb, weil man ohnehin im Netz ist und das Radio nebenbei läuft (2010: 68 %). Für 58 Prozent der Onliner bietet das Netz die Chance, hier gezielt die eigene Lieblingsmusik hören zu können. Auch die größere Programmauswahl wird von der Hälfte der Onliner geschätzt. Die bessere Empfangsqualität des präferierten Senders über das Netz ist für 39 Prozent der Onliner ebenfalls ein Grund.

Die Onlineseiten von Radiosendern haben 2010 40 Prozent aller Onliner schon einmal besucht. Am stärksten ist die Vernetzung des Radios mit seinen Webangeboten bei der jungen Generation. Annähernd jeder zweite 14- bis 29-Jährige hat schon einmal die Onlineseiten von Radiosendern besucht. In der mittleren Generation sind es immerhin 42 Prozent. Für die ab 50-jährigen Onliner sind offenbar die im Netz vorhandenen Zusatzinformationen zu Programm und Programm-Machern von eher geringem Interesse. Weniger als 30 Prozent von ihnen haben schon einmal die Webauftritte von Radiosendern angeklickt.

Nutzung von Webradios

Neben dem Zugangsweg Internet gibt es mit der weiteren Verbreitung digitaler Radio-Empfangsgeräte zumindest von den technischen Voraussetzungen her immer bessere Möglichkeiten, auch die ausschließlich im Netz verbreiteten Radioprogramme zu empfangen. Über W-Lan-Radio kann man hunderte nationale und internationale Radiosender hören. 8 Prozent der Haushalte in Deutschland verfügen inzwischen über ein W-Lan-Radio. Ein Massenmarkt ist dies bislang noch nicht.

2010 wurde erstmals in der Media-Analyse Radio unter der Sammelkategorie Webcastradio die Nutzung dieser nur im Internet verbreiteten Radioangebote abgebildet. Bundesweit haben 1,3 Prozent der Bevölkerung ab 14 Jahren – das sind 913.000 Personen – schon einmal Webcastradios gehört. Zum Weitesten Hörerkreis („in den letzten 14 Tagen gehört") zählen 1,1 Prozent. Täglich werden Internetradios bundesweit von 378.000 Menschen gehört; die Reichweite liegt bei 0,5 Prozent.[2] Am stärksten werden die Internetradios von der jungen Generation genutzt – aber auch hier auf eher niedrigem Niveau. Lediglich 1,2 Prozent der 14- bis 29-Jährigen sind täglich bei den Webradios unterwegs, 2,5 Prozent nutzen diese Programme zumindest innerhalb von zwei Wochen. Bei allein mehr als 2.000 in Deutschland produzierten deutschsprachigen Webradiostreams (die Zahlen schwanken) sind die Reichweiten bisher eher bescheiden, ein schneller Durchbruch von Webradios ist wirtschaftliches Wunschdenken. Ihre Präsenz im Diskurs medialer Zukunftsszenarien erscheint deutlich überhöht.

Das Erschließen neuer Zielgruppen durch spezielle Webradio-Angebote ist offenbar ein langsamer und auch begrenzter Weg. Die Chance, über Webradios in eigene Musikwelten einzutauchen, ist für die meisten Nutzer bislang kaum motivationsgebend. Hier öffnet sich weniger ein Wettbewerbsfeld zwischen den klassischen Radios und den Websendern, sondern Webradios konkurrieren eher mit den verschiedenen Tonträgern. Die Nutzer müssen navigieren, sich aktiv für ein bestimmtes Musikangebot entscheiden, sie müssen zielgerichtet ihre Lieblingstracks auswählen. Die Rolle des Rezipienten als eigener Programmchef auf der Suche nach den individuellen Musiknischen hat nur eine begrenzte Anziehungskraft. Es sind andere Verhaltensstrategien und Erwartungen, die Menschen treiben, wenn sie im Netz ihre Musikfavoriten klicken oder bestimmte Informationen suchen, als wenn sie sich im klassischen Radio eines professionellen Produkts bedienen.

Nutzung von Musikportalen und digitalen Zusatzdiensten im Internet

Seit 2008 wird in der ARD/ZDF-Onlinestudie auch die Nutzung von Musikportalen im Internet erhoben. Knapp 7 Prozent der Onliner waren schon einmal auf Musikportalen wie Last FM oder Laut.de unterwegs. Die Nachfrage nach diesen Webangeboten wird sehr stark über das Alter gesteuert. Von den 14- bis 29-jährigen Onlinern haben 13 Prozent schon einmal Musikportale besucht. Rund 3 Prozent der jungen Onliner machen dies 2010 täglich und 5 Prozent zumindest wöchentlich. Bei allen anderen Altersgruppen sind Musikportale im Netz und ihr Gebrauch eher marginal. Schon in der mittleren Generation der 30- bis 49-Jährigen nutzen mehr als 95 Prozent keine Musikportale im Netz.

Wenn über die Entwicklung des Radios in der digitalen Welt nachgedacht wird, dann ist die weitere Vernetzung des Radios mit digitalen Zusatzdiensten eine wichtige Option. Darüber kann das klassische Radioprogramm ergänzt werden mit zeit- und ortsunabhängigen zusätzlichen Informationen, mit personalisierten Servicediensten. Diese weiteren Angebote sind insbesondere für Pausen oder Wartezeiten eine vom Publikum gern genutzte Leistung. Mittlerweile werden diese Servicedienste auch von verschiedenen Radioprogrammen angeboten, so zum Beispiel von Jump (MDR) mit dem Jump Radio Guide mit Nachrichten aufs Handy, Infos über Staus und Blitzer, Musikinfos usw.

Das Interesse an diesen Zusatzdiensten ist bislang eher verhalten. Die größte potenzielle Nachfrage besteht an alltagsnützlichen Informationen. So zeigen sich 30 Prozent der Befragten sehr bzw. etwas interessiert, sich aktuelle Verkehrsinformationen und Staumeldungen über das Internet oder per SMS auf Mobilgeräte schicken zu lassen (vgl. Abb. 4). Auch Informationen zum Wetter (29 %) bzw. aktuelle Nachrichten (21 %) treffen auf ein gewisses Interesse. In der jungen Generation sind die Interessensbekundungen etwas größer, auf wirklich relevante Potenziale lässt sich aber auch hier bislang nicht zurückgreifen. Wetter, Verkehr und Nachrichten sind für die 14- bis 29-Jährigen ebenfalls die wichtigsten mobil abzurufenden Applikationen. Sehr wichtig sind aber auch Informationen zur gespielten Musik im Radio, zu Playlists sowie zu Veranstaltungen. Rund ein Viertel dieser Altersgruppe ist an entsprechenden Hinweisen interessiert.

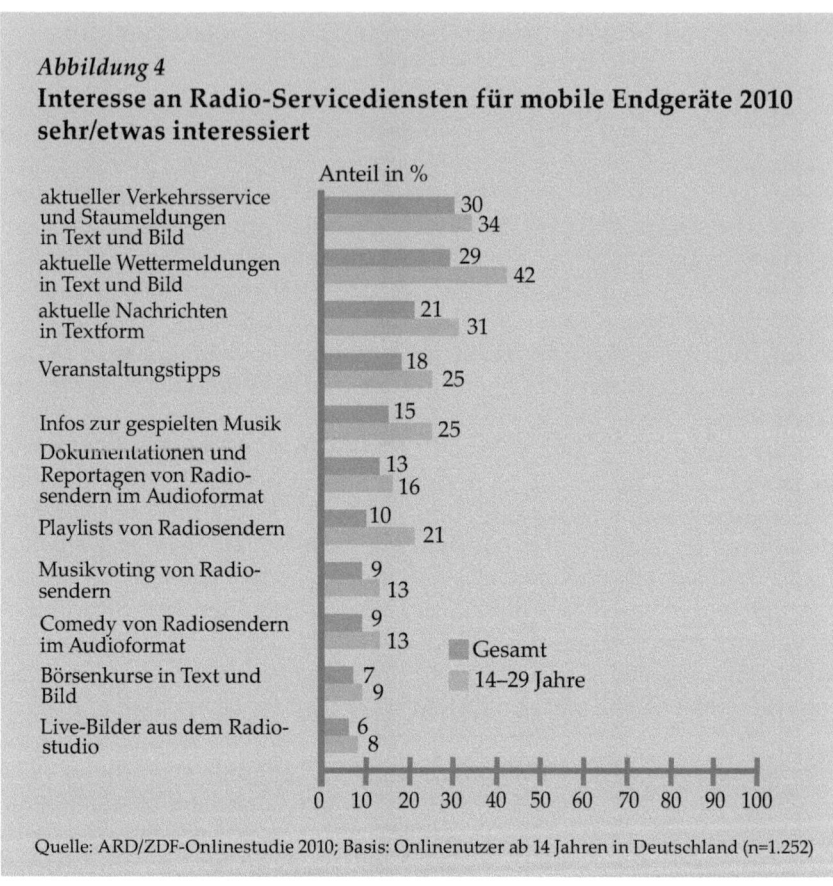

Abbildung 4

Interesse an Radio-Servicediensten für mobile Endgeräte 2010 sehr/etwas interessiert

Anteil in %

aktueller Verkehrsservice und Staumeldungen in Text und Bild	30 / 34
aktuelle Wettermeldungen in Text und Bild	29 / 42
aktuelle Nachrichten in Textform	21 / 31
Veranstaltungstipps	18 / 25
Infos zur gespielten Musik	15 / 25
Dokumentationen und Reportagen von Radiosendern im Audioformat	13 / 16
Playlists von Radiosendern	10 / 21
Musikvoting von Radiosendern	9 / 13
Comedy von Radiosendern im Audioformat	9 / 13
Börsenkurse in Text und Bild	7 / 9
Live-Bilder aus dem Radiostudio	6 / 8

■ Gesamt
■ 14–29 Jahre

0 10 20 30 40 50 60 70 80 90 100

Quelle: ARD/ZDF-Onlinestudie 2010; Basis: Onlinenutzer ab 14 Jahren in Deutschland (n=1.252)

Obwohl die Nutzung der verschiedenen mobilen Servicedienste bislang – auch wegen fehlender umfassender Angebote sowie der entsprechenden Verbreitung internetfähiger mobiler Endgeräte – noch gering ist, sind der Mehrheit der Befragten diese Zusatzangebote von Radiosendern bekannt. Schon genutzt haben sie 2010 aktuelle Wetterinformationen in Text und Bild (10 %), aktuellen Verkehrsservice und Staumeldungen (8 %) sowie Nachrichten (6 %) (vgl. Abb. 5). Am stärksten nachgefragt werden diese Angebote bisher von den 14- bis 29-Jährigen. 16 Prozent von ihnen haben bereits die aktuellen Wetterinformationen von Radiosendern auf ihrem mobilen Endgerät genutzt. Mindestens jeder Zehnte dieser Altersgruppe hat schon den Verkehrsservice bzw. Nachrichten abgerufen.

Abbildung 5

Nutzung von Radio-Servicediensten für mobile Endgeräte 2010

Anteil in %

		schon genutzt	davon gehört	nicht bekannt
aktuelle Nachrichten in Textform	Gesamt	6	68	26
	14–29 J.	11	73	16
aktuelle Wettermeldungen in Text und Bild	Gesamt	10	65	26
	14–29 J.	16	69	15
aktueller Verkehrsservice und Staumeldungen in Text und Bild	Gesamt	8	66	26
	14–29 J.	13	69	18
Börsenkurse in Text und Bild	Gesamt	3	66	30
	14–29 J.	4	71	25
Veranstaltungstipps	Gesamt	5	65	30
	14–29 J.	9	72	19
Infos zur gespielten Musik in Textform	Gesamt	6	61	33
	14–29 J.	10	66	24
Playlists von Radiosendern in Textform	Gesamt	5	59	36
	14–29 J.	10	67	23
Musikvoting von Radiosendern in Textform	Gesamt	2	61	37
	14–29 J.	4	69	26
Live-Bilder aus dem Radiostudio	Gesamt	3	59	37
	14–29 J.	6	65	29
Dokumentationen und Reportagen von Radiosendern im Audioformat	Gesamt	4	61	35
	14–29 J.	7	69	25
Comedy von Radiosendern im Audioformat	Gesamt	4	61	36
	14–29 J.	8	66	25

■ schon genutzt ■ davon gehört ■ nicht bekannt

Quelle: ARD/ZDF-Onlinestudie 2010
Basis: Onlinenutzer ab 14 Jahren in Deutschland (n=1.252)

Die Ergänzung des klassischen Radioprogramms mit programmbezogenen Audios und Texten sowie die Möglichkeit eines personalisierten, zeitversetzten Zugriffs sind ein wichtiger Mehrwert des Radios in der digitalen Welt. Eine entsprechende Studie zum „Radio der Zukunft" kommt zu dem Schluss, dass diese zusätzlichen Funktionalitäten des Radios ergänzende und positiv goutierte Optionen des Radios sind, dass aber Linearität und professionelle Gestaltung (Marken-)Basis des Radios bleiben (vgl. dazu den Beitrag von Walter Klingler und Albrecht Kutteroff in diesem Band).

Verschärfter Wettbewerb um Zeit der Nutzer

Die immer stärker ausdifferenzierte Programmvielfalt im Netz, aber auch die Entwicklung neuer Geräte und Plattformen erhöhen den Druck auf die verschiedenen Medien und verschärfen die intermediale Konkurrenzsituation. Es ist dies vor allem ein Wettbewerb um Zeit. Die Gesamtnutzungszeit für Medien ist mit 9 Stunden und 43 Minuten (brutto) täglich sehr hoch und offenbar auch nicht mehr beliebig erweiterbar.[3]

Insofern ist es letztlich ein normaler Prozess, wenn Reichweiten und Verweildauern bei den tradierten Medien tendenziell sinken. Ein endliches Zeitbudget muss auf immer neue mediale Angebote aufgeteilt werden.

Betrachtet man allein die durchschnittlichen Verweildauern der Onliner bei Radio, Fernsehen, Internet und Tageszeitung, dann sind die Bruttozeiten zwischen 2008 und 2010 bereits leicht abgeschmolzen. Summierten sich die Verweildauer-Werte für diese vier Medien 2008 auf 463 Minuten, so sind es 2010 457 Minuten (vgl. Abb. 6).

Interessant dabei ist auch, wie sich die Relationen zwischen den Medien entwickeln. Mit 155 Minuten entfällt auf das Radio nach wie vor die längste Nutzungsdauer. Das macht 34 Prozent des hier betrachteten Zeitbudgets aus. Jeweils 30 Prozent entfallen auf Internet und Fernsehen. Im Vergleich zu 2008 ist die Zeit für das Netz von 83 Minuten auf 135 Minuten angewachsen. Diese gestiegene Nutzungszeit für das Internet geht annähernd gleichmäßig zu Lasten von Fernsehen, Radio und Print.

Abbildung 6

Onliner: Dauer der täglichen Nutzung verschiedener Medien
2008 und 2010

	2008		2010	
	in Min.	in %	in Min.	in %
Radio	178	38	155	34
Fernsehen	156	34	137	30
Tageszeitung	46	10	30	7
Internet	83	18	135	30
Gesamt	463	100	457	101

ARD/ZDF-Onlinestudien 2008, 2010
Basis: 2008: n=1.802; 2010: n=1.252; eigene Angaben der Nutzer

Qualitative Studie zu Kompetenzen des Radios aus Sicht junger Hörer

Welche Entwicklungschancen hat das Radio vor dem Hintergrund eines sich immer weiter ausdifferenzierenden Medienmarktes? Welche Funktionszuschreibung erfährt das Radio in der digitalen Welt? Was sind seine genuinen Potenziale und Alleinstellungsmerkmale? Zu diesen Fragen hat eine Projektgruppe der ARD-Hörerforscher in 2009 eine qualitative Studie durchgeführt. Es ging vor allem darum herauszufinden, wo heute die Kernkompetenzen des Radios für junge Hörer liegen. Dafür wurden 18- bis 25-jährige Radiohörer in Berlin rekrutiert und in Einzelexplorationen intensiv zu ihrer Radionutzung befragt. Berlin wurde gewählt, weil es hier einen äußerst differenzierten Angebotsmarkt von Jugendradios gibt. Die rekrutierten Jugendlichen unterschieden sich durch ihre Affinität zum Internet. Es gab eine hoch affine Gruppe von Internetnutzern sowie eine Gruppe mit durchschnittlicher Nutzung des Netzes. Die besonders Internetaffinen waren an mindestens sechs Tagen pro Woche online sowie intensive Web-2.0-Anwender. Die Internet-„Normalos" nutzten das Netz an zwei bis fünf Tagen pro Woche.

Einzelexplorationen mit 20 Jugendlichen im Dezember 2009

Im Vorfeld der Einzelexplorationen mussten die insgesamt 20 Probanden an drei Tagen ein Onlinetagebuch zu ihrer Mediennutzung führen (welche Medien werden zu welchen Zeiten genutzt und warum?). Des Weiteren erhielt jeder Teilnehmer eine Batterie von Begriffen, die bestimmte Emotionen und Motivationen abbildeten. Anhand dieser sollte er seine persönlichen Radioassoziationen beschreiben. Das Medientagebuch sowie die persönlichen Landkarten des Involvements und der Erwartungen an das Medium Radio waren neben dem Themenleitfaden Basis der Einzelexplorationen. Die Studie wurde von saw, Marketing- und Medienforschung Oberhausen realisiert; die Interviews von jeweils mindestens einer Stunde Dauer fanden im Dezember 2009 statt.

Die Ergebnisse der Studie zeigen: Das Radio hat auch für die junge Generation eine hohe Präsenz und Relevanz im Alltag und ist fest in die Medienroutinen der 14- bis 29-Jährigen integriert. Es ist für die meisten Jugendlichen das Erstmedium am Morgen sowie ein wichtiges Unterwegsmedium. Es ist „einfach da", „es ist bequem". Das „Radio ist so eine Konstante, alles verändert sich, aber Radio bleibt". Diese Verlässlichkeit des Radios, der einfache Zugang, die fast unbewusste Ritualisierung seines Gebrauchs sind wichtige Nutzungskriterien.

Radio ist ein Medium mit sehr unterschiedlichem, vielfach eher geringem Involvement. Es reicht von alltäglicher Gewohnheit ohne reflektierende Rückkoppelung über Dienstleistungen und parasoziale Interaktionen bis hin zu Anregung und Fantasie. Von den Probanden wird Radio vor allem assoziiert mit Leichtigkeit und Wohlfühlen. Dem Radio werden wichtige emotionale Funktionen zugeschrieben. Es soll Gefühle wecken und steuern, die Stimmungen im Tagesverlauf managen. Morgens erwartet man, dass Radio munter macht, anregt, positiv auf den Tag einstimmt. Am Tag soll es den Stress minimieren und am Abend emotional entlasten und harmonisieren. Die Jugendlichen beschreiben das Radio als einen „Wohlfühlraum", als eine Welt, „die auch Tagträume schafft", als ein Medium, „das mich gut durch den Tag zieht". Eine starke Erwartungshaltung des Publikums ist auch die aktivierende und inspirierende Funktion des Radios. Von essentieller Bedeutung ist dabei die durch Musik sowie durch die Moderation erzeugte atmosphärische Dichte des Programms.

Primärer Zugangsweg zu neuer Musik

Für die Jugendlichen ist das Radio nach wie vor der primäre Zugangsweg zu neuer Musik. „Internet ist Kommunikation, Radio ist neue Musik". Das Radio ist entscheidender musikalischer Impulsgeber. Auch für die Internetgeneration gilt: Im Radio gehört, auf YouTube nachgehört. Dabei kann die musikalische Expertise des Radios bei stark individualisierten Musikpräferenzen durchaus an ihre Grenzen stoßen. Mehrheitlich sind aber auch bei jungen Menschen die Musikinteressen und -profile eher im Bereich populärer Musik angesiedelt.

Diese nach wie vor wichtige Funktion des Radios als musikalischer Entdeckungsraum gründet sich ganz wesentlich darauf, dass die Wertschätzung des Radios als Kompetenzzentrum ungebrochen ist. Die Institution Radio gilt bei jungen Menschen als ein intelligentes, mit hohen Neuigkeitswerten besetztes Medium. Dem Radio wird die Kompetenz zugeschrieben, musikalische Trends aufzuspüren. Damit hat das Radio auch eine Entlastungsfunktion. Man kann die Suche nach musikalischen Neuigkeiten durchaus delegieren. Das Radio besitzt für die Jugendlichen die Autorität, aber auch den Sachverstand, Neues und Interessantes aufzuspüren. Das Radio „entdeckt Titel für mich", „es macht meinen musikalischen Horizont reicher". Radio ist das entscheidende Medium, in dem man nicht nur der Musik, sondern auch neuer Musik begegnet. Dabei heißt „neue Musik" auch, dass „eher unbekanntere" Titel „gehoben" werden, Vergessenes wieder ausgegraben wird. Dies ist ein wichtiger Leistungsparameter des Radios, der ein dem Medium immanentes Musikerleben schafft. Überraschung ist eine Assoziation, die sehr stark mit dem Radio verknüpft wird. „Lieder, die ich mag, hab ich auf meinem iPod, im Radio will ich Überraschung". Im konkreten Programmalltag ist das Bedienen dieser Erwartungshaltung auch eine Gratwanderung zwischen Neuem, Überraschendem innerhalb einer vertrauten musikalischen Grundierung und einer (eher zu vermeidenden) auditiven Irritation des Hörers.

Sehr frei und dabei durchaus gewinnbringend können die Radioanbieter auf diesem Feld innerhalb von Musikspecials agieren. So haben sich zum Beispiel die täglichen Musikspezialsendungen der rbb-Welle radioeins zwischen 21.00 und 23.00 Uhr sehr erfolgreich im wettbewerbsintensiven Berlin-Brandenburger Radiomarkt etabliert. Die Nachfrage nach Songs quer durch alle Zeiten und Stile ist im Verlauf der vergangenen Jahre deutlich angestiegen.[4] Bemerkenswert ist dieser Befund auch deshalb, weil radioeins über ein hoch internetaffines Publikum verfügt. Die Musikkompetenz der Radiomacher und ihre Leidenschaft für bestimmte Sounds sind so eben nicht im Netz abrufbar.

Das Radio ist für sein Publikum auch ein stark regional verortetes Medium. Es kann in einem ganz besonderen Maße sowohl die milieuspezifischen als auch die regionalen und subregionalen Lebenswelten seiner Hörer widerspiegeln. In dieser „Kleinteiligkeit", dieser Nähe zum Lebensraum seines Publikums liegen spezifische Chancen des Mediums Radio: „Radio ist Spiegel der Stadt und ihrer Szenen". Das Radio ist für seine Nutzer die entscheidende Quelle für lokale und regionale Informationen. Dabei geht es nicht nur um Serviceinformationen wie Wetter und Verkehr, sondern es interessieren politische, kulturelle und Freizeitinformationen unter der lokalen Perspektive, professionell aufbereitet und zugeschnitten auf die jeweilige Klientel. Radio ist damit viel näher an den konkreten Lebenswelten seines Publikums als andere Medien.

Das Radio schafft Vertrautheit und Verbindung mit dem Hier und Jetzt seiner Hörer. Dabei kann Radio stärker als andere Medien Themen, Stimmen und Stimmungen von bestimmten Gruppen und Milieus aufgreifen und darüber Gemeinsamkeit – bis hin zu Radiocommunitys – schaffen. Partys von Radiosendern transportieren diese „Gemeinschaft" in die Off-Air-Welt und machen sie außerordentlich erfolgreich. Auch dies ist ein wichtiger Faktor des Involvements und der Bindung an das Radio.

Für Jugendliche hat Radio auch das Potenzial eines risikofreudigen, couragierten Diskursraumes. Radio sollte ein subversives, in Teilen provokantes Medium sein. Dies wird von den Jugendlichen in den verschiedensten Zusammenhängen gefordert und mit unterschiedlichen Beispielen belegt. So war die streitbare Diskussion eines Berliner Radiosenders im Umfeld von 20 Jahren Mauerfall, ob man die Mauer wieder aufbauen solle, für seine Hörer eine Herausforderung, die selbst Wochen später noch Erinnerung und Engagement auslöste.

Spielräume für Reizthemen

Auch die Stärkung und Positionierung des Radios als „mutiges Medium" macht Hörfunk attraktiv. Es kann dem Gefühl von Auflehnung und Herausforderung bis hin zu bewusst gesetzten Aktionen Raum geben. Im Vergleich der Medien sind die Spielräume innerhalb der Klammer von

„Political Correctness" für das Radio am größten. Es kann politische Themen bis hin zu Reizthemen freier und mutiger setzen und entsprechend kontrovers debattieren. Insoweit ist Radio auch Reibungsfläche. Das Radio weckt Interesse, schafft Aufmerksamkeit, wenn es nicht nur ein verlässliches, die Erwartungen bedienendes Kontinuum bietet, sondern auch neue Themen provoziert, gegen das Erwartete und Erwartbare rebelliert. Auch hier liegen Chancen, die so nur das Radio hat.

Das Radio ist – auch durch seine habitualisierte und weniger zielgerichtete Nutzung – wohl das einzige Medium, in dem „man mit Themen konfrontiert wird, mit denen zu befassen man sich bei einer Zeitungslektüre nie die Zeit nehmen würde"[5] Man sucht im Radio weniger aktiv nach Themen und Informationen, aber die Bereitschaft, sich überraschen zu lassen, Anregungen und Impulse zu bekommen, sich auch „verführen" zu lassen, ist groß. In dieser „Unberechenbarkeit" und dem Facettenreichtum des Mediums liegen ebenfalls Potenziale seiner Unverzichtbarkeit. Das Radio ist aber gleichzeitig auch ein „sicherer" medialer Raum. Hier gibt es nach Meinung seines jungen Publikums „keine Fallen wie im Internet". Es ist vertrauenswürdig und gibt ein gutes Sicherheitsgefühl.

Für die jungen Radiohörer existieren zahlreiche Vernetzungen des Radios mit dem Internet. Am häufigsten ist die Suche nach Informationen zur gespielten Musik, zu Künstlern und Konzerten. Auch die Rückkoppelung zum Sender, die Kommunikation mit den Programm-Machern, die Teilnahme an Diskussionsforen werden teilweise ergänzend genutzt. In diesem Zusammenhang interessant ist die Entwicklung von Podcasts und Audio-on-Demand. Bei den entsprechenden Angeboten wird das Radioprogramm in einzelne Stücke zerlegt und für den Konsum bereitgestellt. Diese Form der Radionutzung konnte sich bislang in Deutschland kaum etablieren. Die Zugriffszahlen stagnieren. 3 Prozent der Onliner nutzen nach den Ergebnissen der ARD/ZDF-Onlinestudie 2010 mindestens einmal wöchentlich die Audios von Radioprogrammen. Bei den 14- bis 29-Jährigen sind es 4 Prozent. Die Nachfrage nach Podcasts liegt auf ähnlichem Niveau. Hier sind es 2 Prozent der Onliner bzw. 3 Prozent der 14- bis 29-jährigen Onliner, die wöchentlich Podcasts hören. Radio ist für die Nutzer eben mehr als die Addition seiner einzelnen Angebotsbestandteile. Herausgelöst aus dem leitenden Zusammenhalt der emotionalen und rationalen Qualitäten des Gesamtprodukts Radio funktionieren auch seine einzelnen Bausteine nur begrenzt.

Fazit: Im fragmentierten Medienmarkt radiospezifische Kompetenzen stärken

Für die junge Generation sind Radio und Internet verschiedenartige mediale Bereiche, die in keiner funktionalen Wettbewerbssituation stehen, sondern unterschiedliche Leistungen bieten. Die Stärke der Bindung der Jugendlichen an das Medium Radio korreliert nicht mit ihrer Affinität zum Netz. Junge Menschen gehen virtuos mit den verschiedenen medialen Angeboten um. Sie wissen um die Vorzüge und Leistungsparameter der unterschiedlichen Medien und stellen sich meist pragmatisch ihr eigenes Medientableau zusammen. Dabei werden dem Radio ziemlich klar umrissene Funktionen zugewiesen. Die Studie hat gezeigt, dass Radio auch für die junge Generation sehr viel mehr ist als nur die Lieblingsmusik in Endlosschleife (dies können die spezialisierten Webradios wirklich besser).

Radio hat auch kein Imageproblem. Es ist Zeitgeist, es gilt als modern und flexibel. Die Stärke des Radios liegt in der guten Performance seiner Kernfunktionen. Radio muss in einem immer stärker fragmentierten Medienmarkt seine genuinen Potenziale und Kompetenzen stärken und polieren. Es hat bedeutende Alleinstellungsmerkmale, die es auch in einer sich verändernden Medienwelt unverzichtbar machen.

Anmerkungen

1   Vgl. ma 2000 und ma 2010/II; Basis: Deutsche Wohnbevölkerung ab 14 Jahren.
2   Quelle: ma 2010/II; Basis: Deutschsprachige Wohnbevölkerung ab 14 Jahren.
3   Vgl. ARD/ZDF-Pressemitteilung zu den Ergebnissen der Welle 2010 der ARD/ZDF-Langzeitstudie Massenkommunikation vom 9.6.2010. 2005 ermittelte die Studie ein Brutto-Zeitbudget von 600 Minuten täglich. Vgl. Reitze, Helmut/Christa-Maria Ridder (Hrsg.): Massenkommunikation VII. Baden-Baden 2006, S.49.
4   Hatte radioeins vor zehn Jahren in dieser Sendestrecke 10 000 Hörer (ma 2000), so sind es jetzt knapp 30 000 (ma 2010/Radio II).
5   Vgl. Paal, Gabor: Falsche Bescheidenheit – Das Radio, ein zu Unrecht unterschätztes Medium. In: epd medien 29/2010, S.7.

Die digitale Zukunft des Radios

Rüdiger Malfeld und Michael Schlicksupp

Während der Drucklegung dieses Buches befand sich das Thema „digitale Verbreitung von Radioprogrammen" einmal mehr in einem politischen Schwebezustand, im vielleicht letzten für das System „DAB" bzw. „DAB plus", das seit mehr als zehn Jahren auf dem Markt Fuß zu fassen versucht und sich dabei insbesondere in Deutschland schwer tut. Zum Jahreswechsel 2010/2011 war es die Kommission zur Ermittlung des Finanzbedarfs der öffentlich-rechtlichen Rundfunkanstalten (KEF), die den Nachweis verlangte, dass kommerzielle Radioveranstalter, die sich um bundesweite DAB-plus-Verbreitung beworben hatten, auch tatsächlich Verträge mit ihrem technischen Sendernetzbetreiber abgeschlossen haben.

Die Autoren analysieren im Folgenden den Stand und die Chancen für die Mediengattung Radio, die sich aus der Digitalisierung ergeben. Sie folgen dabei der These, dass es richtig wäre, die Technik der so genannten „DAB-Systemfamilie" doch noch zu etablieren, und dass die von ihnen angestellten Überlegungen aber auch für jedes andere technische Übertragungsverfahren gleichermaßen gelten.

Radio wird heute analog und auch digital gehört

„Das Radio darf keine analoge Insel bleiben!" rufen teils verzweifelte Freunde des Radios und fordern die schnelle Digitalisierung aller Verbreitungswege. Dabei sitzen sie bei ihren Rufen gleich mehreren Irrtümern auf. Und sie schaden dem Radio mehr, als sie ihm nützen. Denn die Mediengattung Radio steht keineswegs kurz vor dem Ableben. Radio ist auch nicht ansatzweise so unattraktiv wie damals das analoge Antennenfernsehen, bevor die Terrestrik für das Bewegtbild durch DVB-T aus ihrem Dornröschenschlaf wieder geweckt wurde. Auf der technischen Basis von UKW-Empfängern ist Radio nicht nur in Autos und in allerlei Unterhaltungselektronik-Geräten präsent, sondern auch eingebaut in diversen

Alltagsgegenständen von der Küche bis zur Taschenlampe. Die meisten Handys enthalten Radios. Selbst „hippe" MP3-Player wie der iPod haben zum Teil einen UKW-Chip oder doch zumindest eine reiche Auswahl an „Apps" fürs Radiohören an Bord.

Womit wir beim zweiten Effekt wären: Digitale Verbreitung hat das Radiohören längst erreicht. Das Streaming im Internet ist ein inzwischen durchaus populärer und für den Heimgebrauch in Breitbandhaushalten unproblematischer Weg, der eine riesige Auswahl an Programmen erschließt. Zum Hören kann der Computer überdies ausgeschaltet bleiben. Dafür sorgen teils serienmäßige Applikationen in Smartphones – von Nokia über Android bis iPhone. Dazu kommt vor allem die immer stärkere Verbindung von klassischen Unterhaltungselektronik-Geräten mit dem Internet. Radioapparate, Fernseher, Set-Top-Boxen, Hifi-Verstärker – kaum ein Gerätetyp hängt künftig nicht im Netz und ist damit ein potenzieller Ort, um unter anderem Radio mit Hilfe von Internettechnik zu hören.

Radio via Internet hat aber dort ein Problem, wo seit Jahrzehnten die Stärke der analogen UKW-Technik liegt: beim mobilen und portablen Empfang an jedem Ort und zu jeder Zeit. Hier wäre der mobile Internetzugang Voraussetzung, es wären im Wesentlichen also die Anbieter mobiler Telekommunikation gefragt, wenn man für digitales Radio unterwegs und außerhalb von Breitbandhaushalten ebenfalls auf Internettechnik setzen würde.

Terrestrische Ausstrahlung für mobiles Digitalradio unabdingbar

Eine nähere Untersuchung dieser Alternative zeigt, dass das nicht so einfach möglich und vor allem teuer wäre. Denn die Netze sind, LTE hin oder her, auf absehbare Zeit vermutlich nicht so lückenlos leistungsfähig, dass sie – quasi nebenher – auch noch die Radioversorgung mit übernehmen könnten. Deshalb, so die übereinstimmende Sicht in der ARD, braucht es für die digitale Radioverbreitung auch eine terrestrische Ausstrahlung über klassische Broadcast-Netze. Wie das System heißt und wie es technisch im Detail aussieht, ist dabei eigentlich egal. Es muss nur für eine Flächendeckung ebenso geeignet sein wie für den Einbau entsprechender Empfangschips in Autos, Handys und den Rest der mobilen Unterhaltungselektronik. Die DAB-Systemfamilie wäre dazu sehr geeignet, sie bietet preisgünstige Empfänger vom Weltmarkt und verfügt bereits über ein reserviertes, sofort einsetzbares Frequenzspektrum. Aber auch andere technische Lösungen wären denkbar.

Selbst wenn es mit dieser Entwicklung noch ein paar Jahre dauert, so schnell gerät das Radio nicht unter Druck – dank seiner großen Nutzung und der starken Verankerung von UKW. Alle heute vom Band laufenden Autos haben das analoge UKW an Bord. Bis sie in vielleicht zwölf Jahren außer Betrieb gehen, erwarten ihre Besitzer ein analog ausgestrahltes Programmangebot. Damit wäre dann bereits das Jahr 2023 erreicht und nicht 2015, welches das geltende Telekommunikationsrecht des Bundes derzeit noch als Abschaltdatum für UKW suggeriert. Diese politische Bedrohung ist für die Zukunft des Radios viel bedeutender als jede Debatte um den richtigen Weg in die digitale Zukunft.

Die hat übrigens in den Funkhäusern lange begonnen. Dort ist teilweise schon die dritte Generation digitaler Technik im Einsatz. Sie läuft inzwischen auf Standard-IT-Hardware und ermöglicht allerlei Zusatzangebote für das Publikum, ohne dass der redaktionelle Aufwand dafür ins Unermessliche steigt.

Was macht digitale Radioprogramme aus?

Aber der Reihe nach. Untersuchen wir zunächst, was unter den Bedingungen der Digitalisierung und ihrer Möglichkeiten künftig eigentlich Radioprogramme ausmacht. Es ist nicht das bloße Musikangebot. Jugendliche haben heute schon so viele Musiktitel auf dem MP3-Player in der Tasche, dass es für mehrere Radiostationen reichen würde. Es ist auch nicht das reine Musikabspielen persönlich noch unentdeckter Stücke eines bestimmten Genres. Das können computerbasierte Musikdienste im Internet vom Typus Pandora oder Last.FM besser. Radioprogramme unterscheiden sich von derartigen Musikdiensten dadurch, dass sie einen Wortinhalt haben, der neben der Information durch die Präsentation erst jene Anmutung herstellt, die Voraussetzung für die tagesbegleitende Funktion der Radionutzung ist. Information und Anmutung müssen stimmig und von mindestens gefühltem Nutzen für das Publikum sein. Deshalb ist beispielsweise Regionalität in Inhalt und Klang für massenattraktive Programme sicherlich weiterhin ein ganz wichtiges Kriterium. Das schließt möglichen Erfolg von Spartenangeboten nicht aus – wenn sie stimmig und kompetent in Inhalt und Ansprache für eine bestimmte Zielgruppe gestaltet sind.

Digitale Verbreitungstechnik, vor allem das Internet, sorgt hier für eine Ausweitung der Möglichkeiten (vgl. zur Radionutzung im Internet den Beitrag von Annette Mende „Das Radio in der digitalen Welt" in diesem Band). Für die Nutzung daheim sind die regionalen Programme ihrer territorialen Begrenztheit entwachsen: Ob Berufs- oder Beziehungspendler, ob Urlaubsgefühl-Suchende oder Arbeitsmigranten – sie alle können ein Stück „akustische Heimat" am entfernten Ort nutzen. Spartenangebote werden durch größere Verbreitungsgebiete erst richtig sinnvoll und im kommerziellen Bereich potenziell refinanzierbar, ob sie nun für Kinder einer bestimmten Altersgruppe, für hartgesottene Sportfans oder für Liebhaber musikalischer Genres gedacht sind, die wie der „smoothe" Jazz in Deutschland knapp vor der Schwelle der Marktrelevanz unter den bisherigen Bedingungen standen.

Darüber hinaus verfügen digitale Endgeräte in aller Regel über andere Bedienkonzepte und – nicht zuletzt bei Computern, Smartphones und besseren MP3-Playern schon heute – über Bildschirme. Diese richtig zu nutzen, ist eine Herausforderung für Radioschaffende. Denn sie dürfen sicher kein „Fernsehen light" schaffen. Das würde den „USP" ihres Produkts verraten, dass man nämlich nur die Ohren benötigt, um es – in aller Regel nebenbei – zu nutzen. Gleichwohl sollte Radio optisch ebenso attraktiv wie andere Dienste auf dem Endgerät sein; die MP3-Files kommen ja auch bereits in Begleitung von Covern und Künstlerinformationen im Flow-Karussell daher.

Das ist aber erst der Anfang. Das moderne, vor allem das jüngere Publikum ist mindestens zuhause bereits daran gewöhnt, in dem Moment, in dem es sich für etwas Gehörtes aktiv interessiert, nähere Informationen dazu zu finden. Am PC bietet das dann die Webseite, unterwegs ist es manchmal die Hotline des Programms, die heute derartige Wünsche erfüllt. Und die Webseite bietet auch das, was nach der aktuellen ARD/ZDF-Onlinestudie sehr deutlich intensiver genutzt wird als die häufig zitierten Podcasts: Audios- und Videos-on-Demand, die man in einer ganz konkreten, individuellen Nutzungssituation sofort hören oder sehen kann.

Und sei es, um die zum Morgenritual gehörende Lieblingscomedy auch dann zum Start in den Tag zu hören, wenn man ausnahmsweise oder gar unbeabsichtigt ausgeschlafen hat. Das alles muss einfach, selbsterklärend und unmittelbar aus dem Kontext des Radiohörens nutzbar sein, wenn es sein Ziel erreichen und zum Kernprodukt „Radio" und zu dessen geradezu frappierender Einfachheit beim Zugang passen soll.

Vorschläge und erste empirische Erkenntnisse aus Pilotversuchen gibt es inzwischen, von denen die genannten Effekte belegt werden. Das gilt sowohl für eine Studie des WDR zur „visuellen Begleitung von Radioprogrammen" als auch für eine groß angelegte Untersuchung zum „Radio der Zukunft", die 2009 gemeinsam vom SWR und von der baden-württembergischen Landesanstalt für Kommunikation durchgeführt wurde (vgl. zur letztgenannten Studie auch den Beitrag von Walter Klingler und Albrecht Kutteroff „Radio der Zukunft" in diesem Band).

Schließlich spielt Interaktivität eine größer werdende Rolle, allerdings wieder nur dann, wenn die Hörerin oder der Hörer dies im Augenblick aufgrund eines persönlichen Nutzungswunsches möchte. Digitale Endgeräte ermöglichen diese Interaktivität. Denn sie sind künftig entweder zuhause sowieso mit dem Internet verbunden oder es handelt sich unterwegs zunehmend um ein so genanntes „hybrides" Endgerät, das mehrere Zugangstechniken in einem Gehäuse vereint und über das integrierte Mobiltelefon einen Rückkanal bietet. Das macht im redaktionellen Programm in Zukunft vieles leichter – vom spontanen Voting zu einer in der Sendung gestellten Frage bis zur Bewerbung um Musikwunsch oder Hörertelefonat.

Die – nicht ganz leichte – Anforderung an eine künftige terrestrische Ausstrahlung von Radioprogrammen ist dabei, möglichst viele Dienste und Angebote, die digitales Radio auf Basis von Internettechnik heute schon bietet bzw. bieten kann, unterwegs und in der Fläche ebenfalls zu ermöglichen. Darum ist es aber perspektivisch besser bestellt, als es der Blick auf die heute in den Regalen stehenden DABplus-Empfänger vermuten lässt. So lässt sich der Start von Audios-on-Demand dadurch ermöglichen, dass ständig parallel zum Programm Audiofiles über die digitalen Sender gehen, die ein „File Collector" im Endgerät zwischenspeichert.

Chancen für Werbebranche und kommerzielle Sender

Alle diese Techniken und noch einiges mehr an Möglichkeiten erschließt die Zukunft des digitalen Radios überdies der Werbebranche und, wenn man es geschickt macht, auch dem kommerziellen Teil der Radiobranche, der neue Erlösmodelle und Angebotsformen sucht. Eigentlich braucht es dazu im ersten Schritt nur den Mut, Radioprogramm, Bildschirmnutzung und Möglichkeiten hybrider Endgeräte zusammen zu denken. Wenn man heute schon per Barcode-Grafik auf dem Smartphone-Display zum Flug einchecken kann, warum sollte dann das auch in Deutschland beliebter werdende Couponing nicht zur Fortsetzung der Radiowerbung werden können? Der mögliche Mechanismus würde sogar die Geschwindigkeit von Abverkaufswerbung abermals erhöhen und eine recht präzise Werbeerfolgskontrolle beinhalten können. So wäre es machbar, innerhalb einer bestimmten Zeit nach dem Hören eines Spots den mit ausgestrahlten, virtuellen Coupon zu aktivieren und ein mobiles Endgerät dann später in die Scannerkasse des Werbungtreibenden zu halten. Oder den Coupon aus dem Autoradio mit einem Knopfdruck ans Smartphone oder nach Hause zu schicken. In jedem Fall wäre dokumentierbar, wann und in welchem Programm der kaufauslösende Spot gehört wurde.

Natürlich funktionieren auch alle anderen für das redaktionelle Programm vorhandenen technischen Features. Bei erklärungsintensiven Produkten lässt sich ein Infomercial als Audiodatei mitschicken – per Knopfdruck anhörbar, aber nur für diejenigen merkbar, deren Aktionsschwelle durch den klassischen Spot erreicht wurde. Interaktionen aller Art sind ebenfalls machbar. Wer im hybriden Endgerät nach zwei Tasten und, ohne sich eine Rufnummer merken zu müssen, die Hotline des Programms anrufen kann, der könnte dies gleichermaßen beim Werbungtreibenden tun.

Schließlich sind auf dieser technischen Basis neue Erlösmodelle auch für kommerzielle Radiostationen relativ leicht entwickelbar. Ein Provisionsmodell für den elektronischen Vertrieb von im Radioprogramm gehörter Musik ist zum Beispiel von Apple bereits auf Basis des digitalen Radio-Daten-Systems („RDS") für den analogen UKW-Hörfunk entwickelt worden. Man muss nur die eindeutige Shop-Bestellnummer der gespielten Musik ebenfalls ausstrahlen und im Endgerät zwischenspeichern. Schon kann man beim späteren Erwerb eine Provision verbuchen. Gleiches ist denkbar für Abverkäufe auf Basis von Radiowerbung – sei es, wie erwähnt, per Coupon oder per Callcenter, das ja zum Beispiel bereits anhand der gewählten Rufnummer identifizieren könnte, welchem Radioprogramm der Anruf zu verdanken ist. Nichts wirklich Kompliziertes also. Ebenfalls relativ einfach ist das Einfügen von „Pre-roll"-Werbung vor Audio- oder Video-on-Demand-Spots. Etwas schwieriger wären die Individualisierung von Werbebotschaften und das Erstellen entsprechender Profile. Vielleicht muss man dazu den Anspruch aufgeben, dass das per Internettechnik verbreitete Programm zu dem, das per klassischem Broadcast „in der Luft" ist, zu jeder Zeit identisch sein muss. Was bei den Verbreitungskosten für die Radiosender vielleicht nachteilig ist, wirkt sich bei der Radiowerbung im Internet nämlich potenziell positiv aus: dass zu jedem einzelnen Endgerät ein eigener Stream aufgebaut wird. Individualisierte Werbespots lassen sich deshalb auch in massenattraktive Radioprogramme einbauen. Ganz zu schweigen von den weiteren Möglichkeiten, die für Clubs, Veranstaltungen und ähnliche Aktivitäten in dem dahinter liegenden Datamining liegen, falls man es nutzt und natürlich das Einverständnis der Betroffenen dafür hat. Hier deuten die Zeichen darauf, dass vor allem jüngere Zielgruppen die Nutzung ihrer Daten eher gestatten, vor allem, wenn sie sich davon Vorteile wie die Nichtbelästigung mit für sie Uninteressantem versprechen.

Plädoyer für gemeinsames Vorgehen der „Gattung Radio"

Es mag sicherlich verwundern, dass ausgerechnet zwei „öffentlich-rechtliche" Autoren sich mit diesen kommerziellen Möglichkeiten beschäftigen. Keine Sorge: Dahinter steckt kein Versuch des Ausbaus der Radiowerbung in unseren Programmen oder irgendeine Gemeinheit zu Lasten des privatwirtschaftlichen Teils des dualen Rundfunksystems in Deutschland. Es ist eher als eine Ermunterung zum kreativen Umgang mit den sich abzeichnenden technischen Möglichkeiten zu verstehen und als Einladung, zum Beispiel bei der Entwicklung von Diensten oder in Normungsgremien gemeinsam, als „Gattung Radio", aufzutreten und die Voraussetzungen für attraktive Dienste zu schaffen. Denn jede Entwicklung – vom EPG über Musiktitelinformationen und Rufnummernübermittlung bis hin zum programmbegleitenden Bild oder zum On-Demand-File – kann auch für kommerzielle Aktivitäten genutzt werden. Dann wird der finanzielle Aufwand für eine ergänzende terrestrische Ausstrahlung plötzlich zu einem strategischen Investment für kommerzielle Rundfunk-unternehmen und nicht nur zu einer Vergrößerung des Kostenblocks „Programmverbreitung".

Auf dem Weg zu einer solchen Form von „Radio der Zukunft" gibt es gemeinsam allerdings noch viel zu tun. So ist es für die Hersteller von Unterhaltungselektronik nicht immer leicht, in Software und in den Möglichkeiten hybrider Endgeräte zu denken. Auch ist die Radiobranche national wie international nicht immer einig, was Richtung und Geschwindigkeit bestimmter Entwicklungen angeht.

Letzteres ist aber auch verständlich. Digitalisierungsnot auf der „letzten Meile" zum Kunden herrscht für das Radio nicht. Denn bis die „analoge Insel" UKW bevölkerungsarm wird, dürfte es noch längere Zeit dauern.

Radioprogramme in Deutschland nach der ma 2010 Radio II

- ARD-Sender
- Privatsender
- sonstige Sender (Ausbildungskanäle/Lernradios, ausländische Sender, freie Radios, Hochschul-/Uni-/Campusradios, Kirchensender, Militärsender, nicht-kommerzielle Radios, offene Kanäle, Webcastradio)

National

- JAM FM
- Klassik Radio
- Radio Paloma
- RTL RADIO
- Deutsche Welle
- Deutschlandfunk
- Deutschlandradio Kultur
- Evangeliumsrundfunk

Nord

- NDR 2
- NDR Info
- N-JOY
- NDR Kultur

Schleswig-Holstein

- NDR 1 Welle Nord
- delta radio
- R.SH Radio Schleswig-Holstein
- Radio NORA
- Offener Kanal Lübeck
- 101.2 Kiel FM

Hamburg

- NDR 90,3
- Das NEUE alster radio – 106!8 rock'n pop
- ENERGY Hamburg
- Oldie 95
- Radio Hamburg
- Tide 96.0
- FSK
- Hamburger Lokalradio

Niedersachsen

- NDR 1 Niedersachsen
- Hit-Radio Antenne
- radio ffn
- RADIO 21
- Oldenburg Eins
- Ems-Vechte-Welle
- Hertz 87,9
- OS Radio 104,8
- Radio Ostfriesland
- Offener Kanal Westküste
- Radio Jade
- Radio Flora
- Stadtradio Göttingen 107,1
- Radio ZuSa
- Radio Okerwelle 104.6
- Radio Tonkuhle
- LeineHertz 106

Bremen

- Bremen Eins
- Bremen Vier
- Nordwestradio
- ENERGY Bremen
- Offener Kanal Bremen
- Offener Kanal Bremerhaven

Nordrhein-Westfalen

- 1LIVE
- WDR 2
- WDR 3
- WDR 4
- WDR 5
- Funkhaus Europa (WDR/RB)
- 100'5 DAS HITRADIO.
- 107.8 Antenne AC
- NE-WS 89,4
- ANTENNE DÜSSELDORF
- Antenne Niederrhein
- Radio 90,1
- Radio Duisburg
- Radio Essen
- Radio K.W.
- Radio Neandertal
- Radio RSG
- Radio Wuppertal 107,4
- Welle Niederrhein
- RADIO AACHEN
- Radio Berg
- Radio Bonn/Rhein-Sieg
- Radio Erft
- Radio Euskirchen
- Radio Köln 107,1
- Radio Leverkusen
- Radio Rur
- ANTENNE MÜNSTER
- Radio Bielefeld
- Radio Emscher-Lippe (REL)
- Hit Radio Vest
- Radio Gütersloh
- 94.9 Radio Herford
- Radio Hochstift
- Radio Kiepenkerl
- Radio Lippe

- Radio RST
- Radio W A F
- Radio Westfalica
- Radio WMW
- Antenne Unna
- Hellweg Radio
- Radio 91.2
- Radio Ennepe Ruhr
- 107.7 Radio Hagen
- Radio Herne
- Radio Lippe Welle Hamm
- Radio MK
- Radio Sauerland
- Radio Siegen
- Radio Bochum
- Fantasy Dance 96.7
- Radio Oberhausen
- Radio Mülheim
- Hochschulradio Düsseldorf
- Radio Q
- Teuto Radio
- CT, das Radio (Bochum)
- Kölncampus
- Eldoradio
- Domradio
- Radio 700
- Hochschulradio Aachen

Hessen
- hr1
- hr2
- hr3
- hr4
- YOU FM
- hr-info
- HIT RADIO FFH
- planet radio

- harmony.fm
- RADIO BOB!
- MAIN FM
  Freies Radio Kassel
  Radio Rheinwelle
  Radio X
  Radar Radio Darmstadt
  Radio Unerhört Marburg
  Rundfunk Meissner
  Radio Rüsselsheim

Südwest
- SWR2
- SWR3
- DAS DING
- SWR Cont.ra

Rheinland-Pfalz
- SWR1 Rheinland-Pfalz
- SWR4 Rheinland-Pfalz
- RPR1.
- ROCKLAND RADIO
- bigFM Hot Music Radio
- Antenne West
- Radio Pirmasens
- Antenne Bad Kreuznach
- Radio Idar-Oberstein
- Antenne Pfalz
- Antenne Landau
- Antenne Kaiserslautern
- Antenne Koblenz
- 97 eins Lokalradio

Baden-Württemberg
- SWR1 Baden-Württemberg
- SWR4 Baden-Württemberg
- bigFM Der neue Beat

- Radio Regenbogen
- Hit-Radio ANTENNE 1
- Radio 7
- Radio Ton (Einzelsender)
- sunshine live
- Donau 3 FM
- baden.fm (ehem. 106.0 Antenne Südbaden)
- Radio Neckarburg
- HITRADIO OHR
- Radio Seefunk
- die neue welle
- DIE NEUE 107.7
- ENERGY Region Stuttgart
- Schwarzwaldradio
  Bermudafunk
  RadioAktiv
  Freies Radio für Stuttgart
  Querfunk
  Lernradio
  Radio Stoerfunk
  Freies Radio Wüste Welle
  UniWelle (Tübingen)
  Radio Free FM
  Radio Dreyeckland
  Radio Kanal Ratte
  HoRadS Hochschulradio Stuttg.
- Motor FM
  Echo FM 88,4
  PH 88,4

Saarland
- SR 1 Europawelle
- SR 2 KulturRadio
- SR 3 Saarlandwelle
- 103.7 UNSER DING
- antenne saar
- Radio Salü

258

- big FM Saarland neuester Beat
- Classic Rock Radio
- 99.6 RADIO SAARBRÜCKEN

Bayern
- Bayern 1
- Bayern 2
- Bayern 3
- BR-KLASSIK
- B5 aktuell
- ANTENNE BAYERN
- Radio 2DAY
- Radio Alpenwelle
- RADIO ARABELLA
- Radio Charivari (Rosenheim)
- 95,5 Charivari (München)
- 106.4 Top FM
- Radio Gong 96,3 (München)
- Radio IN
- Radio Inn-Salzach-Welle/ Radio ISW
- Radio Oberland
- extra radio
- Radio Euroherz
- Radio Bamberg
- Radio AWN
- Radio Charivari (Regensburg)
- Radio EINS
- radio gong fm (Regensburg)
- Radio Mainwelle
- Radio Plassenburg
- Radio Ramasuri
- Radio Trausnitz
- unser Radio
- Hitradio N1
- Radio 8
- Radio Charivari (Nürnberg)
- CHARIVARI fm (Würzburg)

- Radio F/Radio Franken
- Radio Fantasy
- 106,9 Radio Gong (Würzburg)
- Radio Gong 97,1 (Nürnberg)
- Hit Radio RT.1 Südschwaben
- Radio PrimaTon
- Radio Primavera
- RSA Radio Radio Session-Allgäu
- Hit Radio RT.1
- Hit Radio RT.1 Nordschwaben
- ROCK ANTENNE
- Radio Galaxy (Kabel)
- ENERGY München
- ENERGY Nürnberg
- Radio Feierwerk
- Radio Lora (München)
- Radio Z
- Radio Galaxy Aschaffenburg
- Radio Galaxy Bamberg
- Radio Galaxy Hof
- Radio Galaxy Ingolstadt
- Radio Galaxy Kempten
- Radio Galaxy Rosenheim
- Radio Galaxy Landshut
- Radio Galaxy Passau
- Radio Galaxy Ansbach
- Radio Galaxy Coburg
- Radio Galaxy Amberg/Weiden
- Radio Galaxy Bayreuth
- Bayernwelle Süd Ost
- ego FM
- Donau 3 FM Günzburg
- 91.0 vilradio
- Star FM Nürnberg
- Radio Horeb (München)
- M 94,5
- AFK max

- RADIO KÖ
- Smart Radio
- digital classic rock be4
- Pirate Radio
  Cool Radio
  Funkturm
  Kultur Radio Regional
- Radio Hitwelle Erding
- Deluxe Radio München
  Radio Aktiv
  Radio 30 plus

Berlin/Brandenburg

- Antenne Brandenburg
- radioeins
- Fritz
- radioBERLIN 88,8
- Inforadio
- kulturradio
- BB RADIO
- Berliner Rundfunk 91!4
- ENERGY Berlin
- 105'5 Spreeradio
- JazzRadio
- STAR FM 87.9
- Radio Paradiso
- 104.6 RTL
- 94,3 rs2
- 98.8 KISS FM
- Radyo 94,8 Metropol FM
- JAM FM Berlin
- Oldie Star
  Uniradio 87,9 Berlin/BB
  Offener Kanal Berlin
- Radio Cottbus 94.5
  NB Radiotreff 88,0
- Radio Russkij Berlin

- RKW Radio
- Radio TEDDY
- Jack FM
- Power Radio
- 100,6 Motor FM (Berlin)
- DefJay
  NPR FM 104.1

Mecklenburg-Vorpommern

- NDR 1 Radio MV
- ANTENNE MV
- Ostseewelle HIT-RADIO Mecklenburg-Vorpommern
  lohro, Lokalradio Rostock

Sachsen, Sachsen-Anhalt, Thüringen

- JUMP
- MDR Info
- MDR Figaro
- MDR Sputnik
- MDR Klassik

Sachsen

- MDR 1 RADIO SACHSEN
- ENERGY Sachsen
- HITRADIO RTL SACHSEN
- R.SA
- RADIO PSR
- Radio Chemnitz
- Radio Dresden
- Radio Lausitz
- Radio Leipzig
- Radio Zwickau
- apollo radio
- Vogtland Radio
- Radio Erzgebirge, RSA
- Radio Erzgebirge
  Radio Blau

Radio T (Chemnitz)
99,3 Radio Mittweida
Mephisto 97.6
Elsterwelle
Radio WSW

Sachsen-Anhalt
- MDR 1 RADIO SACHSEN-ANHALT
- 89.0 RTL
- Radio Brocken
- radio SAW
- ROCKLAND (Sachsen-Anhalt)
  Radio Corax
  Radio HBW

Thüringen
- MDR 1 RADIO THÜRINGEN
- ANTENNE THÜRINGEN
- LandesWelle Thüringen
- Radio TOP 40
  Radio Funkwerk
  Radio Frei
  Radio Lotte Weimar
  OK Jena (Radio OKJ 103,4)

Sonstige
  Militärsender
  Ausländische Sender
  Webcast Radio
  90elf
  Blue Radio
  Last.fm
  Radio Heimatmelodie
  Radio Melodie (Frankreich)
  Sky (Radio)
  SkyRadio Niederlande
  Technobase.fm

Autoren und Herausgeber

Oliver Bertsch

Studium der Soziologie (Schwerpunkt Mediensoziolo-
gie), Sozialpsychologie, Linguistik und Informatik an
der Universität Hamburg, 1993 Abschluss als Diplom-
Soziologe. Nach Stationen im Medienpsychologischen
Forschungsinstitut Saar (Mefis) in Saarbrücken, bei Optimedia und Zenith
Media in Frankfurt nunmehr seit Februar 1999 Abteilungsleiter Media
Service bei der ARD-Werbung SALES & SERVICES GmbH.

Christoph Flach

Studium der Politikwissenschaft, Geschichte, Amerika-
nistik in München. Langjähriger Radiomoderator (u.a.
1LIVE, Bayern3, hr3). Dozent an der Deutschen Jour-
nalistenschule in München. Radiotrainer der ARD.ZDF
medienakademie mit den Schwerpunkten Moderation,
Reportage und Programmgestaltung. Trainingsaufträge
in zahlreichen ARD-Radioprogrammen.

Hans-Peter Gaßner

Studium der Publizistik, Politikwissenschaft und Jura an
der Johannes Gutenberg-Universität Mainz, Abschluss
als Magister Artium. Arbeit als freier Journalist. Von
1990 bis 1992 wissenschaftlicher Mitarbeiter am Institut
für Publizistik in Mainz. Danach Projektleiter Werbeforschung bei der ZMG
Zeitungs Marketing Gesellschaft in Frankfurt. Seit Sommer 2000 bei der
ARD-Werbung SALES & SERVICES GmbH. Dort als Stellvertretender Abteilungsleiter Werbe- und Marktforschung zuständig für die Spot-Analyse
Radio (SARA) und die Verbrauchs- und Medienanalyse (VuMA).

Karin Gattringer

Studium der Kommunikationswissenschaft an der Universität Salzburg. Research Assistant und Studium im Department Mass Communication, Bowling Green State University in Ohio/USA. Marktforscherin bei IMAS International Deutschland in München, Projektleiterin Radioforschung bei der DS&N GmbH in Frankfurt. Seit Herbst 2000 als Media-Marktforscherin bei der ARD-Werbung SALES & SERVICES GmbH. Als Stellvertretende Leiterin der Abteilung Radioforschung zuständig für die methodische, inhaltliche und organisatorische Betreuung der Standardinstrumente der Radioforschung.

Michael Heffler

Studium der Wirtschafts- und Gesellschaftswissenschaften an der Goethe-Universität Frankfurt. Bei der ARD-Werbung SALES & SERVICES GmbH bisher in verschiedenen Funktionen tätig, zunächst als Studienleiter im Bereich Radio- und TV-Marketing, dann als Online-Manager zuständig für Forschung und Business-Development im Bereich Online-Vermarktung. Seit 2003 Leiter der Abteilung Sales & Marketing Services, die als interne Serviceabteilung u.a. Marktanalysen für Vertrieb, Marketing und die Geschäftsleitung erstellt.

Rolf Karepin

Studium der Germanistik, Politik und Anglistik an der Universität Heidelberg. Schreibt seit 1986 für die Fachpresse (u.a. „Horizont", „media spectrum", „beef") und für Wirtschaftstitel („Handelsblatt, „FTD"). Themenschwerpunkte sind Medien, Telekommunikation und Werbung. Zahlreiche Veröffentlichungen auch in Wochentiteln wie „Zeit", „Wirtschaftswoche" und „Focus" sowie Mitarbeit bei Fachbüchern und Studien.

Matthias Kiefer

Studium der Soziologie, Politikwissenschaften und Sozialpsychologie an der Philipps-Universität Marburg, Abschluss als Diplom-Soziologe. Studienleiter Consumer
Research im Bereich der Ad-hoc-Forschung für FMCG
und Durables bei AC Nielsen, Frankfurt (1989 bis 1992). Seit 1993 in unterschiedlichen Funktionen bei der ARD-Werbung SALES & SERVICES GmbH
in den Bereichen Werbe-, Markt- und Programmforschung tätig und seit
2001 Leiter der Programmforschung mit dem Schwerpunkt der qualitativen
Wirkungsforschung.

Dr. Walter Klingler

Studium der Soziologie, Zeitgeschichte und Politischen
Wissenschaft an der Universität Mannheim. Leiter der
Abteilung Medienforschung/Programmstrategie beim
Südwestrundfunk.

Albrecht Kutteroff

Studium der Soziologie und Sozialpsychologie, Politischen Wissenschaft und Zeitgeschichte an der Universität Mannheim. Seit 1990 Leiter der Abteilung
Kommunikationsforschung bei der Landesanstalt für
Kommunikation Baden Württemberg (LFK) in Stuttgart.

Matthias Lührsen

Nach Abitur und Zivildienst zunächst u.a. als Ausliefe-
rungsfahrer für Farben und Lacke sowie im Garten- und
Landschaftsbau tätig. Danach Ausbildung zum Werbe-
kaufmann, Producer und Texter beim Brasilhaus No. 8 in
Bremen. Seit 1990 bei der Hastings Music GmbH, seit 1995 als geschäftsfüh-
render Gesellschafter. Seit vielen Jahren tätig als Referent bei Seminaren der
Texterschmiede, des ADC u.a. sowie Jury-Mitglied von Advertiser-of-the-
Year, Ramses, RADIOSTARS sowie Cannes Lions. Mitgliedschaft im ADC
Deutschland und Deutschen Kommunikationsverband.

Patrick Lynen

Seit über 20 Jahren als Moderator, Coach, Berater für
Medienunternehmen tätig. Verfechter von „Radio-Per-
sonality", von „Menschen als Marken" in Hörfunkpro-
grammen. Zu seinen wichtigsten Stationen zählen: WDR,
RTL Radio, SWF3/SWR3, Deutsche Welle, hr1, hr3, 91!4 Berliner Rundfunk,
Belgischer Rundfunk/BRF, ARD.ZDF medienakademie, Privatsenderpraxis
Wien. Autor und Co-Autor verschiedener Bücher zum Themenfeld Mode-
ration und Radio. Geschäftsführender Gesellschafter seiner Firma Lynen
Media GmbH.

Lothar Mai

Studium der Sozialwissenschaften in Göttingen. Abschluss als Diplom-Sozialwirt. Markt- und Medien-
forscher in den Instituten Market Horizons und Media
Markt Analysen. Projektleiter Medienforschung bei der
IP Deutschland. Seit 1998 bei der ARD-Werbung SALES
& SERVICES GmbH als Leiter der Radioforschung. Mitglied der Technischen Kommission der AG.MA.

Rüdiger Malfeld

Journalist und inzwischen Stellvertretender Direktor für Produktion und Technik beim Westdeutschen Rundfunk in Köln. Seit vielen Jahren mit allen Aspekten der Digitalisierung beim Radio beschäftigt, unter anderem als Vorsitzender einer Arbeitsgruppe der ARD-Fachkommissionen für Hörfunk sowie für Produktion und Technik.

Dr. Annette Mende

Studium der Wirtschaftswissenschaften und Soziologie an der Berliner Humboldt-Universität. Mitarbeiterin der Hörerforschung beim Rundfunk der DDR. 1990 bis 1992 Projektleiterin bei Infratest Burke Berlin, 1992 Redakteurin beim Ostdeutschen Rundfunk Brandenburg; seit 1993 Leiterin der Medienforschung. Seit 2003 Leiterin der Medienforschung Hörfunk/Online beim Rundfunk Berlin-Brandenburg. Mitarbeit in verschiedenen ARD/ZDF-Projekten wie ARD/ZDF-Onlinestudie, ARD-Musikforschung, Radio in der digitalisierten Welt.

Bernt von zur Mühlen

Studium der Wirtschaftswissenschaften und Pädagogik. Von 1975 bis 1983 als Journalist und Autor tätig, danach bis 1999 diverse Tätigkeiten u. a. als Redakteur bei Radio Luxembourg, als Leiter Marketing und Entwicklung deutschsprachiger Radioprojekte bei CLT/RTL in Luxembourg und als Direktor von Radio Luxembourg. Gründer und Geschäftsführer des Radiosenders 104.6 RTL in Berlin sowie nach der Fusion von CLT und UFA Gesamtverantwortlicher der größten deutschsprachigen privaten Radiogruppe in Europa. Seit 1999 Geschäftsführender Gesellschafter der von ihm gegründeten moreUneed GmbH in Luxembourg.

Dieter K. Müller

Studium der Betriebswirtschaft und Soziologie in Mainz und Frankfurt, jeweils Abschluss mit Diplom. Media-Marktforscher beim Institut Contest-Census GmbH in Frankfurt (1979–1983), anschließend Marktforscher bei der Dresdner Bank AG. Seit 1985 in unterschiedlichen Funktionen für die ARD-Werbung SALES & SERVICES GmbH tätig. Zunächst als Leiter Media-Service, anschließend Verkaufsdirektor und ab 1993 Direktor Forschung und Service. Zahlreiche Funktionen in nationalen und internationalen Forschungsorganisationen, u.a. Mitglied im Vorstand der Arbeitsgemeinschaft Media-Analyse e.V. (AG.MA) und Mitglied der Technischen Kommission der Arbeitsgemeinschaft Fernsehforschung (AGF).

Esther Raff

Magisterstudium in den Fächern Geschichtswissenschaften sowie Theater-Medien-Wissenschaften an der Universität Hamburg, Abschluss 1993. Volontariat als Redakteurin/Moderatorin bei Antenne.Das Radio in Hannover. Von 1995 bis 1999 Programmdirektorin bei Radio 107.1 in Bremen, danach Geschäftsführerin der AWE-Marketing GmbH, Bremen. Ab August 2005 Bereichsleitung Radiovermarktung bei der ARD-Werbung SALES & SERVICES GmbH, seit Oktober 2006 Direktorin Marketing & Verkauf bei der AS&S Radio GmbH, seit 1. Juli 2008 Geschäftsführerin der AS&S Radio GmbH.

Dr. Christa-Maria Ridder

Studium der Wirtschafts- und Rechtswissenschaften in Gießen, Konstanz und an der Yale University, New Haven, USA. 1981 Eintritt in die Redaktion Media Perspektiven, seit 1993 Chefredakteurin der Zeitschrift Media Perspektiven und Mitherausgeberin der Schriftenreihe Media Perspektiven. Mitglied der ARD/ZDF-Medienkommission, in dieser Eigenschaft Projektleiterin für die ARD/ZDF-Programmstrukturanalyse des IFEM-Instituts, Köln, und für die ARD/ZDF-Langzeitstudie „Massenkommunikation". Zahlreiche Veröffentlichungen zu medienpolitischen, medienökonomischen und medienwissenschaftlichen Themen.

PD Dr. Martin Scarabis

Diplom-Psychologe. Bis Ende 2007 am Psychologischen Institut der Universität Münster in Grundlagenforschung und Lehre tätig. In seiner wissenschaftlichen Forschung vor allem mit impliziten Einflüssen auf das Kaufverhalten befasst. Als einer der ersten in Deutschland setzte er dabei implizite Methoden für die Erforschung von Marketingfragen ein. Berater vor allem von Unternehmen aus den Bereichen FMCG (z.B. Food, Kosmetik) in Fragen der Markenführung und Kommunikation. Partner der decode Marketingberatung GmbH.

Michael Schlicksupp

kam über den Fernseh-Sportjournalismus zum Radio. Beim Südwestrundfunk in Baden-Baden Leiter des Bereichs Zentrale Programmaufgaben in der Hörfunkdirektion. Digitalisierungsprozesse beim Radio beschäftigen ihn seit Jahren, unter anderem als Vorsitzender der ständigen Arbeitsgruppe „Organisation und Technik" der ARD-Hörfunkkommission und in Projekten zur Zukunft des Radios.

Guido Schneider

Studium der Geschichte und Politikwissenschaft (Magisterabschluss), seit 1996 freier Journalist, Autor und Medienentwickler mit dem Themenschwerpunkt Rundfunk, regionale Medien und Werbung, Mitarbeit an Jahrbüchern und Studien, Veröffentlichungen in der Tages-, Wirtschafts- und Kommunikationsfachpresse.

Christoph Wild

Studium der Informatik und Soziologie an der TH Darmstadt und der Universität Frankfurt. 1981 Abschluss als Diplom-Soziologe. Beruflicher Einstieg als Studienleiter Finanzmarktforschung bei INFRATEST, München. Bei AC Nielsen, Frankfurt, Gruppenleiter Consumer Research. Seit 1985 bei der ARD-Werbung SALES & SERVICES GmbH, derzeit in der Position des Leiters Werbe- und Marktforschung. In dieser Funktion u.a. verantwortlich für Werbewirkungsstudien (Fallstudien und Grundlagenstudien wie „Qualitäten der Fernsehwerbung", „Qualitäten der Radiowerbung") und die VuMA Verbrauchs- und Medienanalyse.

MIX
Papier aus verantwortungsvollen Quellen
Paper from responsible sources
FSC® C105338

If you have any concerns about our products,
you can contact us on
ProductSafety@springernature.com

In case Publisher is established outside the EU,
the EU authorized representative is:
Springer Nature Customer Service Center GmbH
Europaplatz 3, 69115 Heidelberg, Germany

Printed by Libri Plureos GmbH
in Hamburg, Germany